新世纪高等学校教材

新闻传播学专业课系列教材

新闻语言教程

XINWEN YUYAN JIAOCHENG

崔梅 周芸 主编

北京师范大学出版集团
BEIJING NORMAL UNIVERSITY PUBLISHING GROUP
北京师范大学出版社

图书在版编目（CIP）数据

新闻语言教程／崔梅，周芸编著.—北京：北京师范大学出版社，2011.1（2019．7重印）
（新世纪高等学校教材，新闻传播学系列教材）
ISBN 978-7-303-11702-4

Ⅰ.①新… Ⅱ.①崔… ②周… Ⅲ.①新闻语言—高等学校—教材 Ⅳ.①G210

中国版本图书馆CIP数据核字（2010）第 208459 号

营 销 中 心 电 话　　010-58802181　58805532
北师大出版社高等教育分社网　http://gaojiao.bnup.com
电 子 信 箱　　gaojiao@bnupg.com

出版发行：北京师范大学出版社 www.bnup.com
　　　　　北京新街口外大街19号
　　　　　邮政编码：100875
印　　刷：北京溢漾印刷有限公司
经　　销：全国新华书店
开　　本：730mm×980mm　1/16
印　　张：15.5
字　　数：280千字
版　　次：2011年1月第1版
印　　次：2019年7月第6次印刷
定　　价：26.00元

策划编辑：赵月华　　　　　责任编辑：赵月华
美术编辑：毛　佳　　　　　装帧设计：毛　佳
责任校对：李　菡　　　　　责任印制：马　洁

目　录

1

第一章　绪　论

本章要点及学习要求

● 本章围绕"新闻语言的定义"展开，运用传播学、新闻学、语言学等学科的基本理论，通过将新闻语言的使用与传播者、传播媒介、语言媒介和受众等传播语境要素联系起来，并结合新闻语言自身的特点来探讨新闻语言的内涵与外延。新闻语言是传播者通过传播媒介向受众传播新近发生事实时使用的语言。

● 报纸、广播、电视、网络和手机等新闻信息的载体可以是语言符号系统和非语言符号系统。新闻信息主要是通过语言符号系统进行传播，即有声语言和文字符号系统。

● 新闻语言是人类的一种言语行为，传播媒介和语言媒介是新闻信息的载体工具。新闻传播媒介和语言媒介影响并决定着新闻语言的性质、特点和社会功能，也是新闻语体特征的决定性因素。

● 新闻语言可以根据不同的标准进行分类，如根据新闻语言报道的内容、题材、对象、写作方法、传播方式等方面进行分类。如根据传播媒介的特点，可以把新闻语言分为报纸新闻语言、广播新闻语言、电视新闻语言、网络新闻语言和手机新闻语言等不同类型。

● 我国新闻语言的研究主要表现在语言本体描写研究、写作实践研究和接缘性研究三个方面。语言本体描写研究主要是对新闻语言的语言结构进行静态研究；写作实践研究表现为对新闻写作语言的实践指导，是一种写作学范式研究；接缘性研究表现为新闻语言应用其他学科的理论来分析和研究新闻语言。

● 通过本章的学习，系统地了解新闻、语言和新闻语言等基本概念，认识新闻语言在不同传播媒介中的特点和作用。了解目前我国新闻语言的研究现状、存在问题及其发展趋势，为将来从事新闻工作和学术研究打下基础。

第一节　新闻语言概说

语言是伴随着人类社会的产生而产生的。语言是人类特有的一种社会现象，是人和动物的本质区别所在，社会性是语言的本质属性。语言是人类交际和思维的工具，也是文化和信息的载体。从发生学角度看，语言是第一性的，新闻是第二性的，即语言先于新闻出现。新闻是传播者通过传播媒介向受众传播新近发生的事实。新闻从文体学角度分，有广义和狭义之别，广义的新闻包括消息、通讯、新闻述评、调查报告等体裁，狭义的新闻只指消息。新闻语言是传播者通过传播媒介向受众传播新近发生的事实时使用的语言。语言是新闻传播的工具和媒介。新闻语言是为新闻内容的采集、制作、传播而服务的。

一、新闻

现代社会是一个信息社会，看新闻、听新闻已经成为我们日常生活的一部分。每天的报纸、广播、电视、网络和手机都少不了新闻，我们生活在一个新闻交织的世界之中。"新闻"一词，在我国最早出现在唐代。唐初文人孙处玄的"尝恨天下无书以广新闻"一句中的"新闻"表示"新近听说的东西"或"新听到的国家大事"，这一定义与现代人对"新闻"的理解极为相近。① 关于新闻的定义，不同的研究者从不同的研究角度和研究目的出发，因此对"新闻"的认识和理解也就不同。国内外众多新闻学专家和新闻工作者，给新闻下了 170 多种定义，说法不一，各有千秋。出现对"新闻"认识不一的原因，主要是对"新闻"这一基本概念的内涵和外延的认识与理解不一致造成的。在借鉴前人研究的基础上，我们可以通过对新闻定义的分类来了解各种新闻定义的异同，这样有助于了解新闻定义的实质，确定"新闻"的内涵与外延；有助于我们明确"新闻"的性质、特点及其研究对象和范围，从而指导新闻实践。

综观前人对新闻的定义，可以分为以下几种类型。

(一)内容说

"内容说"定义类型主要是从新闻内容的角度下定义，该学说又分作两派："事实说"和"信息说"。"事实说"者认为新闻就是一种"事实"。他们的定义模式是"新闻是……事实"。体现出对新闻本质内涵的探讨，是一种静态的研究范式。代表性的定义如下：

①新闻者，乃为多数阅者所注意之最近事实也。(徐宝璜《新闻学》)

②新闻者，最近时间内所发生认识一切关系于社会人生的兴味、实益之事物现象也。(邵飘萍《新闻学总论》)

③新闻就是广大群众欲知、应知而未知的重要的事实。(范长江《记者工作随想》)

④新闻是刚发生和刚发现的事物。([法]贝尔纳·瓦耶纳)

⑤人类所感兴趣的事实，均为新闻。([美]哈林顿)

---

① 笪开源：《"新闻"词源重考》，载《新闻知识》，1998(5)。

　　"信息说"者认为新闻就是"信息"。他们的定义模式是"新闻是……信息"。代表性的定义如下：

　　　　①新闻是新近发生的事实变动的信息。（成美、童兵《新闻理论教程》）

　　　　②新闻是新近发生的事实的报道的信息。（胡正荣《新闻理论教程》）

　　　　③新闻是一种信息，是传达事物变动最新状态的信息。（李良荣《新闻学概论》）

　　　　④新闻是多数受众注意的最近事实的信息。（胡钰《新闻定义：历史评析与科学重建》）

　　从以上的定义可以看出，关于"新闻"是"事实"或"信息"的说法，一般学者都强调以"事实""信息"为中心，强调新闻事实、信息的及时性和价值性，如新闻内容须是及时的、重要的、有新闻价值意义的。当然，各家的定义又有所侧重，如有的定义以受众——"读者"或"群众"为重心，如徐宝璜、范长江、胡钰的定义就是以"阅者""群众""受众"为重心。"信息说"者对"事实说"持反对意见，他们认为"事实"和"信息"不是同一个概念，具有一定的区别特征。事实是客观存在的，是客体。事实是第一性的，信息是第二性的。事实是新闻的本源，没有新闻事实就没有新闻信息，事实如果不被报道或传播出来就不是新闻。事实并不等于新闻，新闻信息是人对新闻事实的主观反映和主观选择。如果没有人去认识、反映、报道、传播新近发生的事实，即使这个事实的新闻价值极高，也不能成为新闻。新闻信息是新闻传播者作为主体的人，作为感受主体对客体、对客观存在事实的反映，因此，目前大多数学者认为新闻的本质就是一种信息，事实是新闻信息的前提和基础。

（二）传播说

　　"传播说"定义类型主要是从新闻传播活动的过程及其表现形式角度下的定义，认为新闻的本质就是一种"报道"或者"传播"，体现出新闻传播活动的特点，是对新闻进行一种动态的研究范式。他们的定义模式是"新闻是……报道（传播）"。应该明晰的是，有的学者对"报道"一词的运用和理解不一。"报道"一词的词性有两种理解：一是作动词，即传播者通过报纸、广播、电视、网络、手机或其他传播媒介把新闻告诉受众的一种新闻传播行为；二是作名词，即一种用报纸、广播或电视形式发表的新闻稿。代表性的定义如下：

　　　　①新闻就是新近发生事实的报道。（陆定一《我们对于新闻学的基本观点》）

　　　　②新闻是新近变动的事实的传布（播）。（王中《论新闻》）

　　　　③新闻是向公众传播新近事实的讯息。（宁树藩《论新闻的特性》）

④新闻是已经发生或正在发生的事实的报道。（[美]卡斯柏·约斯特）

⑤新闻就是把最新的现实的现象在最短的时间距离内，连续介绍给最广泛的公众。（[德]道比德特）

⑥新闻是根据自己的使命对具有现实性的事实的报道和批判，是用最短时距的有规律的连续出现来进行广泛传播的经济范畴的东西。（[日]小野秀雄）

"传播说"是根据新闻传播活动的客观性与主观性的特点进行界定的。传播说的传播内容是"事实"或者"信息"，说明了新闻内容的真实性、客观性。"报道"和"传播"体现了传播媒介和传播媒介选择的主观性的特点。"传播说"指出了新闻报道的客观性和主观性。新闻传播是对客观存在的事实的记录或陈述，"报道"和"传播"这一新闻活动行为包括了传播者对新闻事实的选择和对新闻价值的判断。该观点体现出传播活动客观性和主观性对立统一的辩证关系。"传播说"侧重于新闻传播活动的外在表现形式，即传播行为，从这一层面上说，"传播说"也可以成为一种"形式说"。

（三）文体说

坚持"文体说"的学者认为，新闻就是一种文体。该观点是从文体学、语体学和写作学的角度进行研究的。他们认为，新闻有广义和狭义两种："广义新闻指消息、通讯、新闻特写、新闻评论和报告文学等。狭义新闻专指消息。"坚持该观点的学者主要是结合新闻学、文体学和语体学等方面的研究成果，对新闻工作者进行新闻体裁的撰写指导，具有一定的实践指导意义。我国坚持这一观点的学者多是语言学和写作学方面的学者，他们的研究体现为一种文体学、写作学的研究范式。

（四）其他定义类型

关于新闻的定义还有"反常说"，代表性的观点如"狗咬人不是新闻，人咬狗是新闻"（[美]约翰·博加特），"反常的事情就是新闻"（[美]威尔·艾尔温），"新闻是关于突破事物正常轨道或出乎意料的事情的情况"（[美]麦尔文·曼切尔）。我国学者甘惜分提出"手段说"，认为"新闻是报道或评述最新的重要事实以影响舆论的特殊手段"。[①]

新闻学界至今也没有一个大家公认的、能够涵盖新闻全部内涵和外延的定义。前文所提及的"内容说""传播说"和"文体说"，代表了新闻学界大多数学者的观点。每个学者所下的定义各有优劣，有的侧重对新闻的本质和内涵进行静

---

① 甘惜分：《新闻理论基础》，20页，北京，中国人民大学出版社，1982。

态的研究，如"内容说"，有的侧重从动态的角度对新闻的外在表现形式进行研究，如"传播说"。有的则从交叉性学科的角度对新闻进行跨学科研究，如"文体说"。

在给"新闻"下定义之前，我们首先应该明白下定义的根本任务是将"新闻"概念中最重要的、最本质的内涵、外延及其属性加以界定。在明晰新闻的本质内涵、外延和属性的基础上才能给新闻下一个比较科学的定义。"新闻"有其特定的内容和外在形式：新闻的内容是新闻事实或新闻信息，新闻内容由"谁、什么、时间、地点、原因"五大新闻要素构成；新闻的外在表现形式为新闻传播活动。新闻是在客观事实的基础上产生的，事实要成为信息，甚至新闻，离不开传播者和受众。因此新闻活动离不开一个传播语境：即由传播者、新闻、受众和传播载体工具——传播媒介和语言媒介构成。从传播语境的角度看，新闻是通过新闻传播媒介和语言媒介为载体的方式得以传播的，因此"新闻"具有真实性、及时性、公开性的特性。① 因此如果要给"新闻"下一个科学的定义，要能涵盖其内涵、外延及其基本属性。李良荣给新闻下定义时兼顾到新闻的形式和内容，他认为新闻可以分别从内容和形式这两个方面进行界定："新闻是新近事实变动的信息；新闻是新近发生事实的报道。"②他认为新闻的内容是事实和信息，新闻的形式是报道。这一定义从新闻的形式和内容两个方面分别进行界定，对于揭示新闻的内涵是比较科学和准确的。但从该定义中不能辨析出"新闻"这一概念的外延，还有就是语言表述的结构方式不符合下定义的语言表达要求，缺乏严谨的逻辑性。

综观学者们对新闻的定义，对于回答"新闻是什么"的问题，我们觉得应该涵盖新闻的内容、形式和基本属性这三个方面。我们从新闻传播活动的角度对新闻进行界定：新闻是传播者通过传播媒介向受众传播新近发生的事实。

这个定义认为新闻是"传播事实"，是传播内容和传播形式的组合。该定义强调"新闻是事实"，体现了新闻的内容性与真实性的特点。新闻是"新近发生"的，体现新闻及时性的特点。"事实"是新闻传播的本源，如果没有"事实"，也就没有新闻信息。传统的"新闻"定义认为新闻是对事实的"报道"。但随着新闻传播方式的变化，"报道"这一方式已不能确切反映新闻活动中客观存在的传播方式，"谈话式"新闻被《东方时空》《焦点访谈》《时空连线》《新闻调查》和《中国新闻》等广泛采用，因此"报道"已不能涵盖这种"口头交谈""说新闻"的传播方式。另外，传播语境是新闻赖以生存、实现其新闻价值的传播领域。如果没有

---

① 邵志择：《新闻学概论》，2 版，14 页，杭州，浙江大学出版社，2006。

② 李良荣：《新闻学概论》，3 版，26～27 页，上海，复旦大学出版社，2009。

传播者和受众参与，新闻传播活动是无法进行的，事实、信息就不成为新闻，无法实现其新闻价值。传播语境体现了新闻的外延范畴，"事实"经传播者根据传播媒介——报纸、广播、电视、网络、手机等的特点，运用语言媒介对事实进行陈述和传播，体现新闻具有真实性、公开性、客观性、主观性的特点。所以我们认为新闻是"传播"事实。该定义涵盖了新闻的内容、形式及其基本属性特征，我们认为是比较科学的。

新闻根据不同的标准，可以有不同的分类方法：

根据文体分，新闻有广义和狭义两种：广义新闻指消息、通讯、新闻特写、新闻评论和报告文学等。狭义新闻专指消息。

根据内容分，新闻可分为政治新闻、经济新闻、科技新闻、文化新闻和体育新闻等。

根据新闻发生的地域和范围来分，新闻可分为国际新闻、国内新闻和地方新闻。

根据新闻的传播媒介来分，新闻可分为报纸新闻、广播新闻、电视新闻、网络新闻和手机新闻等。

根据新闻事件的性质，新闻可分为硬新闻和软新闻。

二、语言

语言是人类用于交际的符号系统。语言可以分为不同的类型：根据交际形式的不同，可以分为口头语言和书面语言；根据声音的有无，可以分为有声语言和无声语言；根据交际手段和接受器官，可以分为听觉语言、视觉语言、嗅觉语言和触觉语言四大类。有声语言符号系统主要指人类通过听觉手段接收到的语音信息；无声语言符号主要指人类通过视觉手段、嗅觉手段和触觉手段接收到的无声信息，无声语言如文字和身姿、手势、表情、仪容仪表等体态语，以及图像、色彩、音响、空间、距离等，是人类辅助性的交际手段和信息载体。无声语言符号系统主要是指文字、图像及体态语。据美国体态语专家伯德惠斯特尔（Birdwhistell）研究表明，在人们面对面交往的场合中，有 65% 的信息含义是通过体态语的方式传递的，有声语言部分低于 35%。美国心理学家艾伯特·梅瑞宾（Albert Mehrabian）于 1968 年提出这样的公式：交际双方的相互理解＝38% 的语调＋55% 的表情＋7% 的有声语言。通过对二人研究结论的分析，可以看出体态语在人们日常交际中的重要性。相对于正常人而言，最常用的交际手段是通过听觉和视觉手段的方式获得信息，有声语言和文字成了人类最主要的交际工具和信息载体，因此也可以说听觉语言和视觉语言是人类最主要的信息载体和交际工具。

语言是新闻的媒介和载体。如果没有语言对新闻事实的陈述、记录和传播，"事实"是无法成为新闻信息的，新闻也就无法进行传播，因此可以说语言是新闻的载体和媒介。从发生学角度看，语言是第一性的，新闻是第二性的，即语言先于新闻出现。语言的出现，为新闻传播活动提供了物质条件。新闻传播活动的萌芽可以追溯到远古的原始社会，自从人类有了社会交往，就产生了相互之间交流信息的需要，新闻最初的基本形态是对新近发生事实的陈述，这种新闻传播活动主要体现为人与人之间的口头语言传播，传播媒介主要是人体器官——嘴巴，当然还有一些辅助性的体态语和一些传递简单信息的信号媒介①，这种新闻传播活动并不是严格意义上的新闻活动。古代原始人之间的信息交流主要是为了生存的需要，他们聚群而居，共同采集植物、猎杀动物和为争夺生活资源而进行部族、部落之间的战争。为了个体和部族的生存和生产需要，原始人之间通过传播媒介——嘴巴来进行信息交流，相互之间进行信息传递，协商对策，采取相关行动。这是最为原始的一种信息交流活动，具有广泛的群众性，但这种新闻活动的最大缺点是新闻信息保真度差，受时间和地域的限制，传播地域狭窄，口头传播在原始社会是人类最主要的新闻传播形式。

原始社会末期，人类创造了文字，新闻活动除了口头新闻外，慢慢出现了用文字来记录、传递信息的新闻。战国时开始用笔书写汉字，书写速度比刀刻书写快得多，在竹简、布帛上书写汉字，书写也较为方便，这些因素大大加强了文字新闻的传播优势。文字新闻对新闻信息具有较高的保真度，不受时间和地域的限制，传播领域广。到奴隶社会，已形成口语、文字、信号并存的新闻传播模式。

东汉蔡伦改进造纸术和隋唐时印刷术的发明，为报纸新闻的传播创造了物质条件和技术条件。传播工具笔、墨、帛、纸等都已具备。唐朝的经济繁荣，为报纸新闻的传播提供了经济基础。另外，官吏要了解朝政，对外也需作宣传介绍，这种形势必然促进政治、经济信息的公开传播。于是，新兴的传播媒介即最早的封建官报——邸报便应运而生了。由于邸报主要是刊登皇帝的谕旨、大臣的奏折等政府公文，另外邸报主要在统治阶级内部进行传播，传播范围小，传播对象固定，又没有专门以收集和公开向社会发布新闻为职业的机构。因此，虽然在我国封建社会已经具有印刷报纸的物质条件、经济基础和技术条件，但由于封建社会的政治基础和经济条件，不可能产生面向大众的报纸。因此，原始社会、奴隶社会和封建社会，只是有新闻活动，而没有真正的现代意

---

① 李良荣：《新闻学概论》，3版，63页。

义的新闻事业。人们所从事的新闻活动，主要体现为口头新闻和文字新闻的新闻活动。

从严格意义上说，最早的新闻媒介是报纸。最早的印刷报纸是在 14—15 世纪意大利的威尼斯兴起，报纸的最初形态是手抄新闻——《威尼斯公报》。随后，新闻书和周刊、日报产生。直到 1702 年，伦敦出版的《英国每日新闻》成为现代日报的始祖。于是，报刊业正式成为社会的一个新兴行业，标志着现代新闻事业的诞生。随着近代工业社会的兴起，科学技术的进步，资本主义商品经济的快速发展，加速了报刊业的产生和发展，越来越多的人专门从事新闻传播活动，这样才形成了现代意义上的新闻事业。

随着科学技术的发展，先后出现了广播、电视、网络、手机等新闻传播媒介，各种传播媒介对语言的使用各有特色。新闻传播媒介在运用语言符号上有共性也有个性。报纸新闻以文字符号为主进行信息传播，字体、字号、图片、刊头、标题、线条、色彩等符号为辅，以视觉接收新闻信息。广播新闻以有声语言为主，声调、语调、语气、停顿、背景声音及音乐为辅，以听觉接收新闻信息。电视新闻是以有声语言和图像为媒介传递新闻信息，是视觉和听觉并用以传播新闻信息。网络新闻和手机新闻目前主要以视觉文字符号为主，兼有视频和音频等辅助媒介，但随着网络技术和数字技术的发展，网络新闻和手机新闻体现出媒介语言融合的特点。这种媒介语言融合主要体现为融报纸、广播、电视、网络、手机等媒介语言的形式走向一体化，即有声语言、文字、图像能够与音频、视频、动画等多种素材有机结合，体现出听觉语言、视觉语言、触觉语言和嗅觉语言的融合，新闻语言表现手段丰富多样，新闻内容更为丰富、形象、直观和真实。由于新闻媒介语言融合发展的趋势，要求新闻工作者具有更高、更广的专业素养和现代信息技术水平。这一切要求新闻工作者具备技能多样化，跨媒介工作的能力。比如英国广播公司(BBC)就要求新闻工作者必须要学会图形设计、文字编辑、音频编辑、视频编辑、动画制作等多项现代信息技术，同时要求记者能够为广播、电视和网络三种新闻媒介供稿。

三、新闻语言

新闻是传播者通过传播媒介向受众传播新近发生的事实。语言是人类特有的一种社会现象，是人类用于交际的最重要的符号系统。语言是新闻存在和传播的载体。新闻从出现那一天起就和语言紧密地联系在一起，在长期的传播和运用中逐渐形成了具有特色的专门化语言——新闻语言。那么新闻语言就是：传播者通过传播媒介向受众传播新近发生事实时使用的语言。

由于对"语言"内涵的不同理解，有的学者认为，语言是音和义相结合的符号:"音"是语言符号的物质外壳和表现形式,"义"是语言符号的物质内核和内容,只有音和义相结合才能构成语言的符号。因此,语言有广义和狭义之分:狭义的语言仅指由音和义构成的符号系统,即专指有声语言和文字,有的学者称之为语言符号。广义的语言不仅包含有声语言和文字,还包括人类用于交际的非语言符号,如体态语、音响、图像、颜色、空间、距离等非语言符号。如前文所述,相对于正常人而言,最常用的交际手段是通过听觉和视觉手段的方式获得信息。相对于其他辅助性非语言符号而言,语言符号系统有其自身的传播优越性,语言符号系统中的有声语言和文字成了人类最主要的交际工具和信息载体。如果没有特别强调,一般新闻语言学所说的语言多是狭义的语言符号系统,即专指有声语言和文字。

新闻语言是人类的一种言语行为,传播媒介是新闻语言的载体工具。新闻传播媒介和语言媒介影响并决定着新闻语言的性质、特点和功能,也是新闻语体特征和言语风格的决定性因素。报纸、广播、电视、网络和手机等媒介语言的信息载体可以是语言符号系统和非语言符号系统的综合运用。从发生学角度看,最早的新闻语言是报刊的新闻语言,接着是广播、电视、网络的新闻语言,现在已发展到手机的新闻语言。

报纸新闻语言主要是以印刷文字作为信息载体,报纸新闻的语言文字呈现线性特征,具有表达严谨、用词规范、逻辑性强的书面语体特点。报纸新闻语言信息丰富、可信度高、能长久保存,不受传播时间和接收时间、地点的限制。报纸新闻通过版面分割、字号、字体、色彩、图片、栏式空白间距等非语言符号体现新闻信息之间的主次或轻重关系。"新闻图片"这种非语言符号可以弥补文字叙述的不足和缺陷,能使新闻更真实、直观和形象。报纸版面图文并茂,具有很强的视觉审美效果,能使单一、简洁的报纸文字熠熠生辉。

广播新闻语言以有声语言为信息载体,通过电波的方式进行传播。语音具有出口即逝的特点,信息的接收受时间因素的影响。语音节奏感强,用词口语化,通俗易懂,句式简短,多用单句、短句,少用复句、长句。语气、语调体现出传播者的感情色彩,比喻和反复辞格使用较为常见。语调、语气、停顿、背景声音及音乐为辅,通过听觉器官——耳朵接收新闻信息。广播新闻体现出一种语音美,注重使用象声词、叠音词、口语词。尽量做到上口悦耳、吐字清晰、音节响亮以达到韵律和谐优美,同音词要注意避免歧义。广播新闻语言具有较强的口语语体特点。

电视新闻语言的传播主要是利用有声语言、画面、文字、音乐等进行信息传播。画面语言直观、形象、真实地展示新闻事实的过程和关键场景。播音介绍主要新闻事实,依附于画面,或揭示新闻主题,或补画面之不足,不一定要求连贯性，但须有文采。文字一般作新闻标题、提示人物身份、复述人物讲话，具有简明、客观、准确的特点。对话式新闻报道中存在大量的省略现象，用词口语化、通俗易懂，多用主动句和短句。"声像互动，视听兼容"是电视新闻语言的最大特点。

网络新闻语言和电视新闻语言传播一样，是视觉和听觉结合的传播媒介。网络新闻是传播者通过互联网传播新闻。网络新闻传播兼容了报纸、广播、电视这三大媒介的一切传播手段，是三大媒介传播手段的一种有机融合。网络新闻语言具有超文本、超链接的语言特征，网络新闻语言利用文字、有声语言、色彩、图像、音频、视频、动画等媒介来传递信息，是语言符号和非语言符号的立体化融合。网络新闻用词新颖，具有前卫性，存在不规范语用现象，是一种口语化的书面语体。网络新闻中时间要素地位突出，关键词成为提炼信息的核心。交互性阅读、互动式传播能使受众获得有关新闻的大量信息和深度报道，满足受众对新闻的"广度"和"深度"需求。

网络新闻由于其开放、自由、交互、实时、包容广和全球覆盖的特点，正在影响和改变着人们的新闻观念和媒介观念，语言也相应地进行着自我调整以适应网络新闻媒介的发展。

根据以上分析，新闻的传播者、受众、传播媒介等因素影响着新闻语言的存在形式、传播方式、接受方式、言语特征和传播效果。随着大众媒介技术的发展，新闻语言实际也在变化。各种传播媒介对语言符号的使用情况如表 1-1 所示。

表 1-1

传播媒介	语言媒介	语体类别	信息接收方式
报刊	文字	书面语体	视觉
广播	有声语言	口语语体	听觉
电视	有声语言、画面、文字	口语语体	听觉、视觉
网络	文字、有声语言、画面	书面语体	视觉、听觉

通过以上对各种新闻媒介语言的分析可知：有声语言和文字不仅是人与人之间进行交际的工具和信息载体，它们也是新闻信息传播的主要语言媒介。传播者主要就是借助有声语言和文字为媒介来使新闻事实和信息得以陈述、记录和传播。新闻信息主要通过语言符号系统，即有声语言和文字符号系统进行传播。

新闻语言可以根据不同的标准进行分类，如根据新闻语言报道的内容、题材、对象、写作方法、传播方式等方面进行分类。根据传播媒介的特点，可以把新闻语言分为报纸新闻语言、广播新闻语言、电视新闻语言、网络新闻语言和手机新闻语言等不同类型。

第二节　中国新闻语言研究概述

一、研究现状

新闻是随着近代工业社会而兴起并迅速成为一种社会事业以至产业的。新闻学则是 20 世纪的产物，规范的新闻学专著也始于此时。我国的新闻事业始于外国传教士出版、刊印的报刊。鸦片战争以后，传教士为了传教的需要，出版、刊印了一些中、外文的报刊，同时也向中国读者零星介绍报纸的相关知识和观念，适当掺杂一些办报人自己编写的新闻和言论。它不同于"邸报"，它面向社会大众公开发行，属于近代报刊的范畴，是我国新闻事业的萌芽。当时在沿海的一些通商口岸，出现了一批外商办的中文报纸，逐步代替宗教报刊，成为外国人在华报刊的主体。清朝末年，中国资产阶级开始登上政治舞台，开始了中国人自己办报的局面。到 20 世纪初，资产阶级改良派、革命派以及一些资本家创办了一大批报纸。1918 年出现了中国第一个新闻学研究团体——北京大学新闻学研究会。随后不久，北京、上海等地的大学纷纷建立新闻系，成立新闻学会。新闻学的研究有了固定的组织机构和人才储备。徐宝璜的《新闻学大纲》(1922)、邵飘萍的《实际应用新闻学》(1923)、戈公振的《中国报学史》(1929)，这三本著作奠定了中国新闻学的基础框架，中国的新闻学开始逐步形成。有关新闻语言的研究，最早可追溯到梁启超所著的《清代学术概论》。梁启超对当时报刊的"新文体""报章体"的特点进行描述，"平易畅达，时杂以俚语韵语及外国语法，纵笔所至不检束。学者竞效之，号新文体。老辈则痛恨，诋为野狐。然其文条理明晰，笔锋常带情感，对于读者，别有一种魔力焉。"①这可以算是对中国报刊新闻语言的最早评论。

自改革开放以来，我国新闻事业得到了飞速发展，截至 2008 年 6 月，我国网民数量达到了 2.53 亿，超过美国，网民的网络新闻阅读率达到了81.5%。截至 2007 年 12 月，全国手机用户数达到 5.47 亿户，手机普及率为

---

① 梁启超：《清代学术概论》，62 页，北京，中华书局，1954。

41.6％。这些数据都有快速上升的趋势。^① 我国新闻事业的快速发展，给新闻语言的研究提供了沃土，特别是 20 世纪 80 年代末 90 年代初的新闻语言研究呈现出欣欣向荣的良好学术态势，开始有大量的学术专著和论文出版发行。特别是近几十年来，新闻语言的研究范围、深度都取得了极大的进展。由于新闻语言具有学科交叉的特点，研究队伍主要是新闻学和语言学这两个学科的学者和一些新闻工作者。我国学者对新闻语言的研究主要表现为语言本体描写研究、写作实践研究和接缘性研究三个方面。

(一)语言本体描写研究

语言本体描写研究主要表现为对新闻语言的语言结构进行静态研究，是一种语言学本体描写研究。新闻语言的语言本体描写研究主要表现为对新闻语言的性质、特征、语音、语汇、语法、修辞、语体、言语风格、篇章结构、语言规范、语言模糊性等方面的研究。这方面的研究以段业辉和李元授等学者为代表。他们的研究主要是结合新闻学和语言学的原理，探讨新闻语言语音、语汇、语义、语法、语用等方面的语言特点及其基本要求。大部分学者对新闻语言的词汇、句法方面的描写分析较为深入和细致，但对新闻语言的语音、语义运用规律探讨较少。我国学者对新闻语言的语言学研究范式主要表现在以下两个方面。

一是整体宏观研究范式。从新闻语言总体特征的角度，探讨新闻语言的语音、语汇、语义、语法等各级语言结构单位的结构规律和语用规律。主要是围绕报纸、广播、电视、网络这四大新闻媒介来探讨新闻语言的共性及其内部的差异性。这一研究范式的不足之处在于研究对象多，面广而缺乏分析深度，如李元授、白丁的《新闻语言学》(新华出版社，2001)探讨了新闻语言在词语运用、句式运用、辞格运用、篇章结构等方面的语言特征和语用要求。作者将"新闻语体"作为"新闻语言"下位研究范畴，归纳概括了其下位分支语体的语言运用特征，同时探讨了语音规范、词汇规范和语法规范等问题。作者对报纸版面语言、广播新闻语言、电视新闻语言、新闻采访语言的语体特征、语体要求、语体功能等方面展开具体论述。研究方法主要是运用结构主义语言学的基本原理和研究方法。该书是目前对新闻语言进行较为详尽描写和系统分析的一本专著。

有的研究虽有研究的理论框架和研究方法，但在实际研究过程中不能全面涉及，只是侧重对新闻语言的部分内容进行专题性研究。有的专题研究内容过

---

① 李良荣：《新闻学概论》，3 版，82、77 页。

于艰深，有的内容过于粗略。如段业辉的《新闻语言学》(江苏教育出版社，1999)从文体学的角度重点分析了消息、通讯、评论的"标题""导语和主题""结语"在语汇、语法、修辞上的特点。段业辉等著的《新闻语言比较研究》(商务印书馆，2007)探讨了新闻语言的"冗余信息""主观化""词汇问题""句法问题"。特别是"词汇问题"和"句法问题"部分，作者运用统计法对报纸、广播、电视、网络这四种媒介在用词和句法上的异同进行定量和定性比较。"词汇问题"部分重点探讨了代词、略语、单音节词、双音节词、关联词在报纸、广播、电视、网络这四种媒介中的异同。"句法问题"部分探讨长短句、省略句以及句类在报纸、广播、电视、网络这四种媒介中的异同。《新闻语言比较研究》体现出一种重实证、重统计、重分析、重比较的研究方法，对新闻语言学的研究具有一定的参考价值和借鉴作用。这两部著作的不足之处在于只是重点探讨了"词汇问题"和"句法问题"两部分内容，而对新闻语言的"语音"运用情况没有提及，缺乏系统性探讨。

二是部分微观研究范式。研究者仅以某一种新闻语言为研究对象，对这一新闻语言的语音、语汇、语义、语法等各级语言结构单位的表现形式、基本要求及其修辞、规范等语用规律进行专题性的单一研究。代表性论著如李佐丰的《广播电视语言》(北京广播学院出版社，1998)、刘海燕的《网络语言》(中国广播电视出版社，2002)、曹书林的《报刊新闻语言初探》(载《内蒙古社会科学》，1998(6))等。有的著作理论知识和专业技能训练并重，代表性著作如吴郁、侯寄南的《广播电视新闻语言与形体传播教程》(中国人民大学出版社，2001)，从广播电视新闻工作者的有声语言和形体语言的基本知识、技能训练和应具备的专业素质等方面进行研究。有声语言研究重在对语音的规范化技能训练、节目主持艺术的讲解和训练。形体语言要求新闻工作者的形体语言职业化、规范化，形体语言运用得体。该书介绍的有声语言和形体语言的训练方法丰富多样，实践性强，对广播电视新闻工作者具有专业实践指导意义。

国内学者对新闻语言的语言本体研究成果主要表现在新闻语体、新闻标题和新闻语篇衔接研究这三个方面。

1. 新闻语体研究

对于新闻语言的研究，前期研究者大多从文体学的角度将它作为一个整体进行研究。比如李良荣的《中国报纸文体发展概要》(福建人民出版社，1985)从文体发展史的角度作史料整理，以文体的发展为线索，旨在对新闻语体的历史发展进行描述与追踪。大部分学者即便看到了新闻语言内部的区别和差异性，也只是从文体之间的差异性方面进行探讨。综合国内学者对新闻语体的研究情况表明：我国学者对"新闻语言""新闻语体""报道语体"等基本概念的认识和理解并不是统一的，存在一些理论分歧。

我国学者对新闻语体概念及新闻语体的类型划分标准不一。有的学者认为新闻语言就是一种语言的功能变体。新闻语言是上位概念，新闻语体是其下位概念，从传播媒介的角度把新闻语体分为报纸新闻语体、广播新闻语体、电视新闻语体和网络新闻语体四大类。代表学者如段业辉、李杰、李元授等。段业辉认为，新闻语言是中华民族共同语的一种变体，它是通过新闻媒介向人们报道新近发生的事实、传播具有新闻价值的信息时使用的语言。① 新闻语言是一个"上位"概念，而报纸新闻语言、广播新闻语言、电视新闻语言、网络新闻语言则是与之相应的"下位"概念。② 这是一种基于语言要素和非语言要素的语体学分类法，"新闻语体"为上位语体，它又分为四种下位分支语体——报纸新闻语体、广播新闻语体、电视新闻语体和网络新闻语体。李杰根据传播学、语用学、语体学的相关理论认为，新闻语言是中华民族共同语的一种变体。新闻语体的语言特征，很大程度上取决于传播媒介（口头、纸质、电子、计算机）、语言媒介（声音、文字）或媒介（报刊、广播、电视、互联网）的制约。根据传播媒介的不同，把新闻语体分为报刊新闻语体、广播电视新闻语体、网络新闻语体。③ 李杰和段业辉划分新闻语体的理论依据基本一致，只不过李杰把新闻语体分为三种分支语体——报刊新闻语体、广播电视新闻语体、网络新闻语体。

有的学者从文体学的角度进行研究，认为新闻语言是以"消息"为核心的文体言语成品特点的综合，新闻语体是一个原型范畴。代表学者如李熙宗、王德春等人。如王德春、陈瑞端《语体学》（广西教育出版社，2000）认为，新闻报道语体叫做报道语体，而不叫做新闻语体；原因有二：一是任何语体，包括谈话语体的话语都可通过新闻媒介发送，所以不存在、也没有统一的新闻语体。二是新闻从广义上分为消息报道和通讯两大类，消息报道是大众媒介及时传播最新的重要事件，这种语境要求消息报道有自身的结构特点和语言特征。而通讯不像消息报道言简意赅，突出事实重点，以故事见长，通讯与一般写实纪事话语大体相同，没有显著特色。报道语体的语言特征主要表现为：①标题新颖独特；②导语凝练、真实；③结构前重后轻；④常用新词语；⑤言简意明。报道语体主要表现为动态性报道、典型性报道和综合性报道三种。报道语体的功能表现为传播新信息的功能、导向功能、组织和沟通功能。王燕认为，新闻语体是一个原型范畴，从文体角度来看，"消息"最具备新闻语言使用的特点和基本

---

① 段业辉：《新闻语言学》，3 页，南京，江苏教育出版社，1999。

② 段业辉、李杰、杨娟：《新闻语言比较研究》，224 页，北京，商务印书馆，2007。

③ 李杰：《媒介新闻语言研究》，3 页，北京，中国传媒大学出版社，2009。

要求，新闻语言表现为以典型特征"消息"为核心的文体言语成品特点的综合。其他成员，如通讯、新闻述评则处在新闻语体范畴的边缘，以这样或那样的语言使用特征与其他成员构成相似。① 这是一种基于文体的语体划分方法。

有的学者综合前面两种新闻语体的划分理论和方法，对新闻语体的传统性划分类型提出异议。提出了新的新闻语体划分类型，即多标准多层次的分类方法。如蔡玮的《新"新闻语体"研究》(学林出版社，2010)根据袁晖的"整体性、系统性、层次性和一般性(或典型性)"的语体分类原则，本着李熙宗的功能制导、情境因素参项的语体分类综合判定标准，结合典型性和非典型性视角，对新闻语体系统重新进行了构拟和划分：第一层次，按照体裁的不同，新闻语体分为叙事体(Narrative)和评议体(Evaluation)两大类。然后根据参与者的不同，新闻叙事语体和新闻评议语体有独白和会话之分。叙事语体又下分为独白叙事体和会话叙事体两个分语体。评议语体又下分为独白评议体和会话评议体。根据表达方式的不同，独白体和叙事体又分为书面独白叙事语体、口头独白叙事语体、书面会话叙事语体和口头会话叙事语体四种语体分类。其新闻语体分类方式如表 1-2 所示。

表 1-2　新闻语体系统

体裁不同	参与者不同	表达方式
叙事语体	独白叙事语体	书面独白叙事语体
		口头独白叙事语体
	会话叙事语体	书面会话叙事语体
		口头会话叙事语体
评议语体	独白评议语体	书面独白评议语体
		口头独白评议语体
	会话评议语体	书面会话评议语体
		口头会话评议语体

蔡玮的这种语体分类方法有别于传统的语体学分类方法，是综合各种语体学理论对新闻语体的重新审视和分析，这种语体分类方法对新闻语体学的研究具有一定的启示和借鉴作用，蔡玮的《新"新闻语体"研究》研究视角和研究理论比较新颖，具有一定的学术前沿性。

目前我国新闻语体的研究主要表现在对新闻语体类型、语体特征的静态描

---

① 王燕：《新闻语言研究述评》，载《修辞学习》，2002(6)。

写和分析上。研究者多采用实证性的统计法进行语体特征分析和研究。代表学者如李元授、段业辉、李杰和王德春等。如王德春、陈瑞端的《语体学》对新闻报道语体进行了量化研究。作者对我国大陆、香港、台湾地区的新闻报道语篇（总字数约6 213字）进行了定量统计分析研究。参照韩礼德等人的功能语法体系作为研究框架，从概念功能、人际功能、语篇功能及与之相应的语物、语旨、语式三个语境因素角度统计分析报道语体中各种语言项目的出现频率。在此基础上，与事务语体、科学语体、报道语体进行对比研究，从而找出新闻报道语体的语体特征。

近几年部分学者对新闻语体的交叉、渗透现象进行了描写分析。代表学者如李熙宗（《实用语法修辞教程》，复旦大学出版社，1996）、祝克懿（《新闻语体的交融功能》，载《复旦学报》，2005(3)）、周芸（《新时期文学跨体式语言的语体学研究》，云南人民出版社，2006）等。李熙宗认为，在交际领域中，新闻语体之间交叉渗透现象特别复杂而且大量存在。在表现方式上有谈话语体口语要素以个别渗透的方式进入到书面报刊新闻中，如报刊新闻语言中的口语词汇、省略句等口语句法的出现，体现出语体要素以个别交流方式进行渗透。李熙宗认为在新闻语体交叉渗透的表现方式上，新闻语体还存在以语言体式融合方式进行的交叉，一种是包孕式，一种是融合式。包孕式指某种语体的语言体式完整地进入到另一语体中，它在格式上保持所属语体的"完整性"，但在表达功能上服从于所在语体的表达功能。融合式是指语体为了某种特定的交际需要，通过借用别一语体的原有语言体式或以语体交叉共组形成的语言体式，是双方不同语体表达手段、特点融合的产物。如时下电视新闻媒介兴起的"说新闻"模式，即电视新闻报道的"广播化"，是用谈话体的语用体式处理新闻报道，用规范口语讲述电视新闻，或在新闻播报中加进大量口语元素，使电视新闻报道听起来更自然、亲切。电视新闻的"说新闻"模式是报道语体和谈话语体两种不同语用体式融合交叉的混合物，成为新闻语体中新的融合语体。①

2. 新闻标题研究

对新闻标题语言的关注，可以说是20世纪80年代末90年代初在汉语标题语言的研究带动下展开的。尹世超的系列标题语言研究，对新闻标题多有涉猎。② 标题语言研究引导了新闻标题语言的研究，并在一定程度上带来了新闻

① 蔡玮：《新"新闻语体"研究》，221页，上海，学林出版社，2010。
② 尹世超：《标题说略》，载《语文建设》，1991(4)；《说几种粘着结构做标题》，载《语言文字应用》，1992(3)；《标题中标点符号的用法》，载《语文研究》，1992(3)；《报道性标题与称名性标题》，载《语言教学与研究》，1995(2)。

标题语言研究的繁荣。《修辞学习》2000—2009 年刊载的近 50 篇新闻语言研究论文有 19 篇是关于新闻标题的。如杨娟和段业辉的《网络新闻标题中焦点位置的信息突显功能》(载《修辞学习》，2007(3))、陈群的《报纸标题的标点修辞》(载《修辞学习》，2006(6))、周明强等的《新闻标题的语言特点》(载《修辞学习》，2004(5))、丁春花的《新闻说书人：〈文汇报〉体育版标题语言探析》(载《修辞学习》，2004(5))等学术文章。学术专著如徐建华和关新的《新闻标题修辞论》(吉林文史出版社，2009)、肖健的《个性化新闻标题赏析》(西安出版社，2009)、资庆元的《中国新闻标题研究》(云南大学出版社，2003)、尹世超的《标题语法》(商务印书馆，2001)、张志君的《新闻标题的艺术》(语文出版社，1998)、中国人民大学新闻系的《新闻标题选评》(中国人民大学出版社，1986)等。

语言学界众多研究者对新闻语言的标题进行了多方位的研究。学者重点从语言学的角度探析新闻标题语言在语音、词汇、句型、句式、标点符号、修辞格等方面的语用规律，其中对词汇、句型、句式和修辞格的研究较为详尽。如段业辉、林楚云《电视新闻标题的语言特点》(载《当代传播》，2003(6))一文对电视新闻标题的词汇、句法和修辞三个方面进行分析。电视消息和短信标题多用信息容量大的词汇，少用富于形象色彩的词汇；注重专有名词的使用；经常使用文言动词。多用陈述句和长句。句型的选择上多用主谓宾完全句；标题接近书面语色彩；少量使用借喻和拟人辞格。电视专题标题多使用概括性强的词汇，很少使用传达细节的词汇；大量使用口语词汇。多用陈述句和短句。句型的选择上多用非主谓句的不完全句；标题接近口语语体色彩；大量使用各类辞格。

3. 新闻语篇衔接研究

新闻语篇作为特殊的汉语语篇变体，在不同的新闻媒介语言中有其不同的衔接特点。研究者运用语篇分析理论侧重探讨新闻语篇的衔接手段和方式。如段业辉等的《新闻语言比较研究》和李杰的《媒介新闻语言研究》都分别从词汇手段、语法手段等方面探讨了不同媒介的新闻语篇共有的衔接方式和特殊衔接方式。他们认为，新闻语篇的衔接机制有言内衔接和言外衔接两种。新闻语篇言内衔接的手段主要有词汇手段、语法手段、逻辑手段等。报刊新闻只有上下文组成的言内语境，其语篇的组成通常采用言内有形的衔接手段；广播电视新闻借助于音响和图像等情境因素，再现了语言的真实的交际语境，其语篇的组成除了可以采用言内衔接手段以外，还可以采用言外衔接手段，即采用语言信息与非语言信息之间的交互衔接。语言的外部衔接主要指语境衔接，主要出现在广播媒介语言、电视媒介语言和网络媒介语言中。主要表现为情境与语言的衔接和语篇与语篇之间的逻辑衔接。

廖艳君《新闻报道的语言学研究》(湖南大学出版社,2006)运用语篇分析理论对消息语篇进行话题结构衔接、信息结构衔接方面的研究。作者从语言系统的句法、语义、语用三个平面,从认知方式、文化传统等角度,深层解释消息语篇衔接方式存在的根本原因。语法衔接从关联词语、主语隐现、特定结构形式三方面进行分析;词汇衔接有词语照应、同义或近义词复现、上下义词或部分整体词同现等衔接方式。

蔡玮的《新"新闻语体"研究》从话题信号这一语篇研究的核心问题入手,运用对比分析的方法,对新闻报道和新闻谈话两种新闻基本语篇类型在话题信号上的异同点进行研究。新闻报道语篇描写分析了最典型的 7 种话题标记:段落标记、时间框架、新人物新事物的引进、消息来源语、概括回指成分、话语标记语、篇章管界动词。新闻报道语篇的话题标记具有一定的层级性,其中时间框架、消息来源语和篇章管界动词层级性较高。新闻谈话语篇描写分析了最典型的 7 种话题标记:话语标记语、概括回指成分、时间框架、篇章管界动词、指代词"这/那"类、预述成分、特指疑问词。作者认为新闻谈话语篇的话题标记也具有一定的层级性,其中时间框架是一种典型的话题标记,话语标记语和特指疑问句是谈话语篇特有的话题标记。

除了以上研究内容外,随着近几年方言新闻在各地方电视台的播出,也有部分学者从传播学、文化语言学、心理语言学、方言学、语言规划等角度对方言新闻语言的利弊、规范等方面进行了深层探讨。如刘燕仪的《电视方言新闻发展探析》(载《新闻传播》,2010(3))、詹小路的《方言新闻的传播学价值探讨——以杭州地区方言新闻发展现状为例》(载《当代传播》,2007(6))、陈熹熹的《方言新闻面临的问题》(载《视听界》,2007(3))、宋振中的《方言新闻——内容与形式的完美结合》(载《新闻与写作》,2007(4))、李德龙的《方言新闻节目主持人的语言素养》(载《新闻界》,2007(1))、金月成的《播报方言新闻应把好度》(载《新闻实践》,2006(5))、王鸳珍的《汉语方言新闻节目高收视率的冷思考》(载《电视研究》,2005(9))等。

(二)写作实践研究

根据统计,我国有关新闻语言的论文中有三分之一都是从写作实践角度进行研究,大多发表在《新闻与成长》《新闻与写作》《应用写作》《修辞学》一类的新闻学、传播学、写作学或修辞学杂志上。在这些研究中,新闻语言只是新闻写作的技巧的一个部分,① 是一种写作学范式研究。这些论著多出自语言学和写

---

① 马小玲、樊小玲:《试析我国新闻语言研究的几种范式》,载《修辞学习》,2003(4)。

作学方面的学者，力求通过新闻理论、新闻语言案例、新闻写作实践来提高新闻写作质量和水平。如彭朝丞的《新闻标题制作》(2版，中国广播电视出版社，2007)、冯印谱的《新闻标题制作100招》(南方日报出版社，2006)、玉国的《新闻写作技巧与范例》(蓝天出版社，2009)、文忠和石莎莎的《新编新闻写作技巧与范文大全》(北京工业出版社，2009)、黄晓钟的《新闻写作：思考与训练》(四川大学出版社，2002)等。这一研究范式主要是结合新闻学、文体学和语体学等方面的研究成果，对新闻工作者新闻体裁的撰写进行指导，具有一定的实践指导意义。

(三)接缘性研究

接缘性研究表现为应用其他学科的理论来分析和研究新闻语言。如利用传播学、社会学、伦理学、叙事学、符号学、信息科学、功能语言学、接受美学等学科的知识来分析和研究新闻语言。

从传播学角度进行研究。如李杰《媒介新闻语言研究》根据新闻传播理论和信息论的有关知识，对新闻语言从信息质、信息量、信息位、信息度、信息冗余等方面进行探讨和分析。比如作者结合新闻媒介传播的环节"信源—信道—编码—信宿"进行分析，探讨信息质、信息量、信息位、信息度、信息冗余在新闻信息传播过程中的作用与相互制约关系，对它们之间的辩证关系进行了深刻探讨。段业辉等著的《新闻语言比较研究》也是采用相同的方法和分析角度进行新闻语体信息结构之间的差异性研究。

从叙事学角度研究。如蔡玮的《新"新闻语体"研究》从叙事学、篇章语言学以及语体学的角度，对新闻交际领域中的典型报道语篇和谈话语篇进行比较，系统地考察了这两类语篇作为非文学的叙事作品在叙事属性、叙事时间、叙事顺序、叙事节奏、叙事视角、叙事模式、叙事语篇话题信号以及带有文体效应的言语特征上的异同。

从符号学角度进行研究。如黄匡宇的《电视新闻语言学》(中国广播电视出版社，2000)从符号学的角度定义"语言"，认为语言是"电视传播中画面创造和解读的基础，具有逻辑表述的功能"，他把电视新闻语言分为具象语言符号系统和抽象语言符号系统。线条、色彩、影调、形体、表情等画面要素属于具象性语言，播音语言、现场语言、文字属抽象性语言。该书所定义的电视新闻"语言"不同于语言学的定义。不足之处是没有对电视新闻抽象语言的特征进行具体描写。其他相关论著如中国社科院新闻与传播研究所孟阳博士的《网络"虚拟世界"的符号学意义》、复旦大学陈阳博士的《符号学方法在大众传播中的应用》、南京大学丁和根博士的《大众传播符号学——大众传媒话语分析》以及清华大学李彬教授的《符号透视：传播内容的本体诊释》等。

我国新闻语言的研究从起步到发展，由发展到繁荣，在这一发展过程中，虽有一些接缘性的研究，但对新闻语言的研究始终没有摆脱结构主义语言学理论的影响。大部分研究者对新闻语言的表现形式、选词造句、谋篇布局、修辞技巧、表达效果、语体风格、语言规范等方面进行研究，是一种静态的研究，侧重研究新闻语言外在形式是"什么"，而缺乏深层动因"为什么"的理论研究。

二、存在的问题与反思

我国的新闻事业始于清朝末期，在 20 世纪初出现了有关新闻研究的论著，由于国家饱受内忧外患，新闻事业的发展较为缓慢。中国新闻事业真正快速发展是在改革开放以后。1977—2000 年我国出版的新闻研究著作在 2 680 种以上。① 我国有关新闻语言的研究队伍主要是来自新闻学和语言学两个学科的研究者，这些学者撰写了大量的学术论文和著作。他们的论著推动了我国新闻语言研究的快速、健康发展，拓展了研究视野，丰富了新闻语言的实践。我国的新闻语言研究虽然取得了巨大的学术成就，但在这成就后面，也暴露了我国新闻语言研究的一些问题，主要表现在以下三个方面。

(一)缺乏学科理论体系

我国新闻语言研究的起步和繁荣，主要是在改革开放以后，研究的内容和重点主要体现在对新闻语言结构的静态描写和分析，特别是对新闻语言的语言结构单位的表现形式及其基本特征的静态描写和分析。学者大多停留在从结构主义语言学的角度对新闻语言各级语言单位的描写和分析上。虽有一些接缘性研究，但较多地借鉴其他学科的相关理论和研究方法，并没有从其他学科的旧有研究理论和研究模式中独立出来，成为这些学科的一种附庸。

我国学者对于新闻语言的动态传播研究略显薄弱。研究者的视角比较狭窄，多以语言学的相关理论、研究内容、研究方法作为新闻语言研究的参考框架，从语言学的角度对新闻语言进行一些微观的常识性的介绍、描写和分析，而没有很好地结合新闻学、传播学的相关理论进行宏观阐释。理论上缺乏系统性、独立性，多是嫁接性的理论。研究者对新闻语言的研究，是一种嫁接式的研究方法—"新闻学＋语言学"，即并没有把新闻语言作为"新闻语言"这一客观整体来进行研究。有的学者要么以新闻学或传播学理论为主，语言学理论为

---

① 童兵：《为新闻科学的创新和拓宽奉献新作——序〈新闻新学科高级教材〉》，见李元授、白丁：《新闻语言学》，3 页，北京，新华出版社，2001。

辅；要么以语言学理论为主，新闻学、传播学理论为辅；有的甚至彻底运用语言学理论对新闻语言进行研究，并没有根据"新闻语言"的本体属性进行研究，"新闻语言"被肢解成验证某些语言观点、语言理论的工具。在部分学者眼里，新闻语言就是语言的一种功能变体，是属于语言学的一个研究范畴。我们认为，新闻语言具有交叉学科的特点，是新闻学、传播学、语言学、社会学等相关学科的研究理论和方法的融合，并不是各种学科理论嫁接的产物。"新闻语言"是一个实体对象，完全可以成为一门独立的学科，即"新闻语言学"。作为"新闻语言学"固定的研究对象"新闻语言"，应该有其自身的理论体系和理论框架。新闻语言学虽脱胎于相关学科，但它又以其独特的学科特色区别于这些学科。

目前国内有关"新闻语言学"的理论建构还不成熟，国内学者对新闻语言的研究多侧重运用结构主义语言学的研究范式，对新闻语言的传播效果、传播活动、信息接收等方面的动态研究有待加强。目前国内的新闻语言研究者没有很好地结合新闻学、传播学的研究成果，呈现出"新闻学""传播学"相关理论对新闻语言研究的失语现象。

国内学者对新闻语言的研究范围狭窄，学科理论基础薄弱，是建构新闻语言学学科体系的最大症结所在。我们认为对"新闻语言"的研究应该在"新闻语言学"这一学科体系的框架下进行研究，这样的"新闻语言"研究才能保持其本体研究特色。新闻语言的研究应该是吸纳新闻学、传播学、语言学、社会学等学科的合理内核，形成自己独特的研究理论、研究方法和研究内容，既要注意新闻语言的语言结构的静态研究，又要注意新闻语言的传播活动的动态研究。

（二）研究内容传统，研究范围狭窄

我国学者对新闻语言的研究主要是以语言学理论为参考框架，运用归纳法和统计法，侧重对新闻语言的语言结构要素进行静态分析和描写。很多学者对新闻语言的研究停留于新闻语言的定义、表现形式、语言结构特征、修辞技巧、语篇布局的研究框架内，研究范围固定，研究结论大同小异，缺乏理论创新。大部分学者对新闻语言的词汇、句法、语体、新闻标题、语篇衔接等方面的描写分析较为深入和细致，但对新闻语言的语音、语义、语用规律探讨较少。虽有部分学者从语用学、社会语言学、功能语言学的角度也谈到新闻语言的规范性、新词新义、语义的模糊性、语言暴力、语言低俗等问题，但都谈论得不够深入，分析问题的方法和结论较为肤浅，不能适应新闻语言的发展需要，构不成一定的理论体系，缺乏理论深度。

新闻语言也是人类的一种言语活动行为。新闻语言传播过程的动态研究主要以传播学、新闻学、功能语言学、认知语言学的相关理论为依托，对新闻信息的收集、编码、传播媒介、解码、反馈等过程进行动态研究。探讨新闻语言与新闻语境的关系，可以从新闻语言传播者、传播媒介、受众、媒介管理等方面进行探讨。另外，我国学者应该拓展新闻语言的外部研究，比如研究新闻语言与社会、文化、政治、法律、道德、伦理、美学之间的关系。

我国学者侧重对传统媒介语言的研究，而对新出现的媒介语言，比如网络新闻语言、手机新闻语言的研究较为薄弱，适应不了媒介语言快速发展的趋势。网络新闻语言、手机新闻语言的研究可以从新闻标题、关键词、新词语、网络评论、网络互动、网络管理、网络语言规范、网络新闻写作、新闻版面设计、网络语言信息处理、舆情监测、舆情预警等方面进行研究。同时应该探讨新闻语言的暴力化、低俗化、道德失范等现象和网络媒介管理、网络新闻评论的诸多社会热点问题。我国学者的理论研究往往滞后于快速发展的新闻语言，对新闻语言的研究缺乏理论的前瞻性。

近几年我国的新闻事业快速发展，中国国际地位迅速提升，需要研究者对新闻语言的研究不能仅仅局限于传统的微观研究范畴，同时要着眼于宏观研究，把新闻语言置于社会环境、国际环境下进行研究，探讨新闻语言的国际传播问题，拓展新闻语言的研究视野，从而指导新闻语言的传播活动。

（三）复合型研究人才匮乏

我国的新闻语言研究队伍主要由新闻学学者、语言学学者、写作学学者和新闻记者四个不同的研究群体构成，其中语言学研究队伍所用的研究理论和方法占据主导地位，引领和引导着新闻语言的研究范式。新闻语言的研究是一门跨学科的研究，需要多门学科理论知识和新闻实践经验的积累，由于众多学者中的知识结构和实践经验并不全面，特别是新闻写作实践经验的匮乏和现代传播理论、传播技术的不熟悉，成了他们理论研究的"短板"。我国的新闻语言研究重语言内部因素静态描写，而轻语言外部因素动态分析，重理论轻实践，与研究者个人的知识结构和新闻实践经验有关。我们试想，我国的新闻语言理论在多大程度上引领和指导着我国新闻事业的发展，又有多少新闻知识和理论被新闻从业人员所吸纳并运用于新闻实践活动中？因此，要保证我国新闻语言研究的健康发展，应该从"新闻语言学"学科理论体系的角度出发，培养集专业理论知识、专业实践经验、专业技能于一身的复合型研究人才，为我国的新闻语言研究储备大量的后备人才。经过多年以后，我们一定会迎来中国新闻语言研究的又一个新高潮，新闻语言研究的理论体系将更加完善，能够适应我国新闻语言发展之需。

新闻语言在信息社会的文化生活中正发挥着越来越重要的引导作用，正视新闻语言的巨大作用及其存在的诸多问题，进一步开拓新闻语言研究视野，更新研究理论和方法，深入开展新闻语言的理论研究和实践研究，多培养集理论、实践、技能于一身的复合型新闻人才，提升我国新闻从业人员的职业素养，将会使我国的新闻语言更加健康地发展，更加有利于我国的精神文明和物质文明的建设，创建和谐的新闻语言传播语境。

本章小结

新闻语言是传播者通过传播媒介向受众传播新近发生事实时使用的语言。新闻语言是人类的一种言语行为，传播媒介和语言媒介是新闻信息的载体工具。新闻传播媒介和语言媒介影响并决定着新闻语言的性质、特点和社会功能。

我国新闻语言的研究主要表现在语言本体描写研究、写作实践研究和接缘性研究这三个方面。语言本体描写研究是对新闻语言进行静态的语言学本体描写研究；写作实践研究表现为对新闻写作语言的实践指导，是一种写作学范式研究；接缘性研究表现为新闻语言应用其他学科的理论来分析和研究新闻语言。

拓展阅读

1. 段业辉：《新闻语言学》，南京，江苏教育出版社，1999。
2. 李元授、白丁：《新闻语言学》，北京，新华出版社，2001。
3. 李良荣：《新闻学概论》，3版，上海，复旦大学出版社，2009。
4. 段业辉：《新闻语言比较研究》，北京，商务印书馆，2007。
5. 齐沪扬：《传播语言学》，郑州，河南人民出版社，2000。

复习与思考

1. 国内外学者对"新闻"的定义各有不同，请谈谈如何才能给"新闻"下一个科学的定义。
2. 结合实例，谈谈新闻语言的特点。
3. 谈谈传播媒介和语言媒介在各种新闻报道中的价值和作用。
4. 我国新闻语言研究的现状如何？存在哪些不足，请谈谈你的认识和看法。

实例分析与讨论

昆明市今晨连续发生 2 起公交车爆炸案　16 人伤亡

新华网昆明 7 月 21 日电（记者　王长山、李倩）　7 月 21 日 7 时 10 分左右、8 时 05 分左右，在昆明市人民西路云大医院侧门、昌源路与人民西路交叉口分别发生公共汽车爆炸案。截至 9 时 50 分，两起爆炸案分别造成 1 人死亡、10 人受伤和 1 人死亡、4 人受伤。

讨论题

1. 该文是"7·21"昆明公交车爆炸案的一篇网络新闻报道。发布时间是 2008 年 7 月 21 日 11 点 39 分。结合该案例，请根据报纸、广播、电视、网络、手机等传播媒介对该案的相关新闻报道并分析各种新闻媒介语言的语用特点。

2. 请根据收集到的有关该突发事件的新闻素材和信息，分别为报纸、广播、电视、网络等新闻媒介撰写一篇新闻报道。

3. 在爆炸事件发生后，昆明市相关部门迅速作出了反应，市委市政府的最高领导也在第一时间赶到现场。爆炸案发生两个小时后，昆明警方立即召开了第一次新闻发布会，说明爆炸情况，也使"昆明发生多起公交爆炸"的谣言不攻自破，同时也稳定了市民情绪。信息公开成为此次事件处理的亮点。凤凰卫视著名评论员石齐平认为"此次事件的处理堪称危机处理的典范"。云南省委宣传部部长张田欣在随后召开的云南省宣传部长座谈会上强调，"对于重大事件尤其是突发事件，要在第一时间掌握第一手材料，要做到及时、准确、公开、透明、客观、真实。"他还特别强调对此类事件，"不能捂"，要客观及时地报道。请你结合各种新闻媒介对此类突发事件的报道，谈谈新闻语言的特点。

4. 在突发事件发生之后，应该由谁来说话、如何说、如何报道是目前新闻媒介语言研究中的热点问题。请结合此次突发事件发生的国际、国内政治环境，谈谈国际、国内相关新闻媒介对此类突发事件报道的成功经验与不足。

第二章　新闻语言的特性

本章要点及学习要求

● 本章运用社会语言学、文化语言学的知识，将新闻语言的运用与社会、文化联系起来，并结合新闻语域自身的特点，探讨新闻语言的特性。

● 新闻语言与社会的制度、文化的要求有着反映与被反映的关系。因此，新闻语言运用中所体现出来的社会性和文化性起着主导的、基本的作用。

● 新闻语言活动的首要功能是信息传播与表达，信息是实现新闻传播其他社会功能的原型。由此，新闻语言要符合传递丰富信息的要求，新闻语言具有信息含量丰富性的特征。

● 新闻语言具有和谐性的特征，是将新闻语言的内部体系与外部体系联系在一起，从系统论的角度对新闻语言整体把握的结果。新闻语言追求和谐既与社会要求相适应，也是新闻自身对语言运用提出的内在要求。追求和谐的特性使新闻语言实践实现了从宏观到微观的统一。

● 通过本章的学习，系统地了解新闻语言所具有的特性，掌握新闻语言特性所决定的新闻语用原则以指导新闻语言实践。

从新闻语言活动中我们能够总结出一些语言使用的特点。首先，新闻语言活动是一种社会现象，我们必须了解它与社会、文化、民族、国家等的关系，才能够更好地探讨新闻语言所具有的特性。其次，新闻语言自身又有着自己的语言使用要求，这是由新闻的属性决定的。最后，新闻语言在具体的运用中，追求的是外部要求和内在属性的统一，从而使自身具有整体的和谐性要求。从上述三个方面出发，我们可以概括出一些新闻语言所具有的特性。

第一节　新闻语言的基本特性

语言不能离开人和社会而独立存在。语言随着社会的存在而存在，随着社会的发展而发展，同时也随着社会的消亡而消亡。社会之外没有语言。这是由语言是一种社会现象而决定的。因此要了解语言及其发展的规律，就必须把语言同社会的历史和文化联系起来研究。人和社会同样不能离开语言，离开了语言，社会不可能存在，离开了语言，人不可能向前发展。所以，语言与社会、文化有着极其密切的关系，社会是语言存在的前提，文化则是语言存在的人文生态语境。新闻语言是社会发展与文化进步的一个产物，它除了具有语言最常见的表达和交流功能之外，还以自身的存在反映着社会的变迁和文化的样式。新闻语言与社会、文化的密切关系决定了新闻语言具有社会性和文化性的两大基本特征。

新闻传播是建立在一定的社会历史条件之上的，通过语言而进行的传播必然受制于特定的社会制度，包括经济、政治、文化和道德等，社会制度要求新闻报道符合自身的发展需要，并决定和约束着语言表达与传播方式。也就是说新闻语言行为必须与社会的各项制度相适应，是新闻语言传播的一项基本的、普遍的准则。这一准则在建设有中国特色社会主义背景下具体的表现形式就是新闻语言实践必须与中国特色社会主义相适应，这包括新闻语言实践必须与当代中国的经济、政治、文化和社会主义道德伦理秩序相适应。我国的新闻媒介以马列主义新闻思想为指导思想，坚持党性原则，作为党和政府的"喉舌"，所传播的话语必须符合社会主义社会要求。探讨新闻语言的基本特性问题，离不开社会制度和文化制度这两个大语境。

一、新闻语言的社会性

（一）社会对新闻传播的制约和影响

新闻事实的存在是客观的，不可更改的，但表达新闻事实的方式则是由人来选择和决定的，它就不可避免具有政治性、民族性、阶级性和时代性。因此，谈及新闻传播问题，自然就要涉及政治、民族、阶级及时代对其的影响。事实上，新闻传播不仅仅需要考虑新闻价值要素，还需要辩证地看待其他因素对它的制约。

对新闻传播起限定作用的因素主要有以下三点。

首先是国家利益。即新闻传播要符合国家利益。例如：

老新闻工作者徐铸成是抢新闻的老手，但他却"冷藏"了一条特大的独家新闻。1949年第一次政治协商会议期间，人们没有见到傅作义将军出席，都很纳闷。一天晚上他应邀去老教授侯外庐府上吃便饭。席间谈到傅将军，同席的一人说："好了，大概明后天就回来了。"出于新闻敏感，他便刨根问底。原来蒋介石对傅作义还不死心，由绥远转来一封电报，要傅作义改弦易辙。傅作义拿着电报去见毛泽东，说："我当然不会听他那套鬼话，但我想去绥远走一趟，也许可以促成绥远问题的早日解决。"毛泽东微笑回答："你就去罢，相信你一定能够成功。一切由你自己决定，不回来也可以。"这在当时是一件非常重要的独家新闻，但是为了傅作义的安全，他将这条独家新闻压着没发。第三天傅作义出现在大会上，不久，绥远宣布和平解放。直到 30 多年后，他才在回忆录中提到这件事。①

徐铸成把新闻传播放置到宏观的社会环境中，与国家利益联系起来进行考虑，虽然新闻没报道出来，对于微观层面的新闻传播来说是件憾事，但是新闻传播却肩负起了忠于国家和民族利益的责任。

其次是政治因素。新闻传播的实践证明，当新闻价值与政治需要相冲突时，新闻传播只能以政治需要为价值标尺。例如：

> 1996 年时任中央军委副主席的刘华清在俄罗斯进行友好访问期间，正好沈阳军区搞了一次大规模的军事演习，两者都是非常重要的国内新闻。如果这两条新闻同时播出，就有可能给刘华清的访问带来特殊的背景和不利的影响。因此，中央台新闻部果断压下了关于军事演习的消息，只在《新闻联播》中播出了刘华清访问的新闻，从中传达的是一种友好的信息。②

本例中，刘华清的出访和沈阳军区的军事演习在微观层面上都具有很强的新闻价值，但在宏观的层面中，要求新闻传播要符合政治的利益，新闻媒介选择取舍的判断依据正是国家的政治利益。本例也进一步说明了新闻传播的辩证性。

最后是舆论导向。以正面宣传为主，发挥正确的舆论导向作用，是新中国成立以来党的新闻工作的一贯方针。历任党和国家领导人对此都表示赞同。2002 年，胡锦涛同志在全国宣传部长会议上重申了这一主张："新闻媒介是党和人民的喉舌，一定要坚持新闻工作的党性原则，坚持团结稳定、正面宣传为主的方针，牢牢把握正确的舆论导向，努力营造昂扬向上、团结奋进、开拓创新的良好氛围。"新闻传播受舆论导向制约，这已是公认的事实。

既然社会各因素会对新闻传播产生各种影响，作为新闻传播载体的新闻语言也自然会受到各种社会因素的制约和影响。例如，"文化大革命"时期，舆论导向强调"以阶级斗争为纲""打倒一切""怀疑一切"，这一强有力的政治导向作用在新闻语言的使用上，新闻话语便成了"阶级斗争式的话语""斗争""专政""革命"等革命式语言充斥在各种新闻报道中，新闻语言的丰富性被当时的舆论导向戕害了，新闻语言遭到了污染和破坏，传播的活力被扼杀了。

（二）当代社会对新闻语言实践活动的影响

新闻事业是社会主义事业的重要组成部分，新闻语言除了传播信息之外，

---

① 郝朴宁、陈路、樊泳雪：《全球背景下的话语表现》，432 页，昆明，云南美术出版社，2005。

② 艾红红：《〈新闻联播〉研究》，117 页，北京，中国广播电视出版社，2008。

还承担着宣传党和国家的方针、路线、政策和纲领的任务。随着我国进入社会主义社会特别是改革开放以来，在新型的社会制度上建立了社会主义的经济、政治、文化制度和道德秩序。2008 年 6 月 20 日胡锦涛在《在人民日报社考察工作时的讲话》中指出，"当今社会，随着经济社会快速发展和科技不断进步，信息传递和获取越来越快捷，新闻舆论的作用越来越突出。做好新闻宣传工作，关系党和国家工作全局，关系改革和经济社会发展大局，关系国家长治久安。我们要充分认识新闻宣传工作的重大意义，更好地发挥新闻宣传工作在推动经济发展、引导人民思想、培育社会风尚、促进社会和谐等方面的重要作用。"新闻语言实践必然受到当前国家意识形态的辖制，新闻语言实践要与当代社会的稳定和发展相适应，符合稳定与发展的要求。

1. 新闻语言实践要为社会主义经济发展服务

我国社会主义初级阶段的基本经济制度是以公有制为主体、多种所有制经济共同发展，毫不动摇地巩固和发展公有制经济，毫不动摇地鼓励、支持和引导非公有制经济发展，坚持公有制为主体，促进非公有制经济的发展，统一于社会主义现代化建设的进程中；初级阶段的分配制度是以按劳分配为主体、多种分配方式并存的分配原则，并且要正确处理按劳分配为主体和实行多种分配方式的关系，鼓励一部分地区、一部分人先富起来，注重社会公平，合理调整国民收入分配格局；初级阶段经济的主要任务是逐渐完善社会主义市场经济体制。

围绕以"经济建设为中心"，不断发展社会主义经济的前提下，新闻要通过其语言传播我国在经济领域中所取得的各项成就，不断揭露有损于社会主义经济发展的各种问题，以求得到及时纠正。新闻语言的实践过程就是新闻媒介把新闻事件告知党、政府和广大人民群众的过程，新闻语言要及时、准确地向人民群众传播党和政府的经济政策，提供国家当前的经济发展和改革信息，同时也要组织好人民群众对国家经济发展的要求、建议和意见，通过新闻媒介反映给党和政府。新闻语言实践要讴歌和宣传我国社会主义经济的成就，深刻反映全国各族人民的创造才能和劳动业绩，人民群众在社会主义经济建设中所取得的业绩和所做的贡献是新闻语言实践在经济发展中所传播的主旋律。

2. 新闻语言实践要为社会主义民主政治服务

人民民主专政是具有中国特色的无产阶级专政，发展社会主义民主政治，必须完善中国特色社会主义政治，坚持和完善工人阶级领导的、以工农联盟为基础的人民民主专政，坚持和完善人民代表大会制度和共产党领导的多党合作、政治协商制度以及满足地区自治制度。发扬民主，健全法制，要建设社会主义法治国家。

新闻媒介要充分发挥"喉舌"作用，用规范、科学的新闻语言对国家的重大政务进行及时发布，确保能够传递出权威的、真实的和准确的信息。新闻语言不仅要准确地向全国各族人民阐述社会主义政治文明的重要意义，阐述社会主义民主的本质要求和内在属性，阐述依法治国的含义、内容和重大意义等，还要肩负起为广大人民群众答疑解惑的职责，通过深入浅出的语言解释社会主义制度下民主、自由和人权与资本主义制度下的本质区别和联系。并且要勇敢揭露与批评一切违背社会主义民主政治发展与违背人民意愿的事件，通过舆论推动社会主义民主政治的发展。

3. 新闻语言实践要为社会主义先进文化服务

当代中国，发展社会主义先进文化，就是发展中国特色社会主义文化，就是以马克思主义为指导，发展面向现代化、面向世界、面向未来的，民族的科学的大众的社会主义文化，不断丰富人民群众的精神世界，增强人民群众的精神力量。毛泽东曾说："在社会发展进程中，一定的文化是一定社会的政治和经济在观念形态上的反映，同时又给予政治和经济以伟大的影响和作用。"社会主义文化为经济建设提供精神动力，提供智力支持，创造良好的社会环境。社会主义文化建设包括以下思想道德建设和科学文化建设两个基本方面。

其一，思想道德建设要解决的是整个民族的精神支柱和精神动力问题，是文化建设的核心，决定着文化建设的性质和发展方向。新闻报道在传播社会主义思想道德建设时，其语言运用要与思想道德建设相适应。具体来说新闻报道的言语态度、言语动机、言语方式与言语价值取向要符合社会主义思想道德建设的要求。良好的语用环境将极大地有利于思想道德建设，因为，良好的思想道德建设离不开一个健康向上的语用环境。

其二，教育科学文化建设是物质文明建设和精神文明建设的重要条件，也是提高人民群众思想道德水平的重要手段。新闻报道不仅要大力弘扬科学技术就是第一生产力的观点，还要时刻体现出崇尚科学、鼓励创新、重视教育、尊重人才的言语态度。在新闻语言实践中，不仅要为教育科学文化建设形成良好的语言环境，还要坚决反对迷信、伪科学等不利于精神文明建设的不良现象。

4. 新闻语言实践要为社会主义外交政策服务

伴随改革开放和社会主义现代化建设的推进，我国的外交政策是要维护世界和平，促进共同发展，为社会主义现代化建设服务。

在涉及外交事物的新闻语言实践活动中，语言表述要坚决维护我国的国家利益，维护我国的独立、自主和尊严，反对霸权主义和强权政治，维护世界和平，促进全球共同发展。同时在国际舞台上，新闻语言要承载国家话语，通过新闻语言来阐述国家的意识形态观念，由新闻报道建立起自己国家的话语权，在世界上传递自己的"声音"，这些都是新闻语言实践活动所要承担的重要责任和义务。

总之，新闻语言在传播信息的同时，要坚持树立正确的舆论导向，要与江泽民同志提出的五个"有利于"相适应，即新闻语言实践活动要建立起有利于进一步改革开放，建立社会主义市场经济，发展社会生产力的舆论；有利于加强社会主义精神文明建设和民主法制建设的舆论；有利于鼓舞和激励人们为国家富强、人民幸福和社会进步而艰苦创业、开拓创新的舆论；有利于人们分清是非，坚持真善美、抵制假恶丑的舆论；有利于国家统一、民族团结、人民心情舒畅、社会政治稳定的舆论。

二、新闻语言的文化性

（一）文化对新闻语言实践活动的影响

新闻语言实践在遵循社会制度的语用要求下，还与民族文化有着十分密切的联系。因为每一种语言都积存和蕴藏着丰富的文化现象，是该语言使用者传统文化、传统经验最直接、最集中的具体体现。语言既是民族文化的一种重要表现形式，也是继承和发扬本民族文化的重要工具，同时还是文化本身。新闻语言作为一种特殊的语体，也同样担负着继承和发扬本民族文化的任务。新闻报道通过对语言使用和描述来传输文化信息，营造文化氛围，通过新闻语言凸显出民族文化的诉求方式。当然，新闻语言传播的民族文化必须与社会制度所认同的文化相适应，语言表达方式必须与当前主流文化相协调，反映当前主流文化面貌，切合当前主流文化心理，符合当前主流文化习俗，促进当前主流文化发展。

1. 新闻语言实践要体现民族文化的语言道德观

一个民族其道德观念的形成是该民族文化长期的积淀、演变、发展的结果，是民族文化精神的结晶。我国的传统语言道德观可以概括为四个方面：言要合乎礼，言要合乎仁，言要合乎忠，言要合乎信。

"言要合乎礼"。孔子说："非礼勿视，非礼勿听，非礼勿言，非礼勿动。"孔子认为"名不正"的话不说，"不符合伦理角色"的话不说，"不符合特定场合"的话不说。也就是说，语言使用要符合当时的社会伦理制度和人际伦理关系，要在处理好语言运用与国家利益之间的关系基础上，同时兼顾言语行为与民众利益之间的关系；"言要合乎仁"。"仁"要求说话者说话要谨慎，说自己有把握的话，说有理据的话。同样的话语，在不同的环境下所蕴涵的意义会发生改变，所以说话的人和听话的人都要根据具体的情境不断调整，不能不慎言。言要合乎仁就意味着在语言使用过程中应该进行必要的道德认知，依据道德准则做出言语行为是否实施恰当的判断；"言要合乎忠"。语言使用过程中的言语态度要真诚，所说的话要忠于事实材料，对言语对象负责，承担起话语的道德责任；"言要合乎信"。言语行为要符合客观实际，语言内容要真实可信，只有言而有信，言行一致，才能符合社会道德对言语行为的要求。

古人主张言语行为符合"礼""仁""忠""信"，有其一定的历史局限性，他们几乎都是从统治阶级的利益出发，去建构起符合国家统治和秩序要求的语言道德观念，忽视了民众对语言使用过程中的利益需求。语言实践只满足了国家利益中形而上的层面，没顾及民众利益的层面。但古人强调的言语行为要合乎与之相适应的社会道德伦理秩序还是有其一定的积极意义，言语行为要与文化相适应，在一定程度上是社会稳定与发展的内在要求。虽然语言与文化的联系在不同的民族中，在各个历史阶段上是各不相同的。但语言的使用都要合乎当时民族文化所认同的语言道德观的普遍要求。言语行为同民族文化的语言道德关系相适应，不仅是一项语言道德准则，也是一条十分重要的语言规律。例如，在"文化大革命"时期，批判、打倒传统文化，混乱的文化环境在新闻语言上也有明显的反映。周有光提到，据抽样统计，"文化大革命"期间，10 篇《人民日报》社论中，"批"字出现 140 次，"斗"字出现 231 次；"文化大革命"前，10 篇《人民日报》社论中，"批"字只出现 1 次，"斗"只字出现 88 次；"文化大革命"过后，这两个字的出现频率又大大下降。①

新时期，我国在大力弘扬中华文化，建设中华民族共有精神家园的同时，更要全面认识祖国传统民族文化，取其精华，去其糟粕，使之与当代社会相适应、与现代文明相协调，保持民族性，体现时代性。总之，在新型的社会制度基础上所建立的语言道德秩序，不仅要以国家的利益为参照，还要以人民大众的利益为基点，因为人民不仅是语言使用的主体，更是语言创造的核心。所以要求新闻语言在彰显民族文化时，既要能体现具有民族特色的语言道德观，又要与时俱进，传播具有与社会主义特色文化相适应的语言观念，语言运用不仅要利国，还要利民。总之，新闻语言实践要遵循言语态度真诚、语言信息真实、语言表达合乎道德的语用原则。

言语态度真诚要求新闻语言的使用需以诚相待，所报道的事实真实可信，事实是什么就报道什么，不弄虚作假欺骗受众。新闻语言的真诚还体现在时效性上。在新闻的报道中，明知某些事情或某种有害的情况即将发生，不及时报

---

① 郭熙：《中国社会语言学》(增订本)，126 页，杭州，浙江大学出版社，2004。

道出来，或含糊其辞，有悖于新闻传播的真诚要求。言语态度的真诚可以调节新闻传者与受者的传播关系，促进两者关系的良性互动。

信息真实要求新闻语言所描述的信息需与客观事实相符，所传播的信息要有根据，不虚假、不夸大、不贬低。新闻语言秉承真实是维护合理传播关系的基础，是新闻传播维护社会稳定与发展的必要条件。真实的信息是社会赖以正常运转的重要条件，如果新闻媒介报道虚假的信息，社会依据虚假的信息所做出的各种决策、行为就可能会出现各种差错，其结果很可能会引发社会纠纷，甚至还会导致社会秩序的混乱。《全球背景下的话语表现》一书中引用了这样一个例子：

> 在传播史上被作为典型例证的《火星人进攻记》，1938 年 10 月 30 日万圣节前夕，美国一家电台播出了一出广播剧，由著名演员播出威尔斯的小说《星际大战》，但其中用的都是当地的一些真实地名，而且按照新闻语言报告的形式播出。先是以一段音乐开始，中途突然插播新闻报告，然后又是音乐，再插播特别新闻。新闻报告宣布：火星人进攻地球，中心即为当地。几分钟的时间里，数万名听众都相信了这一"事实"，惊慌失措。电台为了制造出逼真的效果，特地请来"专家"和"目击者"作证，生动地向听众描述火星人降落地球时的景象。播音员直播式地解说：火星舱敞开了……降落地球了……7 000 人合抗火星人，只剩下 120 人生还……看，……碎石遍野，全遭怪物给踏死了……惊魂未定的人们坚信了这一"事实"，有人到教堂去祈祷；有人奔上街头，用湿毛巾挡住火星人的毒气；也有人揣起猎枪去寻找入侵的火星人。在两小时中，贝尔电话公司收到了 10 万个电话，警察们奉命采取行动，到处都是歇斯底里的人群。据普林斯顿大学的研究表明，约 600 万人收听了这一节目，其中约 100 万人相信了节目内容。[①]

这个案例也许具有极大的偶然性，但是在大众传媒占统治地位的今天，新闻语言信息的真实性足可以影响着绝大多数受众的态度与行为。

语言表达要合乎道德要求，新闻语言的表达要真诚、得体，所言内容要真实可靠，语言风格要通俗易懂、言简意赅，要避免使用可能会产生误解、曲解的语言表达，杜绝能够形成望文生义和断章取义的新闻语言表达方式。新闻语言的表达不应受利益的驱动而偏离事实，维护新闻信息的公平和公正是新闻语言表达道德性的最起码要求。

---

① 郝朴宁、陈路、樊泳雪：《全球背景下的话语表现》，10 页。

2. 新闻语言实践要体现民族文化的语言审美观

在长期的民族审美观念积淀下，中华民族的审美观念有一个十分明显的特征就是重和谐，和谐美是中华民族从古至今一大重要的审美意识。我国的文学、建筑、绘画、音乐、舞蹈等各种实用艺术、造型艺术、表情艺术、综合艺术都崇尚配合的适当和谐调，深受和谐美的影响。具体到新闻语言实践中，和谐匀称的审美意识就表现为均衡、对称的语言表现形式。

(1)新闻语言语音的使用要符合民族文化的语言审美观

汉语中的声母、韵母、声调、音节作为语音系统中的要素，它们的有序组合能够传递出中华民族特有的语言审美观。在新闻语言的运用中，通过对它们的整合，就能产生出节奏鲜明、铿锵有力、朗朗上口的语音效果，显示出语音的节奏感和旋律美。例如，可以利用双声、叠韵及叠音构建起音节群以增强语言的韵律感，使新闻语言具有很强的可读性；可以利用押韵，建构起韵文效果。即尽可能把有规则出现的押韵组合在一起，通过平仄的交错使语篇具有节奏和韵律，吟诵顺口悦耳，既便于理解又便于记忆，引起受众的共鸣。还可利用谐音建构联想。汉语中有大量相同音节的同音词存在，同音词的存在为语言使用中利用谐音手段提供了基础，在新闻语言的运用中，谐音具有极大的张力，常可产生寓意深远，幽默风趣的表达效果。尤其在新闻报道的标题语言中，新闻传者利用谐音的同音词来制作新闻标题，通过谐音之间的语音联结，便于产生理解的自由联想，通过标题语言的谐音效果来吸引受众，引发受众的联想。

(2)新闻语言词语的运用要符合民族文化的语言审美观

中华民族传统的审美思维强调整体、平衡对称，对汉语词语形式的存在、表达、组合、示意都有很深远的影响。例如汉语中的成语、谚语、惯用语、歇后语等从词形到词义都体现着和谐对称的民族文化内涵。汉语词汇从视觉上来说，形象直观，排列整齐有序；从听觉上来看，汉语词汇因其音节数量安排恰当而悦耳动听。汉语词汇存在于中华民族文化的氛围中，就必然会受到民族文化的熏陶。因此，汉语词汇的内容和形式无不呈现着中华民族的思维特点和审美观念。新闻语言在使用词汇时要结合中华民族的语言审美观念，词语运用要简洁匀称，在经济的原则下还要保证语言信息的容量。例如，成语的合理使用就既能使语言运用简洁，又能增加语言的信息容量，利于篇幅有限的新闻传播。词语运用要能彰显文化内涵，通过词汇把中华民族千百年来逐渐凝聚的民族文化显现出来，使有限的新闻语言蕴藏无限的文化底蕴。

(3)新闻语言中的语法运用要体现民族文化的语言审美观

苏新春在《文化语言学教程》中指出："汉语的语法方略总是以简驭繁，以能动、发散的基本单位为主体作创造性的发挥。所以任何先验的、固定的语法框架都框不住汉语语法。""汉语语法的'形'的因素不是主要的,'神'的因素倒是更基本,因而也更显豁的。这与中华民族的文化思维、文化心理十分吻合。也因为如此造就了汉语语言组织弹性实体和流块建构的特点,汉语的句法尽管简短,却变化无穷,可以造成多姿多彩的文体风格,可以在语言艺术的广阔领域内充分施展。"汉语语法以"神"统"形"的方略为新闻语言的运用提供了广阔的表现空间。例如,新闻语言可以根据相同的新闻事实,建构起不同的语序排列,并且不改变语义表述,通过不同的语序结构,造就多姿多彩的语言样式;也可以依据相同的新闻事实,建构起不同的语序排列,并导致语义的变化,利用变序营造出新的语义,将句子的动态性特征表现得淋漓尽致;甚至还可以语序不变,语义不变,但强调的重心发生改变等。新闻语言的使用要重视篇章布局,遣词造句,重视结构的匀称与变化,重视句子选择的多样性与灵活性等。

(4)新闻语言要调动多样的修辞表现手段,体现传统修辞所造就的语言美

中国著名修辞学家陈望道将修辞分为"积极修辞"与"消极修辞"两种。消极修辞,包括词语的选择和锤炼、句式的选用和语气的变化;积极修辞,即指对修辞格的使用。无论是哪一类修辞都蕴涵着中国传统的美学观念。新闻语言的使用要充分调动民族文化中的传统修辞手法来扩充新闻语体的表现手段,增强话语信息的传播效果。恰当地运用修辞手段可以使语言更加形象具体,充满活力与趣味,使人产生无限联想,超越语言的一般本色表达,使新闻语言这种非艺术形态的语体具有形象感和生动感。

3. 新闻语言实践要符合民族文化的语言价值观

价值观念是人们对一定事物和文化现象进行是非判断、优劣判断的尺度。中华民族的价值观深受儒家思想的影响,判断是非、优劣的尺度始终恪守着"礼仪仁爱""以和为贵""和衷共济""天时地利人和""物极必反""适可而止"等价值准则。这些价值准则可以营造出一种和谐的人际关系氛围,它树立起什么是善、什么是恶,怎样为善、怎样为恶的价值评判标准,以及昭示着人要相信什么、追求什么、提倡什么、舍弃什么、回避什么、反对什么等信仰、思想和态度。语言是价值态度外在表现的形式之一,汉语的词语构成、话语表现方式、语用规律甚至造字的理念等都十分显著地体现着中国传统的价值观。例如,汉语在用词上尊崇"自谦"原则,表现为"贬己尊人",称别人的儿子为"令郎",称自己儿子为"犬子";别人住所叫"贵府",自己住处说"寒舍";宾客来到称"光临",看望别人用"拜访"。就连造字的理念,也能反映出中华民族一定的价值观念。带有"女"旁的汉字,比如"好""妙""娇""娃""妹""妇""奸""妓""娟"等,"据有的学者统计,《辞海》中所收的'女'旁字共257个,涉及褒贬评价的有

100 个，其中含贬义评价的 35 个，含褒义评价的 47 个，褒贬参半的 18 个。"①这些在语义中带有褒贬评价的"女"旁汉字，一定尺度上反映了汉字造字以及字形字义演化过程中社会对待性别的价值态度，也在一定程度上折射出中华民族在不同社会形态下的价值观念，由此可以看出中国传统价值观念观照下的女性角色的社会地位认同。

新闻语言的运用在彰显传统价值观时，要取其精华，弃其糟粕，更要适应社会主义核心价值体系的要求，以马克思主义为指导教育人民，用中国特色社会主义共同理想凝聚力量，用以爱国主义为核心的民族精神和以改革创新为核心的时代精神鼓舞斗志，用社会主义荣辱观引领风尚，打牢建立社会主义核心价值体系的基础。新闻语言的使用要把传统价值观的精华和社会主义核心价值体系两者有机地结合起来，彰显传统价值观时，又不失与时俱进地体现社会主义核心价值；弘扬社会主义价值体系的同时，又要兼顾中国传统价值观中的精华部分。传统价值观与社会主义核心价值体系两者之间是具有内在联系的，它们并不互相排斥，共同组成民族文化统辖下的价值观。

总之，强调新闻语言实践的语境文化要求，其实是强调新闻语言的文化性。新闻在传播信息的同时，也表现着文化，这种文化就隐藏在语言表达的内容与形式中，它对新闻受众的文化心理产生着重要的影响，对传承民族文化具有重要的作用。我国的新闻语言是根植于中华民族文化之中的一套信息表达、文化体现的语言符号系统，是新闻传者和受者认识世界、改造世界的途径和样式。因此，文化性是新闻语言的特性之一。

三、新闻语言基本特性下的新闻语用原则

对新闻语言实践进行研究，实际上是在研究新闻语言的运用问题，既然是运用分析，那么就要将新闻语言放到"言语行为理论"的框架下去认识。奥斯汀提出实施言语行为要有三个恰当条件：

　　(1)说话人必须是具备实施某一行为条件的人；

　　(2)说话人对自己要实施的行为必须有诚意；

　　(3)说话人对自己说的话不能反悔。

奥斯汀的言语行为条件旨在说明言语活动过程中，言语行为主体必须遵守特定的规则，违反了这种规则，言语行为就失去了意义，没有这种规则的制约，听话者就不能根据支配话语的规则去掌握与理解说话者的意图。新闻语言

---

① 陈汝东：《语言伦理学》，48 页，北京，北京大学出版社，2001。

在具体的实践中，其传播行为也不是无规则的，它也必定受到实施新闻"言语行为"的条件的制约，这个规则就是新闻语言实践的语用原则。下面我们从社会、文化、心理三个方面去认识这些原则。

(一)社会层面的现实原则

新闻语言所表达出的话语，必定对社会产生一定的影响，正面报道的话语可以坚定人们的信心，鼓舞人们的士气，批评揭露的话语可以使人们认清形势。但是无论是何种报道都必须结合具体社会现实进行实事求是的报道，对于正面的不随意拔高，面对反面的不刻意贬低，现实是什么，新闻报道就要做到客观、公正。例如：

> 作家蒋子龙在 1959 年写了一篇自认为是小说的东西寄给了《天津日报》。由于不懂投稿的规矩，他没有写上"文艺部"。结果，市委机关报在头版头条把该小说当通讯登了出来。稿子里提到的厂名、车间都是真的，而车间主任、工程师、厂长的名字都是虚构的。小说中大写特写发动机脊梁曲轴试锻取得的辉煌成功。而实际上，六拐曲轴是制造万吨轮和大型内燃机车发动机的尖端部件，当时他们厂并没有制造出来。因为报社把小说当通讯刊发，所以人们就把小说话语当做生活话语来理解和评价了。结果，全厂哗然，有的人刻薄地说他是"吃铁丝屎笊篱——瞎编"，有的则说他瞎吹。①

虽然这是个偶然事件，错并不都在报社，但它也充分说明了新闻语言实践不顾社会现实的制约，其传播很有可能造成失实。因为在当时，六拐曲轴并没有生产出来，报社忽视了这一社会现实的制约，导致新闻语言失去应有的效度，成为无效的话语，结果必然受到社会的谴责。

(二)文化层面的对应原则

文化范式的不同必将导致语言表达方式的不同，这就要求语言必须与文化相对应。只有言语行为与文化范式相对应，语言的阐述才能得到文化范式的认可，才能适应民族的语用习惯，符合民族文化的要求。中华民族的文化范式对应着相应的语用原则。同西方文化强调"个人本位"和"自我为中心"不同，中国文化倡导孝亲感情、家国意识、尚礼精神以及尊老爱幼、扶弱济贫的人与国家、人与人的和谐关系。社会群体普遍接受与认可这一传统文化范式，不太轻易改变。新闻语言实践必须遵循和对应这些文化原则，否则将会导致因背离传统文化范式而出现的语用失误。例如：

---

① 陈汝东：《语言伦理学》，33 页。

　　江苏某行人一日被农用车撞倒，又被该车从头部轧过，当场惨死于血泊中。该省一媒介赫然出现《骑车人"中头彩"惨死》的标题。同是这家媒介，不久前在报道另一起相似车祸时，用的标题更绝："公交车轮从头越"。作为一个常人，交通事故的悲惨场面谁也不愿意看到。而报纸却颇费心思，分别采用了双关（"中头彩"）和套用诗句（"从头越"）的文学化表现手法来哗众取宠，完全看不到媒介对遇险者命运的关注。广州夏天太热，三十余人因酷暑死亡，报道标题：广州"酷"毙三十余人。带有调侃的意味，让人感到记者的"看客"心态，缺乏必要的同情心。①

以上媒介的言语行为方式，从微观层面上看，可以看出新闻说话者人格心态上的麻木不仁，对所报道的灾难及其受难者缺乏最起码的人文关怀。从宏观层面上看，则完全是对传统民族文化所传承的社会美德的一种漠视，这种错误如不加以重视和及时进行纠正，新闻语言所承担的传承祖国优秀传统文化和民族精神的重任就不可能实现。

（三）心理层面的接近原则

　　新闻语言传播的是实在、具体、清晰的信息，凡抽象的、空泛的、模糊的、隐晦的话语都是受众排斥的。因为"假大空"式的新闻语言使受众内心无法感受到真实和诚意。空泛和隐晦的新闻语言没有量的刻度，弹性极大，语义模糊，不仅容易造成理解上的困难，降低语言传播的效率，也因为远离新闻受众的心理接受范围，最终使受众丧失对媒介起码的信任。例如：

　　1959年美国原国务卿杜勒斯病死了，《人民日报》在发表这条消息时，采用了客观报道，标题是："杜勒斯病死"。由于杜勒斯这个人在侵略朝鲜的战争中起了推波助澜的作用，深深地伤害了爱好和平的中国人民。但另一家全国性的报纸也对此事进行了报道，标题是"杜勒斯病逝"，这一下激起了许多读者的愤怒，纷纷写信给报社发表意见，认为对杜勒斯用"病逝"一词显然不当，因为"病逝"一词在我国一直是含有尊敬、哀悼的感情色彩，讲"杜勒斯病逝"，中国人民的心理的确接受不了。

以上案例涉及的是词语色彩的运用问题，但它也充分地说明了新闻语言的运用必须考虑到受众心理是否接受的问题。遵守接近受众心理的语用原则，恰当选择词语、句式和语言态度是新闻语言实践的基本要求。

---

①　陶冶：《"新闻语言"岂能没心没肺》，载《今传媒》，2005(8)。

第二节　新闻语言信息的丰富性

新闻语言活动的首要功能是信息传播与表达，信息是实现新闻传播其他社会功能的原型，其他功能都是在信息传递的基础上派生出来的。新闻语言信息的丰富性特征是由新闻语言活动本身决定的。新闻信息传递的基本过程是：新闻传者先对信息对象进行收集和选择，建构起信息对象的语言信息单位后，结合传播媒介的特性对所传信息单位进行编码，信息受者接受信息单位后，再用已有的语境条件（包括语言的上下文语境、环境条件语境、社会形态语境、文化语境、认知语境、心理模式语境等）对其解码，获取关于新闻报道对象的信息和对信息认知的态度，最后将新闻信息报道的接受效果通过各种形式反馈给新闻传播者和媒介。信息获取其实质是新闻语言信息单位改变了受者关于新闻报道对象的认知状态，实现了由不知到知晓，由知少到知多的过程。也就是说，在新闻信息传播中要把客观存在的信息转化成讯息（传播学者拉斯韦尔认为："信息"与"讯息"是不等同的，信息是指看不见、摸不着的精神内容；讯息则是指表现这种精神内容的符号，是看得见、摸得着的，两者的关系是意思与表现意思的符号的关系，依据习惯，文中还是把"讯息"称为"信息"）或人的感觉器官能够识别的信号。而在这个过程中，要使讯息最大限度地表现信息的"意思"，其语言运用就要排除"噪音"的干扰，将"冗余信息"剔除，提高"有效信息"的质与量。有时候新闻传播效果不佳的原因之一就在于新闻传者与媒介未能（或错误）认识到发出的信息与接收的信息并不总是相同的，当传播渠道出现噪音时，就需要在有效信息与冗余信息之间取得平衡，噪音越多，冗余信息就越多，这样一来，在一定时间内所能传递的有效信息也就减少了。所以，为了减少新闻报道中的噪音，需要强调和加强有效信息的信息量，为了让讯息更好地表现信息，为了让新闻受众更大程度地知晓和了解信息以减少"不确定性"，唯有在新闻传播活动中，注重新闻语言表达信息的质与量，使新闻语言的信息含量更丰富。

一、新闻语言信息丰富性的构成及要求

（一）新闻语言信息丰富性的构成

信息是事物运动的表征符号，是表现对象事物状态和运动的一种形式，而新闻语言也是一种特殊的符号，它能把物质世界与精神世界联系起来，通过语言把物质世界的信息传递到人的精神世界中去，从而改变人对外界世界的认

知。语言作为符号世界的中介，是把信息传递给人类世界的桥梁。如何把有效的信息传递出去，使人接受到的信息含量更丰富，这对新闻语言的信息表述是一个高的要求。新闻语言的意指程度直接决定着新闻信息的丰富性，意指程度高，信息含量就丰富，意指程度低，信息的质与量就相应降低。

新闻语言的意指包含两个层面：一个是新闻事实的表达层面，表达层面是物质形态的实体，表达层面揭示新闻信息的理性意义，语言越贴近地复制出人们生活的现实世界，信息看上去也就越真实、越丰富。表达层面是新闻语言意指层次的最小语义单元，它是新闻语言符号所蕴涵的本义，是对客体世界的初级"转喻"，新闻语言的表达层面与新闻事实是最接近的逻辑关系，是纯理性的。具体而言就是新闻事件的五要素：时间、地点、人物、事件、因果。虽然在具体的新闻语言信息中，五要素不是面面俱到，而只是强调其一二，但它们都是属于新闻语言表达层面的构件，新闻事实的表达必然涉及它们；另一个是内容层面，内容层面是新闻事实表达后所产生意义方式表现的思维形态，是新闻事实表达的内容综合，是新闻事实表达后所形成的一种概念，它用于表达内在的、抽象的意义。内容层面在表达层面描绘客观世界的基础上，是对其"隐喻"的结果，隐喻已触及新闻事实外在的社会范畴，这种社会范畴不是来自新闻本身，而是来自社会应用和评判表达层面与内容层面的方式。内容层面阐释新闻事实后面的概念，是新闻语言语义表现意指层级的归宿，它作为语义的引申义，是对客体世界的概念表达，它是纯感性的。具体而言就是新闻要素的意义离开原先所指的新闻事件，要素的意义被缩小和扩展，直至逐渐消失。新的意义在社会语境的映射下，离原有要素意义越来越远。所以，语义不断被赋予新的意义，新闻信息也不断被丰富，突破新闻事实中已有的信息含量，与社会语境中相关的信息背景发生联系，发挥新闻信息"管中窥豹"的效果。所以，新闻语言意指由低到高的运动实际是一个新闻信息的质与量不断丰富的过程。

意识形态抽象不可见，必须被赋予一定的物质形态才能进行传播，从这个角度上理解，新闻话语就是对新闻事件所呈现的意识形态观念的符号表达。既然是符号表达，新闻话语中的能指与所指对象应该是比较清楚的，能指与所指的直接联结构成了新闻话语的符号意义。然而，符号意义不单单是新闻话语使用、传播的终极对象，新闻话语与外在语境发生联系后产生的意义也都应该属于其语义的范畴。也就是说，新闻话语的语义不再仅仅是通过符号意义来表达，由符号意义与外在语境联结起来的意义内涵也属于新闻话语语义的范围。而意指的任务就是把新闻话语中符号意义背后所"隐藏"的意识形态意义实现完整的表现。"意指是指能指联结所指并使之获得意义的一个中介项，它在符号系统里没有具体的存在形式，但存在于实现传播活动的过程之中，存在于传播者和受播者的互通理解中，存在于非语言学的心理场。"①意指在新闻话语中充当中介，是在新闻话语的表达层面（能指）与内容层面（所指）结合后生成符号意义的基础上，联结具体的语境因素，隐喻某种意识形态和传递某种内蕴意义。在对新闻话语的分析中，并不仅仅只是描述话语的能指、所指，更重要的是描述在特定的语境下通过意指所完成的社会行为，这种行为就是意指行为。例如，同是关于 2004 年法国戛纳电影节金棕榈大奖得主纪录片《华氏 9·11》的新闻报道，东方卫视的新闻话语与《新闻联播》的话语就有着质的不同，后者没有仅仅停留在对纪录片《华氏 9·11》得奖消息的报道上，而是突出报道了纪录片中反对战争、反对布什总统执政政策的内容，把消息的所指与国家的意识进行组合，产生出反战、反对布什总统的执政政策的国家层面的话语内涵。意指行为在这个过程中的任务就是使消息的符号意义减弱，使消息的隐喻意义得以凸显，使其两个既互相包含又互相分离的成分——表达层面和内容层面的意义得到了外延的扩展。

新闻语言的意指行为是把表达层面与内容层面联系起来，结合民族文化意识，使新闻信息承载着一种观念形态。新闻报道作为一种语体，不仅属于语言学的范畴，还属于文化领域，新闻语言表达的信息除表述新闻事实外，还承载着传播文化意识的功能，具有意识形态性。也就是说新闻语言的信息除了传达新闻事件的信息外，还携带新闻事实之外的文化信息与意义。文化内容作用于一个新闻事件或一系列社会语境类似的新闻事件，它将新闻事件的表达层面与内容层面构成的联结意义层面披上合理的文化意图"外衣"，其目的是重新创造一个表明价值、感情、态度甚至是塑造国家形象的"新闻故事"，让新闻事件中的表达与内容来解释这个重新建构的故事，这故事已突破了新闻事件的表达层面，它是由新闻事件的表达（能指）加内容（所指）再加文化构成，这样的新闻报道承载着某种意识形态。内容层面在社会意义的基础上，结合民族文化、人文心理，甚至是经济、政治意识形态来构建新闻传播的意义。媒介传播的优势之一就在于它可以借助专业资源和高超的技术、纯熟的传播技巧，使新闻报道成为文化输出的重要工具，成为参与世界竞争的重要"软性力量"。让新闻报道所包含的生活方式及意识形态，潜移默化地灌输到人们的思维里。对内教育和引导人们，增强民族的自豪感与凝聚力；对外通过本民族新闻产品的输出，寻求世界范围内的民族文化认同，通过文化的渗透，在世界范围内树立起本国或本民族的文化形象。

---

① 余志鸿：《传播符号学》，9 页，北京，商务印书馆，2005。

　　新闻语言在其语义表现的结构上，应该把意指表现的表达层面和内容层面结合成一个连贯的、自然的整体，通过这个整体的结合产生出一种聚合效应。也就是说，新闻语言在表达中要把两者有机地结合起来，使语言具备这两层语义，同时使新闻话语在意指中承载更多的信息含量，以丰富话语内容的内涵。

　　新闻语言意指系统的表达层面和内容层面在新闻信息传输中是互相依存的，两大基本类型是构成新闻信息丰富性的必要条件。新闻语言意指系统中的表达层面和内容层面的和谐搭配，在具体的操作运用中体现为新闻语言要用事实说话。新闻语言不同于宣传教化式的语言，它是基于新闻事实，以事实为依据，而不是把观点、意图、态度等强加于人，用结论代替事实的语言。新闻语言作为一种意识表现行为，发表着无形的意见，又作为一种主观活动，在新闻事实的表述上必定会包含着新闻传者的态度和情感。一些具有重大影响力的国内、国际新闻事件，更是隐含着国家利益、外交政策等方面的语言表述。信息时代，话语权决定着存在权。为此，世界各国媒介都是采取各种方式获取新闻信息后，以本民族的语言方式表述自己的观点、话语。新闻用事实说话，说话才是目的，用说话来形成舆论导向，传播符合自身利益的话语。尤其值得注意的是：新闻用事实说话，必须是主观意识符合客观事实，要在尊重客观事实的基础上，尽可能地实现主客观的统一。只有这样，才能为新闻语言用事实说话的客观性提供保证，使客观地说话不仅成为必要，而且成为可能。

　　新闻语言用事实说话，不仅说出了信息本身，还说出了信息之外的相关东西，甚至还要显现信息后面的意识形态，用事实说话极大地丰富了新闻信息的含量。新闻语言在建立话语时，在以客观事实为准则的基础之上，必须处理好如何"说话"，以求话语信息的丰富。

　　首先，新闻语言要表述典型事实，用典型的新闻事实说话。事实大量存在于社会信息库中，选择什么样的事实和采取什么样的语用态度予以报道将直接影响到新闻报道的观点和倾向。新闻事实取舍精练、明确和典型，新闻语言表达就会起到以一当十的效果。反之，如果新闻事实的立足点选择不当，虽然语言结构十分完整，表述非常清晰，但由于内容繁杂且没有直指核心意义，想要表达清楚事实是十分困难的。离开典型事实，语言表达的目的不仅模糊不清，甚至还会产生歧义。

　　其次，新闻语言要再现场景说话，将新闻事实的某些现场情景具体地描述出来。新闻事实中的对象都是具体可感的，新闻语言要充分地将它们逼真地再现出来，使新闻报道形神饱满，为新闻受者创造出身临其境的感觉，从而增强新闻的信息量、可信性与说服力。新闻语言表述得越恰当，其可信性就越高，受者就越愿意接受。所以，在新闻报道中，可以在叙述中穿插一些再现现场的描写，还原事件发生的场景，增加一种特殊的真实感，增加用事实说话的分量。

再次，新闻语言要用背景材料说话，把背景事实和当前新闻事实结合起来。背景材料虽然不具有时效性与新鲜性，但它本身也是事实，所以，新闻用背景材料说话时，要巧妙地与新闻事实结合起来，暗示与引导读者进行相关的联想，从而得出相关结论。运用背景材料的目的是为了证明新闻事实的价值，通过比较发现问题，认清新闻事件的来龙去脉。对新闻背景材料的分析，往往还可以设定新闻报道的话语框架，最终达到话语表现的目的。

最后，新闻语言要善于用"直接引语"说话，"直接引语"就是在语言表述过程中，直接引用新闻报道中当事人直接说出的话或与新闻事件相关的某些信源的话，用他们的话代替自己想说却又不便直接说的话，借此达到发表观点的目的。在新闻语言中使用直接引语，可以提供出不同身份、不同个性人物的话语，这种运用不仅能够使报道产生一种现场感，而且通过当事人的表述能够与受众贴近，有助于消除新闻报道中的单调乏味与程式化。

（二）新闻语言信息丰富性对新闻语言实践的要求

语言的每一信息单元都与信息系统中其他单元形成一定的联系，在新闻语言中则要求信息必须与新闻事件主体具有相关性，使该单元信息在信息系统中获得关联性。单元信息所传递的信息含量是可以量化的，信息的丰富性要求，必须以量作为前提，即新闻报道的信息对象其空间要素、时间要素甚至连相关细节都可以通过语言表现出数量的特征，使新闻信息获得了量的规定。语言信息内容要真实地表现信息对象，单元信息传递的内容必须是信息对象的真实状态，即新闻报道的事件必须是真实的，并且这种真实是全面的，不仅微观细节要求真实，而且更要求宏观层次上的真实，使语言信息获得了质的规定性。总之，对新闻语言信息的丰富性层面进行分析，需要作出以下判断：（1）报道的语言信息与新闻事件本身是否有关联；（2）报道的信息含量在新闻事件要素总量中是否适量；（3）报道的语言信息对于新闻事件本身而言是否真实。新闻信息的丰富性是三者共同作用的结果，信息不关联，就无须关注信息对象的真伪及数量，因为所言之事已脱离了新闻事件；若信息的数量不足，所言之事就不能充分地涉及新闻事件的各要素，也影响到新闻的真实性，与新闻事件本身的关联也会脱节；若信息不真实，所言之事的客观性将不复存在，事物的本质属性得不到揭示，新闻报道就会失实。新闻传者应该报道关联、适量、真实的信息，而新闻受者也抱有同样的期待。

1. 新闻语言信息的关联性要求

一个事件的信息是多维度的，在报道时可以选择不同的角度，角度的不同必将导致新闻语言信息的差异，一个信息可以衍生出多个新闻报道。因此，新闻报道要与新闻事件的主题相关，而不是离开主题去报道信息的附属意义。新闻语言信息要丰富，首要考虑的就是语言表达要与事实本身相关，与本质不关联的报道会阻断新闻信息的质与量。从传播效果上说，很可能会导致报道失实以及产生负面的效果。如 1995 年 9 月 5 日，在北京举行的非政府组织妇女论坛，西方媒介没有抓住这次会议的主题以及在全会上所取得的成果，而是报道一些与会议事件不相关的其他事件，报道北京的交通阻塞、市容环境脏乱、市民素质低下等话题。所选话题与新闻事件不相符，造成了极坏的舆论反响。而一位中国女记者面对西方新闻媒介对大会的不公正报道，呼吁西方传媒消除对发展中国家的偏见，客观、公正的发言得到了大家的认同。所以，新闻报道必须与新闻事件的主题具有内在一致性。这样，新闻报道不仅客观、公正，极具说服力，还有重要的舆论引导作用。

2. 新闻语言信息的适量性要求

数量是信息存在、变化的基本形态，信息数量是受者从新闻话语中获取信息多少的标志，它在传递过程中是以数量的多少发挥作用与显现价值的。传者传播信息的媒介容量与受者接受信息的接受容量都是有限的，传播媒介的容量有限，如果信息量太大，容易顾此失彼，而且受者在识别过程中也会因为数量的过大，不容易记忆和理解，从而影响接受效果。信息量过小，不但浪费媒介资源，而且不能满足受众的信息需求。事实上，新闻语言所传播的信息量过大或过小，都会影响到受众对事实的准确判断，由于判断的错误可能导致错误的导向或不科学的决策，以至于造成严重的社会影响。适量的信息才会尽可能地排除冗余信息的干扰，实现信息最有意义的传播。适量的信息是保证信息质的基础，失去了这一基础，信息的质就很难保证。所以，必须对信息进行科学编排和适量选择，传播最有实际价值和社会意义的信息。

3. 新闻语言信息的真实性要求

新闻语言要为受众提供准确无误的信息，语言的真实性是语言活动表述信息原型的参照要求。受众进行信息活动的目的就是获取真实的信息，如果信息的语言表述不真实，脱离了事件的原型，人们就会获得虚假的信息，依据虚假信息做出决策与采取行动和认识客观世界、改造世界，其结果会误导人们的认识和行动。一旦语言信息的有效性和可靠性遭到质疑，新闻语言就会背离事实层面，成为"道听途说"。坚持真实性第一，是新闻语言信息必须遵守的原则，新闻语言表述绝不允许任何虚构与凭空想象，它必须完全是对事实的客观描述。要确保新闻语言信息的真实性，必须注意的是：首先，语言所表述的新闻事件的诸要素必须绝对准确和真实可靠，不可按主观估计进行模糊处理；其次，抽象化的人物内心活动、思想认识的评价，必须以严肃的态度恰当地进行表述，避免任何虚构或夸张，对事实的评价态度、解释说明也必须符合事物的本来面目；最后，新闻报道应该是全面、准确地反映事件的客观事实，绝不能以部分、表面的事实要素歪曲整体的本质事实，即新闻语言除表述某一具体事件外，往往还要对该事件的大量相关事实进行整体的抽象化分析与概括。这种分析与概括同样要求真实，这是在更高层次上对新闻真实性所提出的要求。

二、新闻语言信息丰富性缺失的表现

新闻这种文体区别于其他文体的一个重要标志，就在于它的主要功能是信息的再现与传播，具有工具性。新闻离开了信息，新闻就不再成为新闻。然而无效的、重复的、次要的、多余的和表层的信息也不符合新闻信息的要求。无效的信息是过时、不可信的信息，它不仅没有价值，而且也不符合受众的信息需要。重复的信息不像首传信息那样能最大限度地消除受众认知的不确定性，它们已是时过境迁、众所周知的旧事，已不是最新的信息报道，它只等同于一般的事实再现，对于急需了解外界局势的新变动、新发展、新趋势的受众来说，重复信息的信息量较小，多次重复的信息其认知度趋于零。次要的信息只起对比、映衬的作用，作为无关宏旨的细节信息，其信息含量极低。多余的信息没有什么内容价值，起不到表示意义的效果。表层的信息仅停留在"告知以事"层面，它不能给人以启示，缺乏潜在信息和隐喻意义。这些信息只起到烦琐的表达作用，难以凸显对内容的表意效果。新闻语言信息丰富性的缺失主要表现在新闻内容的失实、新闻价值的缺失和新闻文风的失范三个方面。

（一）新闻内容的失实

只描述信息的细节，没涉及信息本身的新闻报道，只能涉及事件的表面，所陈述的东西与新闻事件本身所蕴涵的意义无关。以点带面只看到事物一面的新闻报道，以及为报道需要，重新按照传者的意图组织的新闻都很容易造成新闻内容的失实。例如：

英国商业电视台第四频道 1995 年 6 月 14 日播出的《秘密亚洲：死亡屋》，经过核查，就是以部分的细节事实代替整体内容，其结果与本来事实大相径庭，并有以卑鄙的手法蓄意捏造之嫌。"死亡屋"中的画面，是凯特·布莱维特等人假冒"美国儿童基金会"工作人员的名义在湖北黄石市福利院拍摄的。他们拍摄了院后的一间堆放杂物的车库，并将杂物打开放到床上进行拍摄，而正是这间堆放杂物的车房，在凯特·布莱维特等人拍摄的片子中被视为"死亡屋"，称 1994 年有 80 多名儿童在这间屋子里死去。

片中还讲述了一个"无名"病童无人照顾，得不到医治，只有等死的故事，这是他们在广东肇庆市端州区福利院拍摄的，该福利院收养的多为残疾或重病儿童，片中的病童是 1995 年 2 月 20 日由当地派出所捡到后送福利院的，是一个患重病的孩子，捡到时就已四肢发软，眼圈周围起了疱疹。负责照料"无名"病童的保育员杨金英说，他们（凯特·布莱维特等人）进屋时让她留在门外不要进去，当时是冬天，他们进屋后，就掀掉孩子的棉被，解开病童的衣服，拍摄了 15 至 20 分钟，拍摄完后也不给孩子穿好衣服，就走了。这位病童后终因医治无效而死亡。①

凯特·布莱维特等人企图通过展示并渲染这位重病儿童的死亡，来说明一些儿童在福利院受虐待致死。他们的报道以部分现象来掩盖事实真相，用"移花接木"的手法进行报道，这样的做法不仅不能报道事实本身，还会造成污蔑报道对象的严重后果。又如，时有发生的"导演"现象也是导致新闻失实的重要原因。黄匡宇在其《电视新闻语言学》中就写道：

1999 年 3 月 24 日北约发动对南联盟的空中袭击。3 月 25 日世界各大电视台无一不争相报道此事，笔者收集了美国 CNN、CBS、ABC 及多家华语电视机构对南联盟战局的报道……上述的电视机构播出 24 日战况的上百条新闻中，真正看得出来自战区的镜头只有三个：被炸地区大火（南斯拉夫电视台提供）、难民撤出马其顿（来源不详）、北约向马其顿屯兵（CNN 提供），由于在全天的战局报道中多次插有人们观看北约空军军事演习的镜头，致使演习、空袭、空战画面混淆不清，那些时间不明在天上飞来飞去的飞机，就很难向观众证实：这就是北约和南联盟参战的飞机。②

这个例子表明了新闻内容失实的原因在于上百个镜头中只有三个是事件所在地的事实镜头，其他大量的人物、事件、地址、环境等新闻基本要素都是导演的，或者是嫁接的，与事件无关的镜头夹杂其中，这样的报道很难具有可信度。

（二）新闻价值的缺失

新闻价值是新闻事件所具有的一种本质属性，是新闻事件本身所具有的足以构成新闻的各种特殊素质的总和。衡量一个新闻事件是否具有价值，应该注意以下几个因素：(1)是否新鲜。新鲜是新闻价值的重要条件，也是新闻报道

---

① 郝朴宁、陈路、樊泳雪：《全球背景下的话语表现》，55 页。

② 黄匡宇：《电视新闻语言学》，250 页，北京，中国广播电视出版社，2000。

的特性体现；（2）是否真实。报道第二性，信息第一性，真实性是信息的生命。（3）是否重要。新闻事件重要与否，要看事件本身的内在意义和它可能产生的社会影响。（4）是否接近受众。受众对新闻报道的关注程度，也是判断新闻价值的要素之一，事件报道能够接近受众的关注倾向与认知需求，新闻就能通过报道来与受众进行互动。

根据新闻价值标准，新闻报道为此树立了一系列的运作要求，这些操作准则与新闻语言信息丰富性的要求是一致的。新闻语言信息丰富，新闻价值就明显，同样，新闻价值越高，新闻信息也就越丰富。以新闻价值标准来衡量和选择新闻信息，体现了新闻语言信息丰富性要求所蕴涵的理性成分。新闻价值的缺失主要表现在以下几个方面。

首先，不新鲜。新闻是对新近发生、变化和将要变化的事实的报道。新闻的新鲜性包含四个方面的意思：其一是时间要新，事件的发生或变动必须是新近的，而且是越近越好；其二是内容要新，事件最鲜为人知，最独家或公众最急于想了解的事件，其新闻价值越高；其三是新闻报道要迅速，以最快的速度将新闻传播出去，尽最大努力缩小事件发生与传播给受众之间的时间差，能同步传播，是报道快的最高要求；其四是新闻传者的信息传播意识要新，要用新思维、新手法去处理和报道信息。新闻不新鲜就是因为忽视了四个方面中的某一个甚至几个，造成事件报道不是陈年旧事，就是在机械地重复。

其次，不重要。新闻媒介起着宣传党的方针政策，推进国家经济生活、政治生活和文化生活的进步，弘扬真善美以及利于和谐社会主义社会构建的作用。新闻媒介一旦不贴近人民群众的生活，不关注国家大事和社会主义现代化建设，把注意力过于转移到经济效益上来，为吸引受众的眼球，以娱乐报道、商业报道为主，把报道新闻变成炒作新闻，忽视新闻信息对和谐社会构建的重要意义。把有限的媒介资源让位于思想指导性不强的的日常琐事新闻，是对媒介资源的极大浪费，更是对新闻具有传递信息、沟通情况、宣传教育与组织群众的功能的漠视。

最后，不深刻。新闻报道不能就事论事，必须把对受众起情感影响、表现某种事理观点和倾向性的信息蕴涵在新闻传播中，使新闻报道不仅要客观、全面地陈述事实，更要通过事件体现出一定的价值标准，把受众从事态的关注中引到新闻事实背后的倾向性信息中来，不仅要告之以事，还要动之以情、晓之以理，通过新闻背后的新闻来达到引导舆论的目的。缺乏深度的新闻，信息量就小，它只能停留在表达层面，不能涉及新闻背后的价值。

（三）新闻文风的失范

新闻文风作为文风的一种，有着文风所具有的共性，结构必须符合主题表现的需要，做到严谨、自然、和谐、统一，既要层次分明、重点突出，又要详略得体、照应周密；形式表达要求干净利落，文笔简洁，语言鲜活通俗具有感染力等。但也有着自己特殊的规定性，语言形式要求具体、准确、简练、接近。事实不是虚无的，它由时间、地点、人物、事件、原因等因素构成，所以新闻语言必须具体，少用抽象的概念，需如实地记叙，也要求有适量的现场描写、细节描写等；准确要求新闻必须是事实的客观反映，不能含糊其辞，不能模棱两可，不能任意夸大或缩小，也不能刻意制造典型，任意拔高，或掩盖事实、编制谎言；简练要求新闻语言开门见山、直截了当，一事只一报，一条新闻只写一个主要人物，内容和结构要简单，条理要分明，头绪要清楚。要化长为短，化繁为简；接近要求新闻报道的是人们普遍关心的事件，避免使用只有部分人才能看懂听懂的一些字眼或话语。

新闻文风不仅关系到新闻语言信息的丰富性，还关系到新闻传者的声誉、新闻媒介的发展甚至党和国家的形象。毛泽东关于文风的讲话和著作，是迄今为止对新闻文风较为全面的论述，尤其是作于 1942 年的《反对党八股》一文对于文风的建设更是具有很强的指导意义，在文章中，他用漫画式的手法指出了八种文风失误的表现：空话连篇，言之无物；装腔作势，借以吓人；无的放矢，不看对象；语言无味，像个瘪三；甲乙丙丁，开中药铺；不负责任，到处害人；流毒全党，妨害革命；传扬出去，祸国殃民。《反对党八股》不仅对当时不良的新闻文风——"假、大、空"给予了及时地纠正，也对当前的优良新闻文风建设具有指导作用。新时期，新闻文风依然存在着失范的现象，并在新的历史条件下呈现出新的表现，空话泛滥、假话成灾、议论成篇、强加观点等现象甚至可以用"泛滥"一词来形容。李元授、白丁认为近年来新闻文风失范的问题具体表现为：(1)刮风起哄，追求轰动效应。新闻媒介和新闻工作者迄今依然习惯于沿用某些落后的思维方式和宣传手段，在具体的报道中，不从客观实际需要和人民群众利益出发来选择报道内容，而是根据领导意图或宣传需要搞主观的、概念先行的报道。一些新闻媒介还喜欢采用起哄的方式炒作新闻，一件事情出来，不问是非曲直，不管前因后果，各媒介一哄而上，叫着劲地起哄、跟风，不知道要提倡什么，反对什么，群众需要什么，而是把精力花在无意义的媒介攀比上；(2)脱离实际，热衷新闻空谈。近年来，一些新闻报道架势不小，口气很大，但缺乏实际的新闻事实材料和敏锐的洞察能力与理性的分析，其结果是抽象而不具体，笼统而不明确，空泛而缺乏事实；(3)急功近利，编造虚假新闻。假新闻不仅使受众受到愚弄，还违背社会道德规范；(4)黄色媚俗，放弃新闻良知。色情报道给人直接的心理毒害，无原则地满足部分受众的低层次需求，毫无顾忌地满足少数人的欲求，而黄色加媚俗则可能给整个民族心理带来更深远的危害。新闻从业人员必须有良知，时刻清正廉洁，以公众利益为重，反对和制止任何形式的有偿新闻。因为这样的新闻不仅欺骗了广大受众，而且还破坏了新闻的真实、公正原则，降低了新闻报道的质量，腐蚀新闻工作队伍。所以为了避免有偿新闻或与暴力、色情有关的新闻报道，新闻从业者须恪守职业道德和行为准则，不断加强马列主义新闻理论思想学习，并且把新闻行业内部的职业道德教育和新闻从业人员的自我职业道德教育有机地结合起来。

树立优良的新闻文风其直接目的就是让新闻语言既要有形象力和感染力，还要通过语言创造出新闻报道的真实之美、意境之美、含蓄之美、阳刚之美、和谐之美、朴素之美、新鲜之美和哲理之美，最终为实现新闻语言信息的丰富性服务。

三、新闻语言信息丰富性缺失的原因

目前，我国新闻语言实践中新闻语言信息丰富性缺失的原因，主要是由于新闻从业人员和传播媒介对新闻语言的意义认识不足、语言素养和综合素质不高、对新闻信息的本质属性了解不够、不遵守新闻语言运用的基本规律等因素造成的。

（一）语言素养不高

作为一名新闻工作者，首先要具备良好的语言素养。虽然不是要求每一个新闻工作者都变成语言学家，但是务必懂得一些语言的基本常识。对语言的语音、词汇、语法、修辞以及语言与社会这个大语境的种种关系等，都应该有大致的了解。缺乏这些知识，新闻工作者在语言运用中就会屡屡失范，甚至对犯了语用错误还"习焉不察"。有时即使知道新闻语言使用中出现的问题，但由于缺乏较高的语言综合运用能力，面对不和谐的现象，也只能是"无能为力"。

语言素养不高将极大地影响到将"信息"转化为"讯息"的能力，因为语言运用能力对新闻工作者来说比普通人要有更高的要求，要对汉语有深刻的理解和系统地把握，了解汉语发展的历史，学习一些古汉语的知识和必要的外语知识。在规范的前提下，结合具体的语用实践，灵活运用语用规律，逐步形成自己的语言风格，为实现信息的最有效传输服务。

（二）综合素质不高

在新闻语言运用中，要真正做到语言表述实现信息质与量的最大化，新闻传者的综合素质尤为重要。综合素质包括新闻传者的思想政治素质、职业道德素质、新闻理论素质、专业能力素质、文化知识素质等，思想政治素质是语言信息丰富的保证，职业道德素质、新闻理论素质和专业能力素质是语言信息丰富的前提，文化知识素质是语言信息丰富的条件。

1. 思想政治素质

新闻传者思想政治水平的高低，往往决定其新闻语言运用的方向，语言作为思维的物质外壳，时时刻刻都在体现着思想。新闻媒介是党和政府的喉舌，是宣传思想的阵地。因此新闻传者要有正确的政治方向和高尚的情操，坚持以科学的理论武装人、以正确的舆论引导人、以高尚的精神塑造人、以优秀的作品鼓舞人。并不断加强政治理论学习，学好马列主义、毛泽东思想、邓小平理论和"三个代表"重要思想，用实际行动落实好科学发展观，努力提高自身的思想水平，为自身语言运用能力的提高提供良好的思想保证。

2. 职业道德素质、新闻理论素质和专业能力素质

这些素质直接关系到新闻从业人员新闻语言运用的适应程度以及熟练水平，还影响到新闻传播的社会效果。离开职业道德的准绳，新闻报道就会出现不正之风，如"关系稿""昧心稿"、有偿新闻等，同时新闻报道为了经济利益就会朝着色情、凶杀、暴力、迷信、愚昧等不良的方向发展，损害人们的身心健康；新闻理论素质不高，新闻的真实性就会被动摇，用推理、虚构或掺假代替真实，甚至为了追求轰动效应而歪曲事实，出现主观性、片面性的新闻报道，造成新闻失实；专业能力不强，可能导致信息的收集和选择不符合需要，不能从总体上和本质上把握新闻事件的全貌，信息的处理不深入细致，所得的结论不全面、不真实、不完备，传播策略不科学，对反馈信息的重视程度不高等现象。长此以往，新闻报道就会失去群众基础。

加强职业道德教育就是要以马列主义新闻理论思想为指导思想，马列主义新闻理论思想是马克思主义的重要组成部分，其内容经过毛泽东、邓小平、江泽民和以胡锦涛同志为代表的新一代中央领导集体结合我国的实际国情不断完善后，更加丰富和科学。其主要精神体现在：一是要坚持正确的舆论导向；二是要坚持鲜明的党性原则；三是要坚持新闻的真实性；四是要坚持全心全意为人民服务；五是要对新闻自由有正确的理解。马列主义新闻理论思想的内涵极为丰富，而且还随着社会的发展不断创新。要树立基本的新闻职业精神与职业责任，作为新闻传者，要具有强烈的责任意识和崇高的、无私的奉献精神，要有正确的判断力和以大局为重的意识，批评什么、引导什么，都要以科学的态度认真研究，要引导社会朝着和谐的方向发展。新闻行业的从业精神是一种为追求事实与真理，不求名利，不畏风险，忘我工作，甚至在必要的时候为了国家和民族利益置自身安危于不顾的一种高尚品格。新闻理论涵盖许多方面，但主要要以"真实是新闻的生命"为原则，真实性是新闻传播活动的第一信条，离开了真实，新闻就会变质。所以，不仅要求新闻报道中的各要素必须准确，新闻报道还必须清楚地表明消息来源，以免遭到无端怀疑，报道新闻事件，既要说成绩，又要说不足；既要说经验，又要说创新；既有表扬，又有指正；既要注意局部，又要通观整体，尽最大能力避免新闻的故意或过失失实。专业能力素质要求新闻传者加强业务能力训练。新闻思维方式要有超前意识，要"快、抢、及时"地去找新闻，而不是"慢、等、要"地等资料，采访要深入第一线，要接触到第一手资料，报道手法要能够发掘出新颖独到的、与众不同的主题，巧妙而又准确地选择新颖别致的角度，表现技巧要生动活泼。

3. 文化知识素质

新闻传者不可能什么都懂、都精，但要有广博的知识，知识容量要涉及生产、生活的方方面面，要熟悉、了解当今社会的前沿、尖端和热点问题。如果新闻传者由于自身知识储备的不足而做出错误的价值判断，就有可能导致新闻报道的失实。尤其对于解释性报道与调查性报道，要知之较深，一知半解甚至外行，就会出现差错。新闻传者要广泛接触各方面的知识，提高综合素养。

总之，要避免新闻语言信息丰富性的缺失，就要求新闻传者不断进行相关方面的学习与再学习，将理论与实践相结合，外在教育与内在教育相结合，社会教育、职业教育、自我教育同时进行。

第三节　新闻语言的和谐性

新闻语言作为一种具体的语体形式，承载着信息传播、舆论表达与政策宣传的任务。其语言特点要求结构规范、形式多元、信息准确与贴近时代。新闻语言的和谐性特征是对其语言结构、形式、内容与社会语境的高度概括，是新闻语言特点的综合性要求，把新闻语言的内部体系与外部体系联系在一起，从系统的角度对新闻语言特点进行整体把握。语言和谐是构建社会主义和谐社会的基石，因为新闻语言是通过大众媒介向广大人民群众传播信息的一种语言，它传播速度快、涉及范围广、影响力大、导向性强，新闻语言对"社会语言和民族文化的走向有着任何其他载体不能比拟的影响力"。[①] 所以，和谐性特征不仅是新闻语言的总体性要求，而且对构建社会主义和谐社会也将具有重要的意义。而当下，伴随着媒介市场化的改革，受商业利益的驱使和盲目迎合部分受众需求的影响，新闻语言中呈现出许多不和谐的现象。而新闻语言的不和谐

---

① 姚喜双、郭龙生：《媒介语言》，2页，北京，经济科学出版社，2002。

必将影响到和谐社会的顺利构建。所以对新闻语言和谐问题的探讨尤为紧迫和必要。

一、语言和谐的内涵

无论在东方，还是在西方，从古至今"和谐"一词都是个热门词，它既作为一种哲学认知、美学观点渗透到文学、美学、语言学、音乐、建筑等领域，更作为一种人与人、人与社会以及人与自然相处的最高精神准则，和谐承载着民族精神和文化理念的内涵，支配着人们的言行方式和精神追求。"和谐"的本质在于协调主体性与多样性的差异，以求达到统一；化解独特性与包容性的冲突，以求并存合作；创造规范与发展兼顾的条件，以求推动进步。和谐不能理解为等同，"同"强调的是完全一致，以同一代替对立，是一种静态的思想状态；而和谐既能在同一中承认对立，又能在对立中把握同一，事物的不同因素之间相互依存，注重和谐要素间的配合、协调、包容，以兼容并蓄的博大精神推动事物的发展，形成"共赢"的局面。和谐事物的各要素间具有内在的活力，处于一种动态的状态，它不故步自封，是一个充满生机的开放系统。语言不仅仅是社会的一面镜子，忠实地反映着社会的方方面面，同时语言作为一种文化现象，承载着本民族、本地域的文化内涵，这个行为方式本身就是动态的、相互推动的。语言和谐在对哲学、美学认知的基础上，更注重结合语言自身的特性，从语言的角度诠释语言和谐的内涵。早在先秦的《论语》中，其语言主张就揭示了语言和谐思想的内涵，即在语言表达中要求"言必信""慎言""雅言"，强调的是在语言使用过程中语言表达及会话交际要真实可信，反对巧言令色；说话内容要慎重以及表述方式要合理得体，反对违背客观事实的夸夸其谈；话语效果要利于与接受者之间的人际和谐，反对不顾别人感受而大发议论。"言必信"和"慎言"是对语言表达者及其表达方式的要求，"雅言"则是对语言和谐效果的要求，语言最终要接受受话者的评判。《论语》中的语言和谐思想注重语言内部与外部的和谐，力求语言内容与形式的和谐，表达与接受的和谐。其语言和谐不仅涉及对语言内部质的规定，也注意到语言与外部环境的关系，对探讨语言和谐的内涵很有启示。从语言的系统结构中去把握语言和谐的问题，才能找到语言和谐的本质，所以对语言和谐的内涵问题应从语言的内部体系和外部体系两个角度去把握。

（一）语言和谐的内部体系

语言系统由语音、词汇、语法等部分组成。语音是语言的物质外壳，词汇是语言的物质材料，语法是语言的建构规则，语义是语言的物质内容，这些要素构成了语言的内部结构。就语言自身而言，语言和谐必须依赖于语言内部每一个要素的和谐以及各要素之间关系的整体和谐，如果不先从语言构成的结构要素中去揭示语言和谐的内涵，对语言和谐的本质认识就会模糊。表 2-1 简明扼要地表述了语言系统各要素及其和谐的表现。

表 2-1　语言系统各要素及其和谐表现

语言系统 构成要素	语言系统要素的和谐表现
语　音	音高、音强、音长和音质等物理要素协调均衡的和谐；音节的配合整齐对应的和谐；声调、轻重音、长短音、语调的韵律平仄呼应的和谐；语流感知的和谐
词　汇	简缩语、谚语、成语、歇后语使用恰当得体的和谐；基本词汇使用遵循全民常用性、历史稳固性、构词能产性三个原则的和谐；词汇运用应该符合民族文化心理的和谐
语　法	语序安排的和谐；虚词使用的和谐；词法组织的和谐；句法结构和句型生成的和谐；行文布局、选词造句的和谐；篇章结构均衡与变化及转换多样性和灵活性的和谐

语言的和谐离不开各语言要素自身的和谐，语言和谐要求这些要素需具有系统性、层次性与自我调整性。

语言系统的每一个要素都有一个属于自己的系统。如语音的系统格局是：音素—音节—音组—语音片段，即音素构成音节，音节与音节构成音组，音组与音组构成语音片段，从而构成一定的语音形式。要素之间不是杂乱无章的，而是有一定的系统可依的。语言和谐首先是建立在语言各要素具有系统规范的基础之上，语言要和谐，语言的系统组织就必须要和谐。

语言单位的组合要具有层次和级差，这一特点与它的系统性有关，系统由不同层次的要素构成，要素并不处于同一层级。在一般情况下，高层次由低层次构成，但高层次的性质和功能又不是各低层次性质和功能的简单相加。如语音的各个层级是固定的，不可随意变更，并且层级之间紧密联系。层级性决定了语言和谐并不是空泛的概念，语言要和谐，就需从语言单位开始层层推进、步步为营。

语言的内部自我调节是语言要素随着语境的变化，为了适应本民族语言的需要和时代的语用要求而发生的各种变化。如不同语言的音节结构都有自己的特点，一种语言在音译其他语言的词汇时，一般都会对其进行改造，使之适合自己语言的音节结构特点。语言和谐必须认可语言发展中各语言要素的自我调节性，但前提是这种自我调节必须是规范的、有理可循的，并能得到广大语言使用者的最终认可。

语言各要素单位自身的和谐，是构成语言和谐的物质基础，但语言的和谐是对语言结构的整体把握。也就是说，语言要和谐，不仅语言各要素自身要和谐，而且更应注重语言各要素之间搭配的和谐，形成整体和谐，产生聚合的和谐效应，这才是语言内部体系和谐的真正要求。

（二）语言和谐的外部体系

对语言和谐的外部体系进行分析，强调的是对语言系统的"操作性研究"，注重的是语言与人、社会、民族、文化、国家等的关系。语言要和谐，就需清晰地认识到社会体系是语言和谐建构的外部语境，对语言和谐具有制约作用，要做到语言和谐，就必须处理好语言与它们之间的关系。以下就简要地讨论一下语言与人、语言与文化、语言与民族的关系。

语言作为人类思维的外壳和工具，与人有着极其密切的关系，而人又是社会、民族、国家的重要构成要素。陈原认为语言与人是一种"共生"关系，语言不能脱离人而存在，人也不能脱离语言，这种共生关系决定了人只有通过语言来进行交际、沟通，传播思想，传承文化，也决定了语言只可能在人类中才能发挥其作用。

语言是文化传承的载体，是文化存在的观念符号，而文化则是语言发展的内在动力，文化存在于语言之中，语言与文化有着千丝万缕的联系，它们互相关联、互相提供历史证据和互相说明。语言作为人类文化的结晶之一，英国文化人类学家马林诺夫斯基认为："语言是文化学整体中的一部分，但是它并不是一个工具的体系，而是一套发音的风俗及精神文化的一部分。"[1]语言作为文化的一部分，从语言和谐的角度来说，文化要不断地进步，其语言构成必须与文化发展相适应，语言要能反映文化状态，切合文化理念，符合文化表现与要求，促进文化发展。如果语言运用不和谐，就会导致文化的不和谐，影响到社会文化的发展。反过来，文化的发达又会引导语言朝着与其相适应的方向发展。

语言作为一个民族区别于其他民族的显著标志，可以反映民族的面貌，体现民族的特征，语言是民族存在与发展必须依赖的文化工具。每一个民族以自

---

① ［英］马林诺夫斯基：《文化论》，费孝通译，7页，北京，中国民间文艺出版社，1987。

己独有的语言作为本民族的精神家园，承载本民族的习俗与文化观念、信仰与心理认知、政治与经济制度。虽然一个民族可以使用一种或几种语言，一种语言也可让多个民族使用，语言的使用和民族类别并不是严格的一对一的关系。但是语言是一个民族赖以存在与发展的"魂"，无论这个民族强大或弱小，一般情况下是不会随意抛弃这个"魂"的。正如李宇明所认为的那样："语言同民族的关系错综复杂，一个民族可能使用多种语言，一种语言也可能为多个民族使用，尽管如此，语言仍然常被视为民族的象征，对内具有强大的凝聚力，是软国力的一部分。"①认识到了语言和民族的复杂关系后，就必须处理好本民族语言和其他民族语言在使用上的问题，在推行一种语言时，还应该照顾到民族地区民族语言继续使用的问题，不能一味地以一代全，要充分考虑到各民族的心理承受能力，还应该支持和鼓励民族语言的继续发展，以挽救少数濒危的民族语言。民族之间的和谐离不开民族语言之间的和谐，语言的这种和谐则体现了和而不同，相互依存、共同发展的内涵。语言的不和谐，势必造成民族之间的不团结，影响社会的稳定，不利于和谐社会的构建。

二、和谐语言与和谐社会的关系

美国社会学者布赖特在其《社会语言学》中提出了"共变论"，把语言与社会的关系视为一种"共变"关系，认为语言是一个变数，社会也是一个变数，语言和社会这两个变数相互合作、相互作用，互相制约、互相接触，通过相互影响共同发生变化。这种关系决定了语言的变化(发展或停滞)与社会的变化(发展或退步)的"共变"关系，也决定了社会的发展与进步需要语言的发展与进步来保障。语言与社会的"共变"关系充分说明和谐社会的构建离不开和谐语言的存在，语言和谐是人类社会进步与发展的基本要求，语言和谐是社会和谐的表征。反之，人类进步与社会和谐是语言和谐的前提，没有人类的发展与社会的和谐也就没有语言和谐，它们之间的联系是相辅相成的、密不可分的。这就决定了在探讨语言和谐的问题时既不能脱离具体的广大人民群众，因为他们才是和谐语言的最终认可者，也不能脱离当前的社会体系，因为和谐语言的发展必须与社会发展相适应，和谐语言与和谐社会必须是"共赢"互动的。

(一)和谐社会是建构和谐语言的社会语境

语境是对言语交际进行时所处环境的泛指，包括上下文语境、情景语境、

---

① 李宇明：《构建和谐健康的语言生活——序〈中国语言生活状况报告(2005)〉》，见李宇明主编：《中国语言生活状况报告(2005)》，北京，商务印书馆，2006。

社会文化语境。具体包括：（1）联系说话时的语境；（2）利用时间地点等条件；（3）利用自然景物特点；（4）适合说话人和听话人的关系；（5）照顾上下文的关系等项。社会语境是对情景语境、上下文语境的提升，是一个更为复杂的语境系统。语言交际必定是发生在一定的社会背景中，具体包括一定的民族、国家，一定的时代，一定的社会政治和经济制度，一定的社会规范和习俗及相应的价值观等。社会背景是语言得以生存、运用、发展的外界条件，它决定着语言使用的范围、语言的基本形态等。语言和谐作为一种社会文化现象，要求与社会的政治、经济、文化、心理和谐共生、良性发展。和谐社会作为一种社会语境，是和谐语言建构的外部保障，积极地为建构和谐语言提供外在可能。语言要和谐，肯定离不开和谐社会这个大语境，因为社会环境中的和谐和不和谐因素都会对语言生活的构建产生影响。

胡锦涛同志指出，我们所要建设的社会主义和谐社会，应该是民主法制、公平正义、诚信友爱、充满活力、安定有序、人与自然和谐相处的社会。和谐社会中的"和谐"要求人们应该是文明和善之人，高雅诚信之人，从某种意义上说，人的文明诚信态度决定了语言使用者所具有的语言和谐程度，人的文明程度越高，语言和谐程度也会随之越来越高。要求人们的言行举止规范有序，因为规范有序的语言是社会的基本标准，也是语言和谐的必要条件。在有序的社会中用规范的语言进行交流，要求社会各方面的利益关系要得到妥善处理，维护和实现社会公平，公平正义的社会语境能促使语言交际在平等互惠的前提下进行，语言传播者与接受者的交际地位是平等的，信息沟通是双向的，消除任何形式的语言歧视与"霸权"。使用者对待不同的语言一视同仁，从实际出发，为各种语言提供便利的社会语境，语言与语言之间的关系是和谐的，人们对待不同语言的态度是公正的、客观的。要求社会朝着可控的方向循序渐进地发展，社会的安定发展为语言的有序发展提供了强有力的语境支持，语言的发展必须遵循自身内在的规律，逐步完善，在有序的轨道中和谐发展。和谐社会要求社会发展与人们生活充满活力，积极向上，欣欣向荣，语言使用充满活力；要求人与自然、社会和谐相处，建立人与自然环境、社会环境良好互惠的关系。人要主动去适应自然与社会，语言运用要与当下情景场合相适应，实现有效交际、正确交际。

构建社会主义和谐社会的指导思想、目标任务和原则，既加深了人们对构建社会主义和谐社会的认识，又为人们研究语言和谐问题提供了理论指导。社会主义和谐社会的建设，为和谐语言的建构提供了绝好的时代契机，也充分说明了语言和谐不能离开融洽、协调的社会语境，离开社会的和谐去谈语言和谐，语言和谐就失去了现实基础、发展方向和理论指导，语言和谐就成为"空中楼阁"。

（二）语言和谐是构建和谐社会的内在要求

语言作为和谐社会的重要组成部分，与其他政治的和谐、经济的和谐、文化的和谐等一同支撑了社会和谐。语言和谐是社会和谐的基础之一，是构建和谐社会的内在要求。语言对社会和谐的促进作用是巨大的，具体可以从以下几个方面来认识。

首先，语言和谐是人类交际获得成功实现的必要条件，而交际得以成功实现是人类认识世界的中介。冯广艺认为语言交际必须具备四个基本条件：第一，从事语言交际的人必须是具备语言能力，胜任语言运用的自然人；第二，语言表达者和语言接受者必须建立良性互动的语言关系，共同遵守合作原则；第三，交际的双方都有一定的交际动机；第四，交际的双方能够得到一定的语境条件的支持。要充分实现语言交际的这几个基本条件，核心的一点就是语言的内部体系和外部体系要和谐，语言一旦和谐，人与人之间的交际就可能获得成功，交际的成功为人们认识世界提供了载体。就人的认识过程来看，物质是客体，人是主体，人通过自己的思维意识去认识和把握世界，人与人之间通过交际互通意识上的有无，通过语言把人与世界、人与人联系起来。一方面，世界上的人都具有所属的语言；另一方面，人的感觉器官通过学习又可以了解与接受他属语言，人正是由交际认识和识别各种事物，再通过不断学习，将世界的各种事物区别开来，同时又把握不同事物之间的联系，从而认识世界和改造世界。构建和谐社会就是将现实社会改造为社会各个方面和谐相处的"世界"，而要建构这个世界，语言就要和谐，语言和谐能为人与世界、人与人的交际提供最大的有效沟通，有效的沟通与和谐社会的建构是高度的统一体。

其次，语言和谐是国家民族、人与社会、文化思想和谐相处的必然要求，是社会向前发展的必然选择。秦始皇使用武力统一中国后，国内"言语异声、文字异形"的现象依旧存在，严重阻碍了秦朝经济社会、文化思想的发展，为了改变这种现状，以求得语言的和谐，社会的进步，秦始皇采取了一系列措施。通过确立"车同轨、书同文"的制度后，语言的发展有了规范的方向，语言的和谐带来了秦朝的社会进步，国力的增强。反之，缺乏良好的语言和谐环境，人们不可能心情舒畅地进行有效、平等沟通，社会就不可能获得发展。在日本侵占我国台湾地区的数十年间，日本人为了实现殖民统治的"长治久安"，强迫广大台湾同胞学习和使用日语，而广大台湾同胞始终不忘自己是中华民族的一员，在强迫使用日语的语境下，对自己的母语——汉语始终不离不弃，依旧在社会中广泛使用。于是在语言使用上产生了日语和汉语统治和被统治的矛盾，这种语言之间的矛盾与政治矛盾、民族矛盾交织在一起，使日占时期的台湾省社会形势一片混乱，经济停滞不前，人民也深受其害。

最后，语言和谐与否是衡量一个社会文明程度的标志。文明社会一个显著的特点是语言文明，而语言文明的具体体现是语言和谐。社会主义和谐社会物质文明与精神文明是互相促进，相互作用的。而精神文明的建设必须要高度重视语言的和谐。如"文化大革命"时期，我国的文风表现为"假、大、空"，语言特征为语言空前的"同一"和混乱，语言脱离实际，急功近利，追求轰动效应。当时的舆论都是"一律化"的特点，当时的情况是"小报抄大报，大报抄梁效，最新指示传达不过夜，理解的要执行，不理解或暂时不理解的也要执行，一句顶一万句，句句照办。"①千篇一律的"文化大革命"语言也预示着政治、经济、文化与社会已到了崩溃的边缘。

三、目前中国新闻语言使用中的不和谐现象

和谐的新闻语言总是与语言内部结构的和谐要求相符合，与特定的时代需求和相应的社会历史条件相符合。在新闻语言的运用中，一旦新闻语言的内部结构和外部体系不符合新闻语言和谐的要求，就会在新闻语言使用中出现不和谐的现象。

（一）新闻语言内部结构关系的不和谐

在我国，现代汉语规范化的原则适用于新闻语言的和谐化构建，汉语普通话在语音、词汇、语法诸方面都具有规范与统一的标准，1955年召开的全国现代汉语规范问题学术会议，确定了现代汉语普通话是"以北京语音为标准音，以北京话为基础方言，以典范的现代白话文著作为语法规范的现代中华民族共同语"。这次会议明确了中华民族共同语在语音、词汇和语法三方面规范、统一的基本原则。新闻信息的传播有赖于新闻语言，新闻语言在语音、词汇与语法诸方面违背了汉语普通话的语音、词汇与语法的规范和统一原则，新闻语言自身就会存在不规范与不和谐的现象，在社会中造成不良的影响。

1. 违背新闻语言对语音的特定要求

语言具有示范作用，准确的读音是对新闻语言使用者发音的基本要求。目前，新闻语言中读音不准确，语音误读，不了解多音多义字的读音，异读词被混淆，方言语音的现象还是普遍存在的。新闻语言语音的不规范势必会影响新闻信息传播的准确性、权威性，甚至以讹传讹，造成新闻语言的不和谐。如孙

---

① 郭熙：《中国社会语言学》，123页，杭州，浙江大学出版社，2000。

修章通过对电视新闻播音的"监听"发现，在中央电视台连续的 22 期《新闻联播》节目中，平均每 30 分钟约有 1.2 次的语音误读情况发生，在北京电视台连续的 18 期《北京新闻》中，平均每 20 分钟约有 1.8 次的语音误读。新闻语音的不规范将会误导人们对正确语音的认识，导致语音发音的混乱，从长远来看是不利于和谐新闻语言生活的构建的。

2. 违背新闻语言恰当使用词语的特定要求

使用语言要选择最恰当的词语，与不同语体、语境、风格、文风的要求相适应。一定数量的词语按照一定的语法规则连成一定意义的句子，词汇构成最基本的意义单元，恰当的词汇运用是意义明确的基础之一。在语言中词汇是最活跃的部分，它能及时地反映社会的发展变化，它的快速发展也很容易导致词汇运用的混乱。新闻语言的词汇使用一旦不恰当，不但会造成新闻语言的不和谐，而且还可能会伤害到受众的心理感情。词汇使用的区域性，词义表述的模糊性，方言词汇应用的混乱，外来词汇引用不符合汉语构词与表达规律，古语词、新造词和简称、缩略语的使用不规范等都是新闻语言词汇使用中应该特别注意的问题。

3. 违背现代汉语的语法、修辞的特定要求

语法强调的是语句表述得对不对、通不通，属于逻辑范畴，是新闻得以准确报道的句子结构基础；修辞要求的是语句表达得美不美，是新闻信息报道语言形象生动、鲜活明快的必要条件。也就是说，在新闻语言的使用中不仅要做到语言符合现代汉语的语法规范，而且修辞应用也应该有的放矢，为表达服务。新闻语言乱用古汉语语法形式结构、外来语法形式和方言语法形式的不规范套用不仅不符合汉语普通话的现代语法结构形式，也不符合新闻语言的和谐要求。重叠、附加、量词、语序等使用方式的不当，词性与词类的误用，句子成分搭配不当和残缺、语序颠倒失调、句式杂糅、关联词错位与标点使用的错误都会造成受众对新闻信息的误读，从而影响传播效果。使用恰当的修辞方式能增加新闻语言的可读性和易受性，使新闻语言能有自己的语言个性，能够改变以往宣传说教式的新闻语言风格。反之，不仅会使语句产生歧义与语病，还会使新闻语言失去其内在传递事实的鲜活生命力。

（二）新闻语言外部体系关系的不和谐

新闻语言承载着新闻事实表述与信息传播的使命，新闻信息的告知功能、宣传功能、舆论引导功能、传播文化知识和消遣娱乐的功能都是由新闻语言来实现的，作为一种强势语言，对社会起着引导的作用。新闻语言的使用如果不考虑语言与受众的关系、语言与文化的关系、语言与社会的关系等，新闻语言的和谐就不可能实现。同时，新闻语言的不和谐现象不仅仅影响新闻信息的报道传递，还关乎整个社会的语言净化和纯洁的问题，甚至关乎社会人文精神的环境构建。

1. 社会道德层面中新闻语言不和谐的现象

语言歧视现象。新闻语言的歧视是新闻媒介在报道新闻时有意或无意给予报道客体不公正、不真实的主观评价，这种评价往往给报道客体带来各种各样的负面影响。因为歧视性的语言不仅表现出相关新闻媒介缺乏人文关怀和同情心，而且也会对报道对象造成不同程度的心理伤害。语言歧视现象主要表现为：地域性歧视，即把某地区存在的一些个别不好现象歪曲化、夸大化和绝对化，用歧视性的语言描述该地的现象和介绍该地，最终使受众对该区域形成一种不好的印象；性别歧视。新闻用语存在着严重的"重男轻女"倾向，对女性以弱势的角度予以报道，并对女性的身体和生理特征加以渲染和强化；身份和职业工种的歧视。即用明显的歧视性语言表述社会底层的弱势群体。对人格尊严的漠视，对待做了错事的人，常以"一刀切"的方式加以完全否定，不问青红皂白，把一切相关的贬义词都使用上，不对发生事实进行一分为二地辩证分析，给当事人一个客观与公正的评价。

语言暴力现象。语言暴力是指企图说服、控制和强迫别人接受新闻传者的观点和态度的语用现象。在语言表达中传者把自己认知的信息态度倾向强加到报道中去，甚至用谩骂、诋毁、蔑视、嘲笑和攻击性、挑逗性的强势话语，使事件相关人在精神上受到侵犯和伤害。

语言失信现象。这一现象表现为：媒介运用一些空话、大话、套话和概念化的语言，千篇一律的话语模式和种种陈词滥调；语言所包含的信息量单一有限和存在误差；新闻报道脱离事实原貌，歪曲和篡改新闻事实，编造和杜撰新闻要素，任意拔高或贬低人物。这严重背离了媒介语言要求用语恰如其分，表扬不随意提高，批评不讽刺挖苦，一切以事实为依据，用词、行文诚实可信，权威准确的准则。

2. 民族文化层面中新闻语言不和谐的现象

新加坡前总理吴作栋说过："汉语协助我们保留民族的根，文化和认同感这些至关紧要的东西，失去这些东西，我们会成了他人眼中的'香蕉'——外表是黄的，里头是白的。"①这段话十分形象地阐述了语言与民族文化的关系。语言承载着文化，文化涵盖着语言，语言与文化是一种共生的关系。中国民族文

---

① 转引自俞香顺：《传媒·语言·社会》，287页，北京，新华出版社，2005。

化是以和谐为美，和谐美的本质论对语言的影响是注重语言表现形式的均衡、对称；崇尚语言表现行为的含蓄、关爱、文雅、亲和与适度，主张委婉曲折、温柔敦厚、乐而不淫、怨而不怒的语言思想；言语行为表现着中华民族的思维方式、价值取向、意识观念，中华民族的语言诉求倡导对尊老爱幼、孝亲中正、爱国泽家、礼仁忠信、尚礼精神、伦理道德等民族价值观的弘扬。新闻报道是社会文化的一个组成部分，新闻语言作为社会文化的"外壳"时刻彰显着中华民族的价值观念和精神内涵。和谐的新闻语言不仅能准确有效地传递信息，还能展现本民族的审美观和价值观，起维护民族文化安全的作用，推动民族文化的创新。相反，不和谐的新闻语言与民族文化的审美观和价值观是背离的，用粗俗、冷硬、无序的语言报道各种新闻事件，缺乏人文关怀，既不符合中国传统文化的要求，也与当下和谐社会中"以人为本"的理念相对立。正如陶冶在其《"新闻语言"岂能没心没肺》一文中所写到的："成都某报在同天的要闻版和成都版分别刊登了两篇新闻《哦呵第9根断指忘在自贡了》和《10米高空脚打滑哦呵》，前篇报道了一位青年的手指被机器切掉了9根，然后送往医院进行续接手术，在手术的时候才发现还有一根忘在自贡了；后篇报道一位民工因为一时不慎而失足殒命。一连呼叫的两个'哦呵'，记者露出的低俗笑容让读者的心都凉透了。对于一个生命，我们就仅仅用'哦呵'这样毫无感情色彩的虚字来表示对他的'哀悼'？湖南卫视新闻频道日前播出一个长沙当地某品牌啤酒的广告：屈原念着'路漫漫其修远兮，吾将上下而求索'要'投江'，他身后一位打扮洒脱的现代年轻人奉劝道：'人都死了，你还能求索啥？'结果屈原笑逐颜开，与年轻人席地而坐，开怀畅饮该品牌啤酒。这样的戏说创意，似乎颇有几分时尚文化中流行的'无厘头'式的解构之风。但是屈原这个名字，代表着千百年来人所共尊的一种高贵情感和品格，公众决不会容忍其遭到颠覆和嘲讽。"[①]

四、影响新闻语言和谐的因素

和谐的新闻语言受多种因素的制约，这种制约是由新闻语体的传播特性决定的。新闻传者、新闻内容、新闻媒介、新闻受众和新闻效果每一个环节的失衡都会导致新闻语言的不和谐。因此，分析影响新闻语言和谐的根源，应从新闻传播体系的各要素着手，探索新闻传播要素对新闻和谐语言构建的影响及作用。

---

① 陶冶：《"新闻语言"岂能没心没肺》，载《今传媒》，2005(8)。

（一）新闻传者

新闻传播者在传播过程中利用媒介（口传传播、印刷传播、电子传播等）手段传播信息，是控制新闻传播的首要因素，是传播赖以实现的基础。新闻传者首先要收集信息。新闻信息是新闻产生过程中的物质载体，缺乏信息内容，就无法构成传播过程，新闻信息是客观存在的，需通过传播者去收集和选择后，才能进入新闻传播渠道。新闻事实与客观信息的价值不是等值的，这就要求传播者在获取信息的过程中，要善于捕捉和发现那些最有价值的信息，并及时"抢"到手，进行传播。如果对信息的选择和搜寻不符合新闻的传播要求，新闻语言就可能会出现失谐的现象；其次要处理信息。信息获取后，要结合传播媒介的性质差异，进行编码，然后再对信息进行传递。信息有了"量"的前提下，还要对其整理、加工、概括，使信息具有"质"的保证。对新闻信息"质"的忽视，新闻语言必然丧失其内在的生命活力；最后是收集处理反馈信息。新闻信息发布以后，是否取得了预期的效果，必须从受众的反馈信息中去了解，从而不断修正自己信息传播的各个方面。不顾受众对信息的认知，就不能很好地修正新闻语言的表述方式以符合受众的心理认同。新闻传者不仅要受到国家法律、行政手段的指导与监管，还要受到社会道德规范的约束。规范、有序的社会控制能促进新闻语言的和谐，监管与约束的无力和不到位将会使失谐的新闻语言不断滋生和蔓延。

新闻传者通过信息的传播影响社会，影响社会关系的构成，但同时它又是这种关系的产物，无法摆脱种种关系对传者的制约。新闻传者的专业意识和社会责任意识将直接影响着新闻语言的构建。所以，新闻传者要不断提高自身的专业知识素养和社会责任意识，以适应社会发展对新闻从业人员的要求。

（二）新闻内容

新闻传播的内容是传播过程中的物质实体，是受众接受的信息对象。新闻媒介传递的信息既要有社会价值，又要有新闻价值，它由此决定了语言对信息的表达要以事实为依据，并用事实说话。并不是所有的信息都能进入媒介，信息内容必须与报道目的、宣传思想、新闻价值相关。信息内容必须是真实的，虚假的信息对社会是一种严重的污染。另外，信息内容必须是典型的，具有广泛的代表性和强大的说服性，所传信息能够揭示事物的本质。信息内容必须为受众消除某种未知，具有新鲜性与时效性。为了保证信息具有价值，传者必须对信息内容进行逻辑上和事理上的分析，判断其中的真假、轻重。将信息同权威性资料进行核对和验证以发现、纠正其中的误差。对已有信息进行广泛的调查，以保证所报道信息的真实性和准确性。同时信息加工要求准确、鲜明、生动、易懂。忽视新闻内容本身，语言表达只会是以讹传讹。

（三）新闻媒介

麦克卢汉认为"媒介即信息"，也就是说媒介塑造和控制着人的组合和行为的尺度和形态。传播媒介决定着历史发展的轨迹与特征，媒介的任何发展，都意味着人类感官功能的延伸，印刷品是眼睛的延伸，广播是耳朵的延伸，电视是耳朵同眼睛的同时延伸，计算机不仅是眼睛的延伸，而且是人类整个中枢神经系统的延伸。媒介使人类有效地生活和劳动，支配传播过程的是传播媒介的技术，而不是所传播的内容。在这里暂不评价这种技术决定论观点在实际运用中是否具有如此的价值，但其对媒介重要性的阐述是值得肯定的。新闻媒介的经营价值取向、社会责任意识和媒介素养同样是制约新闻和谐的因素之一。我国随着改革开放的扩大，经济意识已广泛地渗透到人们的思维意识里。新闻媒介为了适应市场需要，进行了一系列的经济和行政改革，事业化的单位，遵循的是企业化的管理模式，既注重媒介的社会效益，也不忽视媒介所创造的经济效益。作为社会环境"监视器"，一旦过于重视经济利益，媒介的经营价值就会被扭曲，重利轻义的报道就会频频出现，甚至为了竞争，制造虚假新闻。在过于重视经济利益的新闻运营模式下，媒介不再是社会的"公器"，很可能沦落为赚钱的工具，新闻报道成为具有消费话语权的人的观点，新闻语言沦为投资者、经营者的营利说辞。媒介社会责任感弱化，把关不严，对自身的传播活动没有进行规范的审查和控制，媒介语言也同样会失范。媒介自律的不够和对媒介从业者要求的不严，会导致从业者职业素养下降，思想道德修养不够，原则性不强，在各种利益诱惑之下，媒介从业者会屡屡犯规，受经济利益摆布的新闻语言是不可能和谐的。

（四）新闻受众

受众作为新闻媒介事业发展的支点，是新闻信息产品的消费者和使用者，其信息价值最终要在受众那里实现。受众是新闻传播的反馈者，反馈与传播是新闻传者与受者之间相互沟通、相互作用的两种行为，由此形成一个回环往复的传播过程，受众对信息的检验和对媒介监督意见都是从反馈中来。新闻信息的接受者或消费者是新闻传播活动的终端，是整个传播活动的目的所在。新闻受众既是一个大概念，也是一个小概念。作为一个大概念，整个人类社会，都是一个受众群，作为小概念，对于某一新闻信息，不同的受众会有不同的认知，依据各种因素形成不同的态度。受众作为传播效果的一个重要影响因素，可以说，不了解受众的新闻信息传播，是不可能获得理想的传播效果的。

具体的受众是由不同的人构成，由于所处的环境的不同，受众个体与个体之间存在智能、兴趣爱好、阅历等的差异，对同一新闻信息会有不同的心理认知。然而部分受众的兴趣要求是低级的，部分媒介为了争夺市场以少数受众的需求为导向，新闻娱乐化倾向越来越浓，用"花边新闻，八卦新闻"吸引着受众的眼球，以满足部分受众的求新求异心理、崇拜从众心理、攻击暴力心理以及消费享乐心理等。这样趋炎附势的新闻报道缺少理性的分析与鉴别，盲目跟从，全然不顾现有的文化规范和社会道德要求，承载如此报道的新闻语言不但会滋生人的奢侈、安逸和麻木欲望，也不利于和谐社会的发展。

新闻传播以受众为中心，强调的是以法律为准绳，以道德规范为原则，尊重受众的合理要求，顾及受众的心理感受，肯定和承认受众在传播过程中的地位。同时，还要以和谐社会的标准要求受众，不断提高受众的情趣素养。

（五）新闻效果

新闻信息的传播是为实现某种特定的目的而进行的，而这种目的的实现程度又是以传播效果来衡量和评价的。目的由传者来制定，而最终效果却是由受众来决定的。在新闻传者眼中，传播目的与效果总是联系在一起考虑的，但到了新闻受众那里，目的和效果总是会存在或大或小的差距，甚至有时它们还互相对立。从主观意愿出发，总是希望两者的差距越小越好，但在实际操作过程中，它又无法摆脱各种影响因素的干扰。新闻的效果受新闻传者、新闻内容、新闻媒介、新闻受众诸多因素的制约。好的新闻效果是各种制约因素有机结合的结果，它有利于社会的稳定、经济的发展以及社会的和谐；不良的新闻效果是由于各制约因素的失谐而导致的，它将阻碍社会的发展和进步。新闻传播由语言表述来完成，其效果的好坏直接制约着语言和谐的建构，如何通过言语行为取得好的新闻效果，是新闻语言和谐不可绕开的议题。

新闻传播态度（具体表现为人们在新闻传者、新闻内容、新闻媒介、新闻受众和新闻效果等方面所持的态度）决定着新闻语言的选择、运用、规范等问题。新闻传播态度是构建和谐新闻语言的关键，有什么样的态度，就会有什么样的言语行为。新闻传播态度是研究新闻语言和谐特性问题时必须重视的一个重要问题。

五、新闻语言和谐性对新闻语言实践的要求

众所周知，和谐新闻语言的运用对和谐社会的建构具有积极的作用和意义，作为一种影响力巨大的语言将直接关系到社会语言的和谐问题、先进文化能否被有效传播的问题、和谐社会能否被推动的问题等。和谐社会的理论反过来又指导和谐语言的发展，要求新闻语言的和谐要与社会发展相适应，新闻语

言不仅要体现社会和谐，还要维护社会和谐。新闻的特性决定新闻语言应该客观、时效，形象生动、简洁具体、准确鲜明、通俗易懂，但新闻语言还要受采集、制作和播出目的、要求的制约，受新闻事件所处的时代环境、民族文化和社会语境的影响，受新闻受者心理情感的制约。新闻语言和谐就是将这些制约因素进行有机的整合，形成合力效应。因此，新闻语言应该是规范性的、具有亲和性和人文性的。

规范性的语言是和谐语言的要求。新闻语言的规范化是建立在现代汉语规范的基础之上，根据汉语的历史发展轨迹，结合汉语的用法，在语音、词汇、语法诸方面确立起明确、一致的标准，并使这种标准在新闻语言实践中全面推行，促使新闻语言朝着规范和健康的方向发展。新闻语言肩负着信息报道和语言文化传播的双重任务，对社会语言具有示范和引导作用。只有在规范的前提下，新闻语言的创新才能有的放矢，才能做到规范与多样并存，文雅与通俗兼容。

亲和性的语言是和谐语言的要求。亲和的新闻语言能够引领时代的进步，促进社会的发展，传播先进的文化。语言运用戒骄戒躁、彰显理性、平易近人是新闻语言提高公信力和亲和力的根本，是新闻媒介树立良好形象的基础。受众愿意接受朴实无华又真心实意的新闻语言，而生硬说教的语言，呆板固定的报道用语，高高在上的强势语言，很容易引起受众的反感，因为距离会产生强烈的抵触情绪。和谐语言的亲和特性要求改变以往自上而下的单向传播为互动的双向传播，尊重受众的需求，与其进行平等的语言交流，同时还应以平和的语调为受众提供思考的余地，把对新闻事件的认知态度包含在新闻事实中，用事实说话，清除语言垃圾、崇尚语言伦理、净化语言环境，避免新闻语言的世俗化、冷硬化和黄色、暴力倾向的泛滥。使新闻语言始终贴近群众，贴近生活，贴近实际。格赖斯提出的"合作原则"在很大程度上与语言和谐的亲和性要求有关。所谓"合作原则是交际的双方在语用中都必须遵守的原则，'合作'是实现语言和谐的必由之路"。① 新闻语言的传者和受者在言语交际中要有一种互相配合、密切协作的理念。使语言交流能按预期效果顺利进行，语言和谐的目的得以实现。

人文性的语言是和谐语言的要求。"语言的人文性是指语言结构体能通过自身的存在状态、分布范围、活动单位、变化方式等各方面表现出它所赖以生存的民族文化生态环境中种种因素的属性"。② 新闻语言的人文性则是指新闻

---

① 冯广艺：《语言和谐论》，38页，北京，人民出版社，2007。

② 苏新春：《文化语言学教程》，61页，北京，外语教学与研究出版社，2006。

语言能通过自身的存在状态、分布范围、活动单位、变化方式等各个方面表现出民族文化要素和特点的属性。人文性的新闻语言关注的是人的生存状态，人存在的尊严和对符合人性生活的自然和社会环境的肯定以及对人类的全面发展与自由的孜孜追求，即重视人的生命、生活和生存。社会主义和谐社会强调"以人为本"，就是要以实现人的全面发展为目标，以人民的根本利益出发谋发展、促发展，不断满足人民群众日益增长的物质文化需要，切实保障人民群众的经济、政治和文化权益，让发展的成果惠及全体人民。人文性的新闻语言是社会文明进步的重要体现，与构建和谐社会的目标相适应，它意味着能促进经济更加发展，法制更加健全，科教更加进步，文化更加繁荣，社会更加和谐，人民生活更加殷实。总之，新闻语言的和谐，离不开对人性的弘扬，对人格的尊重，对人文的关怀。

本章小结

语言与社会、文化有着极其密切的关系，新闻语言与社会、文化的密切关系决定了新闻语言具有社会性和文化性这两大基本特征。社会性的特征要求新闻语言要为社会主义经济发展服务，为社会主义民主政治服务，为社会主义先进文化服务，为社会主义外交政策服务；文化性的特征要求新闻语言要体现民族文化的语言道德观和审美观。语言运用要遵循社会现实原则、文化对应原则和符合受众心理接受原则。

新闻语言信息的丰富性是由新闻语言活动本身的要求决定的。新闻语言信息的丰富性又是由新闻语言的意指程度决定的，意指程度高，信息含量就丰富，意指程度低，信息的质与量就相应降低。新闻语言的意指包含表达层面和内容层面：表达层面与新闻事实是最接近的逻辑关系，揭示的是新闻信息的理性意义。内容层面是新闻事实表达后所形成的一种观念，是在表达层面描绘客观世界的基础上对其隐喻的结果。新闻语言信息的丰富性要求新闻语言信息要关联、适量和真实。否则将会出现新闻内容失实、新闻价值缺失和新闻文风失范等不良现象。新闻从业人员应高度关注这些现象，提高自身综合素养。

和谐语言是构建社会主义和谐社会的基石，新闻语言具有和谐性特征是和谐社会的要求。新闻工作者需要对此有高度的认识，努力摒弃新闻语言实践中出现的种种不和谐现象。充分认识和了解影响新闻语言和谐的诸多要素，遵循新闻语言和谐性对新闻语言实践所提出的要求，提高自身的语言运用能力。

拓展阅读

1. ［瑞士］费尔迪南·德·索绪尔：《普通语言学教程》，高名凯译，北京，商务印书馆，1981。

2. 庄晓东：《传播与文化概论》，北京，人民出版社，2008。

3. 吕公礼：《语言信息新论》，北京，中国社会科学出版社，2007。

4. 冯广艺：《语言和谐论》，北京，人民出版社，2007。

5. 余志鸿：《传播符号学》，北京，商务印书馆，2009。

复习与思考

1. 新闻语言与社会、文化的关系是什么？举例说明新闻语言是如何表现社会变化和适应文化环境的。

2. 新闻语言信息丰富性特征的表现是什么？影响如何？

3. 如何理解和谐语言与和谐社会的辩证关系？举例说明和谐新闻语言对构建和谐社会的影响。

实例分析与讨论

万众一心 众志成城 战胜特大地震灾害

本报评论员 刘成安

昨天下午，四川汶川发生7.8级地震，波及范围之大，30多年来罕见。面对这场突如其来的特大地震灾害，党中央、国务院和省委、省政府高度重视，在第一时间就抗震救灾作出部署。胡锦涛总书记指示尽快抢救伤员，保证灾区人民生命安全。温家宝总理在当天即赶赴灾区指导抗震救灾工作。

省委书记、省人大常委会主任刘奇葆在第一时间作出批示，要求灾区各级党政干部要在抗灾第一线组织党员干部群众进行抗震救灾工作，并对抗震救灾各项工作提出具体要求。当天下午，刘奇葆和省委副书记、省长蒋巨峰赶赴灾区指导抗震救灾工作。中国地震局、国家减灾委、民政部、解放军总参谋部、成都军区等紧急行动，支援灾区抗震救灾，保护人民生命财产安全。灾区各级党委、政府正全力以赴投入抗震救灾。

这一切充分表明，党和政府与灾区人民心连心；这一切充分表明，党和政府抗击灾害、战胜灾害的信心和力量；这一切充分说明，我们的应急保障能力正在增强。

地震是一种常见自然灾害，破坏性地震会对震区人民生命财产造成严重伤害。30多年前的河北唐山、四川松潘大地震，至今令人们记忆犹新。同样令人难忘的是，在唐山的废墟上，崛起一座现代化的新唐山；一度千疮百孔的松潘，也早已旧貌换新颜。是什么力量使被当时的一些舆论认为已经死去的地方在更高的层次上新生？是党和政府与灾区人民同呼吸、共命运的坚强决心，是社会主义国家强大的社会动员能力，是非灾区人民无私支援灾区的团结协作风尚，是灾区人民不屈不挠、奋起自救的自强不息精神。在30多年前的物质和社会条件下，我们尚且能战胜巨大的灾难，在经过30年改革开放的伟大实践、综合国力有了历史性提升的今天，在以人为本为核心的科学发展观被确立为经济社会发展重要指导方针的发展新阶段，还有什么样的难关不能越过、什么样的灾难不能战胜！

一部中华民族发展史，从某种意义上来说就是一部抗击灾难、战胜灾难，从而生生不息的历史。灾难本身不是好事，但是每一次战胜灾难的经历，都成为我们成长、壮大和无往而不胜的宝贵精神财富。历史无数次证明，面对灾难，唯一值得恐惧的是恐惧本身。面对这场罕见的灾害，最重要的是镇定、信心、勇气和强有力的指挥。在党中央、国务院和省委、省政府的坚强领导下，广大军民团结一致，众志成城，我们一定能够战胜这场特大地震灾害。

战胜这场特大地震灾害，各地党委、政府要把抗震救灾作为当前的头等大事和首要政治任务，立即启动突发公共事件应急预案。党政主要领导要亲临一线，靠前指挥，周密部署，迅速组织力量投入抗震救灾工作；要迅速行动，全力保护人民群众生命财产安全；要及时准确公布灾情，最大限度地降低和消除群众的恐慌情绪，全力维护社会稳定。

让我们在党中央、国务院和省委、省政府的坚强领导下，万众一心，发扬不怕牺牲、不怕疲劳、连续作战的作风，夺取这场抗击特大地震灾害的胜利！

（载《四川日报》，2008-05-13）

讨论题

1. 该作品获得第十九届中国新闻奖报纸评论类一等奖，获奖原因主要是第一时间举起党报的旗帜，迅速有力地发挥了舆论引导作用。选文从标题、提法到基本观点，与党中央、国务院关于抗震救灾的决策部署精神高度一致，体现了党报的政治意识、责任意识、大局意识和主流媒介在应对重大突发事件时的职业水准。并且作为灾区主流媒介，以评论员文章形式，及时传递党中央、国务院和省委、省政府的声音，对于稳定人心、凝聚力量发挥了重要、独特的作用。结合案例，分析新闻语言的特性。

2. 作品始终围绕着党和政府关心灾区人民，重视灾区人民的生命这一重大主题，这正契合了中国传统文化中的"民大于天"的人本思想，符合中华民族的民族心理。结合案例，分析作品中的新闻语言是如何建构起新闻话语的社会要求与文化要求的和谐统一，并谈谈社会与文化对新闻语言的影响。

第三章　新闻语言的语用要求

本章要点及学习要求

● 新闻语言是一种建立在大众社会背景下的语言形态。它可以对各个领域、各种行业的信息进行编码，它也可被层次、年龄、文化水平各异的受众对其解码。所以，新闻语言必须有基本的、规范的语言运用的要求，而这些要求是由新闻信息传播的特质决定的。

● 新闻语言是传递和承载信息的工具，是一种广泛传播的语言，是传承文化的载体与符号。这些特性对新闻语言的运用提出了清晰鲜明、意义明确、准确简洁、通俗易懂、生动形象等总体要求。

● 新闻语言运用的具体要求包括词语选用的精准性、句子段落的简短性、表述的通俗性、文辞的生动鲜活性等几个方面。

● 通过本章的学习，了解和掌握新闻语言的语用要求，指导我们的新闻语言实践。

　　新闻语言的语用要求是由新闻传播的特质决定的。新闻传播是一种特殊的信息传播，这种特殊的信息传播构成了新闻报道这样一种特殊的文体。而不同的文体在语言运用上又有自身的特点。因此，要讨论新闻语言的语用要求，就必须首先了解新闻传播的特质以及由这些特质所决定的语言运用规律。

第一节　新闻信息传播的特质

　　维特根斯坦和海德格尔开创的语言哲学，改变了以往人们对语言的传统认识，在语言哲学学派那里，语言的存在被视为一种二元性的存在，语言"像一枚硬币一样，语言的另一面就在于它的可简约性与可被再造性，这就使它能够被用于各种不同的目的而有了工具的意义……可被划分成某单个的部分而专门为某一阶层所使用的或被有意识地按某种规则组织运用于不同的场景之中"。①这正好说明了不同的文体对语言的使用有着不同的要求。有人按使用范围把语言大致分为三种：（1）科学语言。是理性意识的分析性语言，依靠逻辑的严密推导与论证，具体概念的演绎与归纳，从而揭示事物的客观实质，它是一种理

---

① 张毅：《文学文体概说》，59页，北京，中国人民大学出版社，1996。

68

性的论证性语言；（2）艺术语言。是形象化的具有审美要求的语言，依照相应的美学建构规律，通过形象思维来刻画具体的形象，通过语言的描述达到引起注意、感知、联想、想象、情感和理解等审美心理的变化，它是一种具有审美意识的描述性语言，是艺术表达的表情性语言；（3）生活语言。是依托感性的直觉性表达语言，它是对现实生活现象的直接反映，是日常生活信息与生活中实用的语音、词汇、语法和修辞相结合而形成的生活化语言。新闻语言是兼有上述三种语言之长的纪实语言，这种语言不仅要求语言准确，遣词造句符合现代汉语规范，事理符合逻辑，还要求符合新闻传递信息的特殊要求。新闻语言必须准确无误地叙述真人、真事，如实地解释事情的起因、经过、结果，将信息如实地传递出去。众所周知，世界上每天要产生的信息内容是无穷的，但传播渠道则是有限的。也就是说，已有的传播媒介并不能将所有的信息内容穷尽，由于种种因素的限制，只有一小部分的内容才能够进入到传播者的手里，再依据新闻价值规律进行取舍，结合新闻媒介的目的进行选择，还要符合政府相关法规的要求。因此，真正进入传播的信息是有限的，但传播媒介的信道容量仍然不能覆盖这些"有限的信息"。所以，为了最大限度地传递"有效信息"，避免"冗余信息"挤占信道容量，只有对现有信息进行"瘦身"，即在保证信息核心代码得以传递的情况下，削减信息的冗余部分，将承载着信息主旨的简短精练代码传递出去，以扩充信道的相对容量。这就要求新闻语言在避免片面化和绝对化的前提下，要一语中的、言简义丰。新闻信息传播具有以下一些特质和要求。

一、选用最有效的信息进行传播

信息论的创始人香农和韦弗在《通讯的数学原理》一书中提出了有关信息传播的模式，模式的图式为：

信息来源──→发射器──→信道──→接收器──→目的地
信息　　　　　　信号↑信号　　　　　信息

噪音源

这一模式一直被用来探讨人际信息传播的过程。其中，第一个环节是信息来源，它发出一个单位或一组单位信息（包括语言符号、视觉符号等）到发射器（传播者），发射器结合具体条件将接收到的信息转化为适用于信道的信号，而接收器的功能则是把接收到的信号进行解码，还原为信息，然后顺利抵达信宿──目的地。这一模式的最大贡献在于提出了"噪音"的概念，并认为信息是由"有效信息"和"冗余信息"组成的。"噪音"在信息传递的过程中是对正常信息传递的干扰，这种干扰既有来自于传播过程中的故障，也有来自于外界的限制。由于有"噪音"的存在，传播容易出现偏差，要想获得理想的传播效果，就要避免"噪音"的出现，需要在信息中选取足够量的有效信息，剔除冗余信息。反之，"噪音"越多，在有限的信息容量中，冗余信息就会占用信道，这样，在一定时间、一定空间内所能够传递的有效信息也就减少了。例如，《人民日报》曾在一则消息中用了这样一个句子：

> 我国外交部今天就阿联驻中国使馆 5 月 7 日交来阿拉伯联合共和国外交部 4 月 25 日关于答复英国外交部 4 月 24 日声明的声明和阿联驻中国大使查卡里亚·阿里德·伊玛姆 5 月 7 日同中国外交部副部长姬鹏飞的谈话照会阿联驻中国大使馆。①

这个句子读起来让人晕头转向，这个有 107 字的长句描述了 3 个国家、3 个外交部、2 个大使馆、2 个人物、2 个声明、1 个答复、1 个谈话、1 个照会、5 个日期共 20 个概念。这就是因为在信息的传递过程中，冗余信息挤占了信道，有效信息得不到很好地呈现，在"噪音"的影响下，解码变得很困难，结果必然难以取得理想的效果。"噪音"过多必然导致大量的冗余信息出现，冗余信息与有效信息是此消彼长的关系。所以，为了抑制"噪音"挤占信道，只有加强有效信息的传播。

新闻语言在传递信息过程中也会遇到模式中所显现的问题。新闻传播就是新闻传者通过语言代码发出信息，新闻受众通过语言代码，还原信息。这个过程是复杂的语言信息编码、传送、解码和反馈的过程。新闻传者要想获得理想的传播效果，就必须选用最有效的信息进行传播，只有最有效的信息才能构成最准确的信息，而了解最准确、有效的信息是新闻受众最基本的心理需求。新闻语言在编码时要以事实为特殊要求，本着"准确高于一切"的原则，不夸大、不缩小、不拔高、不贬低，依据事实传播事实，准确无误、客观科学地传播新闻信息。新闻语言的准确性要求，是新闻传者发送信息时编码与新闻受众接受信息时解码必须共同遵循的准则。

二、避免信道干扰和信息差，做到信道畅通

新闻通过新闻语言发送和传播信息，读者也是通过新闻语言接受和还原信息。在这个过程中，语言信息的编码与解码并不是绝对机械地反映和转换，由于外界和内部的干扰，语言信息的编码、语言信息的传递与解码分析就可能存

---

① 李元授、白丁：《新闻语言学》，23～24 页，北京，新华出版社，2001。

在障碍，信道的不通畅必将影响到有效信息的传播与反馈。信道干扰的直接影响是导致信息差，信息差是传递的信息与接收的信息存在着不等值的现象。它可以是接收的信息少于发送的信息，称为信息损耗；也可以是接收的信息多于发送的信息，称为信息冗余。在新闻语言的使用中，发音的错误，词汇的误用，语法的失误，修辞的不恰当，书写的错误以及书面的污染等是产生信息差的外部干扰因素。外部干扰多半造成信息的损耗，可以通过外部技术因素来排除；而由语言代码形式和内容的矛盾所导致的干扰为内部干扰，即语言代码形式与所反映的实际内容不相符。就一项具体的信息内容来说，语言编码的信息超过了事实内容本身，或者编码的信息不能达到事实内容的要求，都会造成信息传播的偏差，内部干扰既可造成信息损耗，也会产生不必要的冗余信息，内部干扰的问题，需要借助语言学的知识来解决。

新闻信息的内容是无穷的，而表现的符号代码是有限的。要用有限的形式来传递无限的内容必然会有一些矛盾。解决这个矛盾关涉到语言规律和言语规律两个方面。排除信道干扰，减少信息差，新闻语言的编码与解码就必须符合这两种规律的要求。从新闻传者的角度说，关键是利用好语言规律和言语规律，寻求准确恰当的编码。准确的编码，合乎语言的组合规律；恰当的编码，则合乎言语要求。新闻信息的传播总是在一定的环境中进行的，并且总是为着特定的言语目的服务的。准确的编码并不意味着在任何情况下都能够使信道畅通。海德格尔把言和说区别开来："言和说不是一回事，人们能够说，无限的说，而所说的一切却什么也没有言。相反，一个沉默无言的人什么也没说，然而在这种什么也没说的情况下却言了很多。"①他这段话正好诠释了有些语言编码可能符合语言规律的要求，却不符合言语效果的要求，最终并不能使信道畅通。相反，恰当的编码适用于特定的传播对象，适合于相应的传播目的，符合一定的言语环境，且合乎言语规律，但不适应于语言规律，这样的编码形式同样不利于信道的畅通。比方说，一些地方的新闻语言会使用方言这种语言代码，方言对于使用它的人来说，的确亲切有味，一句方言可以将本地文化表现得淋漓尽致，收到很好的交际效果。但方言只适合于一定的环境，它与"国家推广全国通用的普通话"的语言政策不一致，不利于方言区外的人解码新闻信息，新闻信息是要广泛传播的，用方言代码代替规范的语言代码显然是不合适的，同样会造成信道的不畅通。例如：《长沙晚报》就用方言代码刊登了《宋楚瑜回到湖南家乡："楚瑜带着堂客回来喽！"》这则消息。

---

① 转引自王志敏：《电影语言学》，58 页，北京，北京大学出版社，2007。

　　"各位湖南的老乡们，楚瑜带着堂客回来喽！"昨日下午 5 时 36 分，亲民党主席宋楚瑜在阔别家乡 56 年后，率团踏上了故乡湖南的土地，并用多年未改的家乡话向父老乡亲问好，难舍的乡音透着浓浓的游子之情。……在讲话中，宋楚瑜先生还幽了夫人陈万水一默。他说："阔别 56 年，带着我的堂客，希望台湾来的新闻界不要翻错，以为是坦克车，堂客的意思就是媳妇的意思，她确实像坦克一样维护我，爱我……"①

　　湖南等地把已婚的女子称为"堂客"，称自己的爱人前面不加姓，直接叫"堂客"，而称呼别人的爱人前面要加姓，不是夫家的姓，而是娘家带来的姓。在方言区使用，既有地方特色，也有民俗色彩。倘若不了解方言区代码的真正含义，是很难对其语言进行解码的。

　　新闻传播时发送信息和接收信息都要经过信道，只有信道畅通才能保证有效信息的正常传递。信道的畅通是有效信息得以最大限度传递的外在保证。

三、要以事实为依据进行准确的语言编码

　　语言信息编码活动是人类信息活动的前奏，但是，语言编码毕竟不等于信息活动，语言的编码活动是以事实信息为背景和材料，有其自身的特殊性。语言编码要想准确恰当地反映事实，就必须从四个方面来对语言编码进行分析。第一，人类信息活动是客观环境与编码主体、解码主体之间信息交流的过程，而语言信息活动只是编码与解码主体间的交换过程。因此，语言编码要以客观事实为依据，其所传递的信息才能真实地反映客观变化，为解码主体认识客观世界提供真实的依据；第二，人类信息活动的内容是活动主体通过心理认知形成的表征和心理状态，而语言编码活动则是对心理认知表征和心理状态的语言描述，是一种用语言对事物进行刻画和认识的表征，它是一种表征的表征；第三，信息活动是不受时间和空间的限制的，因而信息活动的时空性是无限的。语言编码活动则要受时间和空间的制约，语言编码不太可能与信息活动同步进行，语言编码的真实性就会受到相应的质疑。因此，只有抓住事实，尽可能地还原事实，将编码过程中的误差降到最低，用准确真实的编码还原信息活动；第四，人类信息活动是认知主体面对外界环境对象的活动，这种活动对真实性易于把握，并且也有很大的自由度。但语言编码活动是主体面对空洞代码的活动，主体对语言信息内容的真实性、准确性描述除了要显示认知意义上的真实尺度之外，还要面对特定个体、团体，信息内容所属的领域，时间和空间对待

---

　　① 刘炬：《宋楚瑜回到湖南家乡："楚瑜带着堂客回来喽！"》，载《长沙晚报》，2005-05-09。

信息的态度以及特定目的和需要的语用要求。如果语言编码脱离了事实，必将会受到事实之外的因素干扰，语言的准确性也就无从谈起。例如：

一、中国海军索马里护航逼出跟踪潜艇

二、《电影促进法》及电影分级制度将出台？

三、老板手头紧让五情妇 PK

四、中国 0.4％的最富裕的人掌握了 70％的财富

五、奥巴马送金正日 iPhone 和苹果电脑

六、陈永贵之子陈明亮涉赌涉毒被刑拘

七、女黑老大包养 16 个年轻男子供自己玩乐

八、国考最热岗位报录比超 4700：1

九、杨振宁证实夫人翁帆怀孕 3 个月

十、石家庄积雪比人高

这是 2009 年我国的十大假新闻，经过核实，这十大新闻都是虚构的，编码主体并没有以事实为依据，而是凭空想象，利用人们的好奇心欺骗受众。在这些语言编码的过程中，无论他们如何使用语言技巧和言语手段，其结果依旧是无水之源、无本之木，空有新闻之名，却无新闻之实。所以，新闻语言的准确要求是以事实为依据的，这也是新闻语言准确性的实质所在。

四、选取适量的信息以满足准确解码的需求

数量性是世间事物存在、变化的基本状态，是人们把握和认识事物的一种尺度。语言活动是人类信息活动的较高形态，在具体的语言使用中，人们会依据实际情况，对词汇的多少、言语和行文篇幅的长短、话语信息的多少进行相应的控制和计划。语言的量性特征无疑是语言信息表述形式的基本构成层面，语言的量多其语言表述形式必将是复杂冗长的；语言的量少，其表述起来就会简洁、明快。从传播过程分析，新闻传者由于受各种因素的制约，所编码的信息并不能包罗万象，只能选取一部分最重要、最新鲜、最有趣、最接近的信息进行语言编码，在传递的相对总量中，如果语言编码不简洁、不适量，多余冗长的信息就会占用信道，其他的信息就会被排斥在传播之外。新闻受众由于生理承受能力、精力、时间、空间等主观和客观因素的制约，只能解码一小部分的语言代码，或者说，新闻受众中的每个个体能够解码的信息量是相对有限的，过多的冗余信息占用了信道，其他的有效信息就会被拒之门外，受众最大限度的知情权就会遭到削弱，更何况新闻媒介的传播容量也相对是有限的。为了在有限的信道中，传递更为丰富的信息，只有在用语言代码表征事实时，尽可能地选择简洁适量的编码，最大程度地扩充有限信道的相对容量。

新闻语言传递简洁适量的信息，既是为了防止信息"欠量"，也是为了防止信息"过量"。信息"欠量"，不仅浪费了信道资源，也不能确切地描述新闻事实，过于"欠量"还会使简洁走向极端，为简而简，简过了头成为所谓的"苟简"，最终语言代码并不能很好地完成表征信息的任务。例如：李六如的《六十年的变迁》中有这样一段对话：

　　　　季交恕：你知道这个消息吗？
　　　　方维夏：什么消息？
　　　　季交恕：蒋介石开刀啦！
　　　　方维夏：什么病开刀？
　　　　季交恕：你还在睡觉！杀人！

由于季交恕没有传递足够适量的信息，导致了方维夏产生了误解，将"蒋介石开刀啦！"按常规理解为"蒋介石因为生病要动手术而需要开刀"，并没有理解季交恕用隐喻手法表达的意思——"蒋介石开始屠杀共产党人啦"，发话者和受话者之所以出现交流的不对称，就是因为在言语活动中，交际的一方违背了"适量原则"，导致另一方出现了理解的误差。

信息"过量"是指重复赘余地传递与新闻事实无关的信息。在"过量"的前提下，简洁何从谈起。新闻语言既要"不过量，不欠量"，又要"足量、适量"，这是新闻语言能够简洁、明了的前提和保证。而简洁适量的新闻语言既能使信道容积发挥到最大化，也能抓住事实主旨，避免言语表达的冗长、复杂和歧义。

第二节　新闻语言语用的总体要求

两晋文学家陆机依据前人的研究成果和自己的实际经验，在《文赋》中论述了十种体式文章的不同风格，即："诗缘情而绮靡，赋体物而浏亮，碑披文以相质，诔缠绵而凄怆，铭博约而温润，箴顿挫而清壮，颂优游以彬蔚，论精微而朗畅，奏平彻以闲雅，说炜晔而谲诳。"从陆机的论述中，我们发现古人在很早的时候就注意到不同的文体使用语言时有不同的要求。新闻作为一种特殊的文体，既不同于诗歌以表现情感，论文以出自创新，也不同于史书叙述过去，科学论文发现未来，更不同于流言只为传说，杂文自书胸臆。那么，作为表述新闻的符号——新闻语言要达到什么样的要求才符合新闻这种文体的特点呢？余家宏在《新闻学词典》中作了具体的描述："新闻写作的规范化语言和新闻报道的客观要求，决定了新闻语言具有自己的特点和风格。首先是简洁明快；其次是准确具体；最后是鲜明生动。它要求用尽可能简洁的文字把事物的最主要方面告诉读者，同时又要求具体性和可信性，给读者以实感，还要求尽可能生动活泼，引人入胜。"①李元授、白丁在《新闻语言学》中，根据新闻的客观性、时空性、群众性和敏感性，言简意赅地用 16 个字将新闻语言的基本要求概括出来，即：具体形象、简洁生动、准确鲜明、通俗易懂。这些特点的归纳都是立足于新闻这种特殊体裁的。新闻文体的功能是利用语言符号在国内传播信息、报道事实、解释问题、快速交流和引导舆论，在国际舞台上建构自己的话语权。因此，新闻语言可以被看作为种种目的而服务的语言。新闻语言是新闻工作者在进行新闻写作时，用新闻文体这种形式将语言有效地组织起来反映事物的一种符号。新闻工作者对事物的特点、本质表达得如何，将直接关系到广大受众对事物的认知程度。新闻工作者以什么样的表达方式，如何遣词造句，提炼什么样的新闻主题，包括通过什么样的谋篇布局去进行新闻写作，这虽然有新闻工作者自身用语风格的作用，但如何顺应新闻文体的客观需要，从而能够有效地进行新闻写作活动，则构成了新闻语言语用要求的主要方面。

新闻信息传播的特质形成了新闻报道这样一种特殊的文体。新闻语言既要符合新闻传播信息的特殊要求，还要受本民族语言总体规范的制约，同时又肩负着传播民族文化的特殊使命，并且还在语言方面呈现出独特的美学追求。虽然新闻语言会受时代、接受心理、报道目的等外界因素的制约，其表现会各有侧重，但新闻语言的语用要求是不可能脱离新闻信息传播的特点、文体要求、语言规范、文化使命和语言修辞的总体控制的。新闻语言的语用特质和总体要求主要表现在以下三个方面。

第一，新闻语言是一种传递和承载信息的工具，应避免含糊、夸张和虚假，为了信息能有效传播，把事实情况说清楚，新闻语言必须清晰鲜明、意义明确、符合实际，遣词造句和谋篇立意必须做到准确简洁。

第二，新闻语言是一种广泛传播的语言，它必须遵循现代汉语规范化的标准，避免不符合现代汉语规范的语音、词汇、语法和修辞的情形出现，为了使新闻语言能够适应于年龄、性别、区域、文化水平等各异的广大受众，把"新闻为人民服务"的理念落到实处，以夯实新闻的群众基础，新闻语言必须简单明了、通俗易懂、规范有序，遣词造句必须做到规范通俗。

第三，新闻语言是一种传承文化的载体与符号，应避免空洞乏味、缺乏深度，从语言的外在形式上追求语言的结构美、修辞美，从内在蕴涵上寻求情感性与思想性，把"味外之旨""景外之景""象外之象"的意境用特定的新闻语言表现出来，用符

---

① 余家宏：《新闻学词典》，122 页，杭州，浙江人民出版社，1988。

合中国文化的语言结构和表意方式使新闻报道的语言表现力得以增强。

第三节　新闻语言语用的具体要求

一、词语选用的精准性

古代文学理论家刘勰在《文心雕龙·章句》中就曾说过："夫人之立言，因字而生句，积句而成章，积章而成篇。篇之彪炳，章无疵也；章之明靡，句无玷也；句之清英，字不妄也。振本而末从，知一而万毕矣。"从语言学的角度来看，用词不当，会造成严重的语误和理解偏差，破坏语言的准确性和句子的完整性，整篇文章的表达也就可能文不达意，最终影响新闻作品的真实性。

新闻语言力求准确，首先就要避免出现词语上的直接错误。新闻报道中出现种种词语错误，原因固然是多方面的。从技术操作层面上说，有的也许确实出于一时疏忽，有的可能出于笔误，抑或出于排版技术之问题。但是，从记者创作新闻的源头上就该尽量杜绝由错误的词语使用直接造成的语言不准确或失实。

新闻语言的错误严重地妨害读者正确理解有关内容，给媒介声誉造成损害。同时，还对语言规范起着不可低估的负面作用。在 2006 年年底，针对新闻语言的错误频发现象，中国逻辑学会等 8 家单位组织发起"全国报刊逻辑语言应用病例有奖征集活动"，在当时，这项活动得到了社会各界的响应。共有 28 个省、市、自治区的 1 461 人参与，收到应征病例 14 883 份。组委会还特别选出了 24 位"挑错能手"，集中对 2006 年 7 月 14 日出版的《人民日报》《经济日报》等 4 种中央级报纸和《北京日报》《解放日报》等 24 种省级报纸进行挑错。挑错活动共收到 1 657 份病例评阅意见，经逻辑语言专家复审，筛选出有效病例为 1 289 份。从病例数量上看，平均每种报纸（1～8 版）有 46 处错误，平均每版 5.8 处错误。从病例类别上看，"用词不当"占 35.7%，居第一位。由此可以看出，用词不当确实是影响新闻语言准确性的第一重要因素。那么，怎样才能做到词语选用的精准性呢？

（一）杜绝错别字的使用

错别字一直是新闻语言的一个大敌，有记者认为只要读者看得懂意思，几个繁简字、几个同音字、一两个生僻字的错误使用关系不大。殊不知新闻语言的准确性及公信力可能就此丧失，而汉语的严谨性和准确性以及更为深远的文化性也许也就在几个错别字上丢失殆尽。例如：

2009 年 3 月 16 日，新华网一篇报道中误把"搜索引擎"写成了"搜素引擎"，被细心的网友发现；该网友上网一查后大吃一惊，"搜素引擎"这个错误词语居然可以查到 92 条相关报道，再仔细一看，居然都是原封不动地引用或转载新华网的错误报道，该事件被网友点评为："纵然天下文章一大抄，但这也太不负责任了吧！"

新闻语言的准确性不仅仅关乎新闻报道，还承担着媒介公信力、话语权的问题；一两个错别字造成的影响有时远超新闻报道本身。

2007 年 12 月 14 日，上海电视台《体育新闻》栏目在介绍一项台球赛事时，把台球术语"单杆破百"（一杆连续击球入袋，打出超过 100 分的好成绩）写成了"单杆破败"，被网友发现，做成视频发到各大网站，引起较大争议。

一字之差，谬之千里，新闻语言的准确性一定要建立在正确的基础上。绝不能小看汉语言文字的"表意"功能。

2009 年 3 月 29 日中央 3 台直播黄帝故里拜祖大典，但是，在直播过程中，有网友发现电视屏幕前的一行标题里，出现两个错字。本应该是"己丑年黄帝故里拜祖大典加紧筹备"的标题，但是在电视屏幕上，却是"己丑年皇帝故里拜祖大殿加紧筹备"，有网友对此发表抗议。认为新闻媒介的词语错误已经达到了"完全没有文化"的程度。

准确的报道有时不仅是事件的及时传递，更是一种思想和态度的表现。新闻报道中最关键的字词出现错误，受众责难在情在理。

像上述因为错别字导致新闻语言不准确的例子可谓不胜枚举，综合下来，新闻报道中出现错别字的情况主要有：同音字的混淆，繁简体字的混用，成语、典故的不熟悉，形似字的混淆等，这些现象都会影响到新闻语言的准确性。

（二）杜绝不恰当词语的使用

这里的不恰当词语主要是指由于对一些科学知识、专业知识的不了解从而错用或误用词语的现象以及带有歧视、不尊重和缺乏人文关怀的词语。新华社发布了第一批《新华社新闻报道中的禁用词》（详见本章附录），其范围涉及社会生活类禁用词、法律类禁用词、民族宗教类禁用词，涉及我国领土、主权和港澳台的禁用词和国际关系类禁用词等诸多方面。其目的就是要进一步规范我国的新闻报道语用，提高新闻语言的准确性。禁用某些不恰当的词语，对于规避因词语运用不恰当而引起的争议，有极其重要的作用和意义。因为，就目前我国的媒介语言生活现状而言，词语运用不恰当的情况普遍存在。例如，2008

年网上一篇题为《新闻报道应正确运用法律用语》的新闻评论被很多网站争相转载，该评论部分内容如下：

对媒介新闻工作者来说，提高自身法律意识，掌握一定的法律知识，不仅可以更从容地进行新闻采编工作，同时能更好地避免带来不必要的麻烦。因此，采编人员必须掌握新闻报道中容易混淆的法律用语。下面列举的是带有普遍性的例子，值得新闻采编人员注意。

一、缓期执行不能混同于缓刑。前者只能与死刑搭配，是我国法律对死刑制度的一种特殊规定，全称是"判处死刑，缓期两年执行"。而后者则是对被判处一定刑罚的罪犯，在法定条件下暂缓执行刑罚的制度，缓刑不是一种独立的刑种，它是附条件的不执行原判刑罚，条件是：被判处拘役、3年以下有期徒刑的罪犯，确定不会再犯危害社会的才适用缓刑。然而有的新闻报道常出现"判处死缓"的字样，如《殴打保姆致死雇主被判死缓》《兄弟杀妻骗保案由死缓改判无罪》。这两则标题均出现"死缓"两个字，这就使人误以为死缓是一个刑种，这样的标题用语是不规范的。

二、将"免予刑事处罚"与"免于刑事处罚"混淆。我国刑法第37条规定："对于犯罪情节轻微不需要判处刑罚的，可以免予刑事处罚。"但是有的报刊总是把"免予刑事处罚"写成"免于刑事处罚"。虽然"予"和"于"同音，但含义却不同，是不可混用的。某报一篇法治报道中有这么一段话："鉴于某某犯罪较轻，又主动退赃，法院判处某某免于刑事处罚。"此段话中的"免于刑事处罚"应为"免予刑事处罚"。

三、将"解除劳动教养"与"劳教释放"混淆……

四、将起诉、上诉、申诉相混淆……

五、将抚养、扶养、赡养混同……

六、将被告与被告人相混淆……

七、将公安、检察机关对案件的侦查活动的侦查，误为"侦察"……

该评论非常具体地指出了很多新闻报道在涉及法律问题时的新闻用语错误，在向受众普及法律知识的同时，也给新闻工作者敲响了警钟，如果不能正确理解和运用一些特殊行业的特殊用语，就会误导受众，甚至产生更严重的后果。

错误词语的出现大多是由于新闻工作者本身的文化素养不足所造成的。是新闻工作者对个别词语的理解和认知不够充分和深刻的表现，这个问题的解决，需要的绝不仅仅是细心和认真，更需要新闻从业人员文化素养的整体提高以及对新闻语言力求精确的钻研精神。

（三）减少含混词语的使用

新闻报道的准确性往往体现在对词的选用上。选取什么样的词才能给受众一种真实、准确、科学的认知，这是我们特别需要关注的问题。例如，"越来越"是我们日常生活中使用频率非常高的一个关联词语，但是这个词语出现在新闻报道中却会给人笼统、大概的感觉。在日常生活中，我们如果说"绿地好像越来越少了"问题是不大的，但新闻报道中如果也这样说，就有失准确。准确的新闻报道应该是"相比去年同期水平，绿地面积减少了……"。新闻报道的用词一定要尽可能地准确、具体。

很多常用词语，如"基本""可能""纷纷""一定程度""或多或少"等都不大适合出现在新闻报道中，尤其是涉及新闻五要素的关键点上，这些词语应该要尽量避免使用。

新闻语言还应该尽量不使用诸如"前段时间""长期以来""几个小时左右的时间""差不多应该就是这会儿"等不准确的词语。对于一些量词，诸如"少许""不多""无数"等含混词语也尽可能不要出现在新闻语言中。使用最准确的数量词，不仅可以减少读者许多疑问，也可以更好地体现新闻的真实性。

（四）减少片面、武断、夸张等词语的使用

新闻具有导向性的作用，媒介的用语往往会引导受众对事物本质的认识，特别是对于一些事件的报道，用词一定要慎重。诸如"精心策划""别有用心""有组织有预谋""深恶痛绝"等词语，看似痛快淋漓，实则过于武断，在没有实际调查结论的情况下，这些武断的词语可能会造成误导。目前，媒介因用词不当而产生误解的事例较为普遍。例如：

　　2002 年 6 月 25 日《北京广播电视报》上出现一则标题《遗憾伤感 日军解散》的新闻报道，前 4 个字是粗重黑体，让无数读者难以理解甚至忿忿不平。其实该报道是报道世界杯足球赛赛况的，是日本足球队失利后解散的新闻。

新闻作品要求内容必须真实直接，不能随意夸大、缩小或含糊其辞。这就要求在新闻报道中，不能准确反映客观事实的词语就尽量不使用。尤其是有夸大、缩小等隐性含义的词语更要慎重使用。比如我们经常会看得到的新闻用语"大家都赞成""万人轰动""首创""壮举""超级""史上最牛""前所未见"等，都带有明显渲染色彩的词语，也要核实后才能使用。

总之，在新闻报道中，一定要严格控制带有夸大和缩小等隐性含义的词语的使用。秉持实事求是之心，摒弃哗众取宠之意，冷静客观、讲究分寸；力求使新闻语言准确、再准确。

二、句子、段落的简短性

美国"消息可读性专家"卢道夫·弗莱认为"最可读的消息，每篇不超过五百字，每句平均十九个词"。这种结论或许还有待论证，但就新闻作品而言，遣词造句要求简洁、干净、利索，不冗繁，不拖泥带水，这是肯定的。优秀新闻其遣词造句更应达到精粹。"字则期少，意则期多"，尽量用少的文字表达出丰富的内容，以短的篇幅给人以多的信息量。除了词语组织上的简洁精练，整个新闻作品的句子、段落都是有讲究的。简洁精练的新闻语言是需要组织，需要策划，需要选择的。

"由此及彼，去粗取精"是新闻对遣词造句的要求之一。古语有云"文以简为能，不以繁为巧"。美国有一家报纸的写作手册上明确地写着："写新闻要用短句子，开头段落须短，简短有力，行文力求流畅。"①这无疑给我们一个规范的参考，新闻语言在句子的表达形式上，以短为佳，以简为上。

可以说，新闻的写作，能用短句的，绝不用长句；能用简单句的，绝不用复杂句，尤其是冗长拗口的复合长句更是新闻语言的大忌。

在美国新闻界流行着三个"可读性公式"：艮宁公式、德尔与崔尔公式、弗莱公式。虽然对于"可读性"的问题，中外学界还缺乏定论，但这些公式或许可以给我们的新闻语言带来不小的提示。

艮宁公式：

(1)句子形式：句子愈单纯，可读性愈高；

(2)迷雾系数：用词艰涩，可读性就低；用词通俗，可读性就高；

(3)人情味：人情味成分愈多，可读性愈高。

德尔与崔尔公式：

(1)句子的长短；

(2)词汇的难易；

(3)人称关系(如果说某人，读者没有概念，如果在说某人时，附带说出他是某人的子女、朋友、某校的学生、某机关的职员，读者就会获得清楚的了解)。

弗莱公式：

(1)词的平均长度；

(2)含有人情味词汇的百分比；

---

① 转引自李元授、白丁：《新闻语言学》，23页。

(3)含有人情味句数的百分比。

通过这三个公式，不难看出，几乎所有的可读性专家都认为，句子的长短是最为重要的。因为句子里出现过多的从句或修饰成分会妨碍受众的阅读速度和理解程度，直接影响新闻的传播效果。例如：

　　　　度过了讨饭的童年生活和在财东马房里睡过觉的少年时代，青年时代又在深山老林里打过短工的他简直不知道世界上有什么叫困难。（长句）

　　　　他童年时代讨过饭。他少年时代在财东马房里睡过觉。他青年时代在深山老林里打过短工。他简直不知道世界上有什么叫困难。（短句）

由上面的例子我们可以看到：短句各成分简单而明显，逻辑关系清晰，阅读理解的效果强于长句。

如果表述新闻的句子无法使受众一口气读完并快速理解，而是需要反复阅读，甚至动用所学语法知识对句子作分析才能获取准确的信息，这样的句子不符合新闻语言的要求。因此，句子要避免产生复杂句接复杂句导致难以理清逻辑，概念混乱以致阅读理解困难的现象。

美国的沃纳·赛佛林、小詹姆斯·坦卡德在《传播理论：起源、方法与应用》一书中指出："对大众传播的定义要求它尽可能地接触最大数量的受众，所以，它就必须尽可能地采用人们容易理解的书写形式和表达方式。"①

大于句子的语言单位，便是段落。句子要短，段落同样要短。这是新闻传播规律和增加新闻语言准确度的要求。著名作家老舍在总结自己的写作心得时，有这样一句话："我自己写文章，总希望七八个字一句，或十个字一句，不要太长的句子。每写一句时，我都想好了，这一句到底说明什么，表现什么感情，我希望每一句话都站得住。当我写了一个较长的句子，我就想法子把它分成几段，断开了就好念了，别人愿意念下去；断开了也好听了，别人也容易懂。"②

如果说句子通常陈述了一个事件的话，那么大于句子的语言单位——段落，就可以说是描述事件的集合体或"事件群""事件系统"。个别事件在组成事件群时，有其自身的客观规律或展开过程，事件和事件之间存在着内在的或外在的相互联系，因而是一个有序的过程。如果说新闻语言要求句子简短是为了增强阅读效果的话，那么，新闻语言的传播特性也就决定了句子在构成段落

---

　　① ［美］沃纳·赛佛林、小詹姆斯·坦卡德：《传播理论：起源、方法与应用》，郭镇之等译，129页，北京，华夏出版社，2000。

　　② 老舍：《出口成章·关于文学的语言问题》，75页，上海，复旦大学出版社，2004。

时，段落也应该要简短干净。要根据客观实际简练地排列句子，段落也要简练，才能更好地表达语意，理顺逻辑。

安排组织段落的方法主要有以下几种：

(1)注意上下语句衔接紧密与否，主要从意义连贯出发，意义如果改变，段落也必须断开。

(2)注意句子的成分是否完整，阐述的事件是否统一；如果有新的事物出现，或阐述新事件，需要另起一个段落。

(3)一定要根据情境组织段落，情境如果变化，最好另起新段落。

三、表述的通俗性

通俗，是新闻语言的基本要求之一。新闻语言本身就是具有传播性的语言，而传播是面向广大人民群众的。所以，新闻语言一定要通俗。

新闻作品的受众在受教育程度、文化素养、理解能力等方面千差万别，只有最通俗的新闻语言才能吸引和服务尽可能多的受众。德国新闻社曾经很明确地将"通俗易懂"列为评价记者是否成功的标准之一；《人民日报》海外版总编辑詹国枢在谈到新闻写作时说"新闻写作的最高境界就是通俗"；美国著名广播电台"美国之音"的新闻节目便是以通俗易懂著称，其慢速英语板块甚至只使用1 500个常用英语词汇进行播音。在一些语言专家们的努力下，这些只采用初级词汇编写的新闻依然能够表达出精确的原意。"美国之音"所要争取的受众是全球非英语母语国家的公民，它正是通过运用最通俗的新闻语言来达到这一目的。在美国甚至有过"新闻的竞争其实就是通俗化的竞争"的说法。由此可见，新闻语言通俗性的重要程度。

在所有公开传播的语言作品中，新闻作品是受众人数最多，接收层面最广的一种文体。而新闻语言是单向传播，传播者发出信息，受众接收信息，传播者无法及时收到反馈信息。这种传播单向性决定了新闻语言必须尽可能地通俗易懂、平易近人。新闻语言最忌讳故弄玄虚、矫揉造作、卖弄文采。新闻作品要使用通俗、朴实的语言，不给读者造成阅读障碍；并且尽可能在通俗质朴的语言中，给受众留下美的感受，甚至引起一些深入的思考。具体来说，我们可以从以下几个方面入手。

(一)遣词造句易读易懂

受众对新闻作品的理解程度差异化的问题是困扰所有新闻工作者的一个重要问题。虽然媒介在确立编辑方针的时候，已经对受众市场进行过周密的调查，对目标受众进行了筛选。但是，受众群因为各自的性别、年龄、身份、地位、背景不尽相同，就算特定受众群体也仍然存在着阅读和接受能力的差距，这是一个不争的事实。任何新闻工作者如果无视或轻视受众因素，过高或过低地估计受众的阅读能力，那都必然要使自己的新闻作品遭遇传播障碍。那么，面对阅读理解能力参差不齐的受众，新闻语言该如何适应并进行调整呢？总的原则是"就低不就高"。

早在新中国成立初期，政府的扫盲工作中就有这样的规定："扫盲的标准是识字 1 500 个，能阅读简单浅显的报刊，记简单的生活账目。"这项"脱盲"的标准从一个侧面说明了报刊应该是所有文字读物中最为通俗浅显的，大约掌握 1 500 个字就能阅读。它的通俗易懂程度甚至应该跟生活账目差不多。当然，这是几十年前的标准了，中国也在 2000 年前后实现青壮年无文盲了。尽管如此，新闻语言的基本要求没有改变。

有专家统计了 19 篇新闻作品的 6 500 个词并加以分析，通用词语占绝大多数，口语词次之，专业术语、行业习惯语、方言、俚语、歇后语、谚语、格言、古语词、外来词用得极少。有些专业术语非用不可时也用得十分谨慎，对极少数一般读者不熟悉的专业术语还作必要的解释。这正是新闻语言遣词造句易读易懂的要求。

如何使新闻语言易读易懂，我们总结了以下几点。

1. 使用普通话，多用群众性的语言

新闻语言应该是人人都可以无障碍阅读，而且在阅读后都能够读懂的一种语言，说它是最浅显的语言也不为过。那么，如何做到人人都能读懂呢？这就要求新闻工作者在写作时一定要使用规范的话语表达方式，还要在规范的大前提下向受众靠拢，离大众的生活越近越好。

我们国家使用的标准语为"普通话"。"普通话"顾名思义就是指"普遍通用的话语"。当然，"普通话"作为一个国家的标准用语，是有明确的话语规范的内容的。新闻媒介作为面向大众的传播媒介，有责任和义务宣传、推广标准普通话。因此，新闻语言应该使用普通话进行传播。在使用规范的普通话的同时，选择那些具有群众性和普遍性的话语表述方式将有利于信息的传输和接受。老舍曾经说过："世界上最好的文字，就是最亲切的文字，就是普通的话，大家这么说，我也这么说，不是用一大车大家都不了解的词汇字汇。"[1]新闻语言要注意挖掘群众性的生活语言，使受众在接受信息时有亲切感和熟悉感。很多老记者在回忆职业生涯时，都说过类似的话"我们脑袋瓜里的东西，永远没

---

[1] 转引自刘明华等：《新闻写作教程》，138 页，北京，人民大学出版社，2002。

有人民群众集体的智慧丰富!"与其自己绞尽脑汁,查遍字典,生搬硬套地放上一个词汇,不如使用人民群众所使用的"大白话",人人都懂,这也许才更加符合新闻语言准确的要求。

使用群众性的生活化语言是在运用普通话进行表达的前提下进行的,而有些媒介未能很好理解"群众性语言""生活化语言"的含义,大量使用方言词,误以为这样更接近受众。例如:

> 2009年2月22日,《新民晚报》"读者之声"版有两篇稿件,内容都含有上海方言。一篇题为《窗帘布当"揩手布"》,文中有这样一句话:"侬哪能吮没一点公德心?侬手清爽了,窗帘弄得油腻腻的⋯⋯";另一篇题为《出铜钿买毕业证书》,里面有这样的语句:"⋯⋯我家儿子实在不灵光⋯⋯小赤佬勿肯好好读书,整天只晓得白相⋯⋯花点铜钿买个'毕业证书'!"

新闻语言要使用群众的语言,而使用群众的语言,也绝不是完全照搬、照抄群众日常的交际话语。新闻语言首先是规范的语言,而规范是面向全国大众的。如果各地报刊、广播电台都使用自己的方言进行小范围的传播,既影响语言的规范化,也使传播受到许多限制。这些都是违背传播规律的。

2. 慎用文言和生僻字

我国传统语言文化悠久灿烂,只要是文字作品,就可以从古代文学作品中汲取无尽的营养。新闻工作者也必须借鉴和学习大量的古汉语知识以及阅读大量的古代文学作品。但是,作为新闻语言本身,直接使用文言却需要慎重。

汉字是当今世界仍在使用的最"长寿"的文字。我们今天仍然可以阅读理解几千年前古人的文献作品,这不得不说是一个奇迹。古代文言具有多种表达优势:文辞简练,表意丰富;遣词造句精雕细琢,所用字数极少,却又能生动形象。也许正是古代文言的这些优点让今日的文字工作者仍然心驰神往,很多新闻工作者在组织新闻语言的时候,也自觉不自觉地加入文言,类似"怎敌它⋯⋯""不语,遂即⋯⋯""少顷""尔等""沉吟"之类的文言词语时常出现在新闻作品中。虽然随着人们受教育程度的提高,很多受众已经可以无障碍地阅读这样的新闻语言,但是,毕竟还不是大多数。新闻语言要使用普通话,既然古代文言不属于当代普通话的范畴,那新闻语言就要减少使用文言,即使要使用,也尽量使用广为人知的,或者加上注释。

据统计,汉字总量有90 000多个,目前较为常用的汉字大约是7 000个左右,而最为常用的汉字大约有2 000个。新闻工作者要尽量采用最常用的这2 000个左右的汉字来进行创作,新闻语言应该"就低不就高"。而且从新闻追求简洁快速的层面来看,也应该使用最为常用的汉字。

(二)处理好专业术语、特殊词汇

新闻工作者在处理日常新闻或者不涉及专业化领域的新闻时，我们要求其新闻语言是通俗平易的，这里面几乎不会涉及"转换"或者"翻译"的问题。但是专业性的新闻报道则不然，因为会涉及一些专业术语，而这些专业术语的准确使用又会对信息的传递产生重要的影响，因此，使用时要注意以下几点：

1. 对专业术语进行考察、核实，准确解释

在运用行业用语、专业术语时，要对其含义进行核对，不能想当然。同时还应该根据词语所代表的事物、现象在社会上的推广程度，谨慎选择，区别处理。对于已为广大受众所了解、所熟悉的新技术、新发明，这样的新词可以直接在新闻报道过程中应用，而对于那些指代尚未在社会上普遍流行的新技术、新发明的词语，要么转换成受众易懂的词句，要么以"编者按"的形式进行解释说明。当然，这需要记者用大量的时间去认识，吃透这些专业词汇，才可能做好一个"翻译者"的角色。

2. 深入浅出地处理文件性、政策性新闻

新闻报道中，经常会出现对于政策新闻、文件新闻的报道，新闻工作者应以解释的方式对相关政策法规进行简明扼要、深入浅出的说明，尤其是涉及文件中出现的特殊概念和特定用语，应该在咨询相关专家的基础上进一步明确其意义，然后用浅显的语言传递给受众。由于广大老百姓对于会议文件普遍觉得比较书面化，可读性差，但是很多重要会议文件，却和普通大众的生活息息相关，所以，在进行解释性报道时，一定要秉持一个严肃认真的态度，明确含义、领会精神，争取做到用最准确、最通俗的新闻语言深入浅出地进行报道。

3. 恰当使用外来词汇及缩略词

随着全球化进程的加快，语言文字的相互交融势不可当。一些外来词汇，无论是采用何种方式翻译过来的，都存在部分受众无法理解的问题。缩略词也有诸多不规范的现象。新闻工作者应该本着换位思考，"就低不就高"的原则，选择性地使用外来词和缩略语。选择的标准就是为大多数人所熟知且语义明确。

四、文辞的生动、鲜活性

人们普遍认为新闻作品应该是严肃的，因为它肩负着传播信息、传播文化、影响舆论等社会功能。而新闻语言是新闻作品的直接载体，它也应该是严肃谨慎的。这种看法没有错，但并不全面，因为新闻语言在严肃谨慎的同时又必须能打动人心，吸引受众；这就需要鲜活生动的语言表达。而且从另一个角度看，新闻报道本身是以现实中的事件为基础的，而现实生活本身就是千姿百态、丰富多彩的，新闻语言当然也应该是新鲜活泼，生动形象的。新闻语言的生动，主要是指在真实准确的基础上使语言更加具体、鲜活、自然清新，富有文采。新闻归根到底是文体的一种，文辞的生动鲜活是不能缺少的，所以，生动也是新闻语言的基本要求之一。毕竟语言是一种表情达意的工具，是具有生命力的。在任何题材的文字作品中，它都绝对不该是死板、消极、坚硬的，也不仅仅是被动地为内容服务的。新闻语言是描述事实的语言，它不仅具备表述事物语言的准确、简洁，又具备文学语言的感情成分和哲学语言的哲理意味。

生动鲜活的新闻语言对内容的表达具有能动的作用。新闻语言运用得好，可以更加形象化地向受众传递事实，同时，又能使新闻产生阅读的愉悦感，甚至可以营造一种具有画面感的审美感受，使新闻变得有魅力，能够吸引人。鲜活形象的语言还能使新闻更加真实地表达情感。情真则意切，文达则意显。那么，如何才能使新闻语言生动鲜活起来呢？

（一）抓住细节

文学作品的细节描写往往是最能打动人的地方。短篇诗歌也好，长篇小说也罢，成功的细节描写，使读者有一种画面感和真实感，这是通过阅读语言文字材料获得的高级审美体验。新闻语言要生动，改变千人一腔的语言状况，细节的抓取也是一种好的方法。新闻对于细节描写的重视，就好比给新闻加上了脑海里的图画，会使语言表达生动起来。很多优秀的新闻作品在细节描写方面都具有成功之处。例如，2010 年 3 月中旬，新华社连续刊发新闻，新闻内容是温家宝总理和胡锦涛总书记的两次地方性视察。新闻报道刊发之后，引起热议，很多群众坦言看到报道后深受感动。而感动的原因大多是源于该新闻的这样两段描写：

> 3 月 19 日至 21 日，中共中央政治局常委、国务院总理温家宝来到云南省曲靖市，深入旱灾最严重的地区，看望慰问受灾群众，指导抗旱救灾工作。20 日上午，温家宝还特意抽时间来到师宗县葵山镇大麦地村了解一下村民有没有饮用水。74 岁的村民王顺生正在水窖打水，温家宝走过去，拎起绳子也打上来一桶，看到水很清，他满意地点点头……

> 在西部大开发战略实施 10 周年之际，中共中央总书记、国家主席、中央军委主席胡锦涛于 3 月 21 日至 23 日来到宁夏回族自治区考察工作。在银川、吴忠、石嘴山等地，总书记一路风尘仆仆，就深入推进西部大开发、加快转变经济发展方式、保障和改善民生进行实地调查研究。在行程如此紧张的情况下，总书记没有忘记关心居民的用水问题，胡锦涛专程来

到吴忠市盐池县花马池镇南苑新村，在村民施兴昌家，总书记仔细察看居住情况，询问全家收入来源，还特意走进厨房，揭开水缸盖舀起一勺看看水质……

同样的舀水，同样的感动。不同的新闻作品出自不同的手，但相同的是对细节的关注。正是这些看似微不足道的细节感动了无数人。因为受众看到的不仅仅是一两个细节，而是通过细节展示出来的生动的新闻内涵。

（二）多用动词

现代汉语的词可分为两大类十二小类：实词（包括名词、动词、形容词、数词、量词和代词）和虚词（包括副词、介词、连词、助词、拟声词和叹词）。这两类词使用的范围和方法，起到的作用都是不同的。新闻语言在具体的运用中会不同程度地使用到这些词，但使用哪一类词，不使用哪一类词，其表达效果是不一样的。例如，2010 年 5 月 21 日人民网刊登了记者陆海涛写的通讯《世博丹麦馆国宝"小美人鱼"通关记》，该报道全文如下：

上海世博园丹麦馆，成千上万的游客在小美人鱼铜像前流连忘返。没人会想到，为了让其顺利入境，海关需做出怎样细致的工作。

上海海关副关长陈旭东说："上海世博会进境展品、物资品类众多，个性化强。看似通关只是一小段时间，背后却有十分复杂的环节。"从下飞机的第一个环节到在丹麦馆的最后安装，从水池的各个部件到主雕像，在时间衔接和通关细节上容不得半点差错。

4 月 1 日，当丹麦国民在哥本哈根蔚蓝的海边欢送国宝小美人鱼铜像时，万里之外的上海海关已严阵以待。4 月 2 日，"小美人鱼"空运抵达浦东国际机场，上海海关派出两位关员到停机坪上，直接对货物进行了加封并护送其至海关监管仓库。4 月 11 日，"小美人鱼"运抵丹麦馆开始安装，上海海关派员赴丹麦馆实施上门查验……

"由于丹麦馆方面希望把小美人鱼铜像的神秘感保持到世博会开幕前的最后一刻，海关将查验的环节与布展安装的时间调整到一致。"陈旭东说。

该报道篇幅短小，文字简洁，句式合理，段落紧凑，是一篇很不错的小通讯。全文形容词不超过 10 个，而名词与动词或动词性短语加起来超过 50 个。这样的比例符合新闻语言准确且生动鲜活的要求。又因为文章动词较多，读起来生动形象，给人以鲜活之感。

通过上述分析，我们不难理解，除了名词、数词、量词这些有具体含义，很难更改的实词之外，新闻语言可以相对大量使用的实词就是动词了。动词的选用，是语言艺术化的一种重要手段，在写人、状物、叙事中，都起着重要作用。要使新闻生动感人，必须运用确切有力的动词来表现运动状态的事物，这样才会使所报道的新闻事件活起来，给受众以动态美。

动词用得得心应手，恰到好处，常常能使文句简练而传神。有助于将蕴藏于新闻中的"情"生动形象地表现出来，同时也更能吸引读者的视线，调动读者的阅读兴趣。古人有"吟安一个字，捻断数根须"之说，动词的运用必须仔细推敲，搭配精当，才能活泼逼真，富有动感，耐人回味。

关于动词的运用，西方新闻写作有以下几个观点可供参考：

（1）一个句子中至少应该有一个动词，而且要将这个动词放在最重要的位置上，表现最突出的事件和细节。

（2）选用的动词最好是实体动词（比如"3死6伤"，不要用"3人殒命，6人或残"这样有虚化意义的说法）。

（3）主要选择及物动词。

（4）动词多使用主动语态。

另外，在使用动词时，恰当地运用一些诸如排比、对仗、粘连、双关、比喻、用典、设问、拟人等修辞手段，可以增强动词的表达效果。

李希光曾说过："不使用没有视觉感的形容词，舍弃晦涩的术语、行话、套话和空洞的概念性词语。"①动词天生的动感和生命力使得画面感的营造瞬间简单了不少，但是用准、用好动词却不容易，需要长时间的积累和细致的观察。

（三）戒除"新闻腔"

新闻传播有一定的传播规范和要求，这些外在的要求和规矩无形中造成了一种新闻语言的固定套路，也就是我们平时经常提到的"新闻腔"的问题。

"新闻腔"是美国著名记者雷内·卡彭创造的词汇，他把那种在新闻报道中夸夸其谈，装腔作势，套话、大话、官话一大堆的新闻语言统称为"新闻腔"。就像我们常见的"在……形势下""在……的基础上""受到一致好评""大家交口称赞""百姓无不颂扬"，这类语句其实都属于典型的"新闻腔"。

"新闻腔"是不会也不可能调动读者兴趣的，多年沉积下的厌烦感，引发了受众对新闻媒介某些报道的不满与不屑。甚至也造成了他们对于新闻事业认识的偏差。新闻从业人员一定要从思想深处认识到新闻腔的危害，它是自己懒惰

---

① 李希光：《新闻的力量来自哪里？——以"两会"报道的创新为例》，载《新闻记者》，2002（7）。

的挡箭牌，也是损害新闻业界创新能力的绊脚石。新闻从业人员要广泛接触生动鲜活的百姓生活，尝试用不同的表达方式进行新闻报道，提高驾驭语言文字的能力。

本章小结

　　新闻语言的语用要求是由新闻信息传播的特质和新闻特殊的文体决定的。新闻报道的目的是传递信息，传递的方式不同，其效果也会迥异。只有遵循新闻信息传播的特质和新闻特殊文体的要求，新闻语言的运用才可能产生良好的效果，达到准确、恰当传递信息的目的。在此认识的基础上，我们认为，新闻语言的语用要求应该是：词语选择的精准性、句子和段落的简短性、话语表述的通俗性以及文辞的生动鲜活性。

拓展阅读

　　1. 石坚:《新闻写作学》，南京，南京师范大学出版社，2008。
　　2. 索振羽:《语用学教程》，北京，北京大学出版社，2000。
　　3. 廖艳君:《新闻报道的语言研究》，长沙，湖南大学出版社，2006。
　　4. 钱冠连:《美学语言学》，北京，高等教育出版社，2004。
　　5. 李元授、白丁:《新闻语言学》，北京，新华出版社，2001。

复习与思考

　　1. 哪些因素制约着新闻语言的语用要求?
　　2. 新闻语言选词精准的具体要求是什么?
　　3. 新闻语言句子、段落简短的具体要求是什么?
　　4. 如何使新闻语言的表述通俗易懂?
　　5. 新闻语言文辞生动鲜活的具体要求是什么?

案例分析与讨论

上海要有更宽广的胸襟
申　言

　　日前，一份关于中国公众城市宜居指数的调查报告显示，上海在文化兼容性方面在被调查的20个城市中不在前列。这种状况与上海加快实现"四个率先"、加快建设"四个中心"，与培育、树立城市精神的要求有较大差距，与争取承办一届"成功、精彩、难忘"的世博会亦不相适应，应当引起我们的重视和深思。

　　市委主要领导同志为此指出：海不辞水，故能成其大；山不辞土石，故能成其高。海纳百川，才成其为上海。上海是全国的上海，上海今天取得的成就离不开全国各地的关心和帮助,上海今后的发展同样离不开全国各地的支持与合作,上海要以更宽广的胸襟,兼容并蓄、博采众长,大力塑造"海纳百川、追求卓越、开明睿智、大气谦和"的新形象。这席话,对于拓宽上海的胸襟,塑造上海人的新形象,有着准确的针对性和深刻的现实意义。

上海是全国的上海,这是上海发展的规律。且不说当年的小渔村,靠着五方杂处、近悦远来,才成为全国最大的城市;就是新中国成立五十多年以来,上海以一个百业凋敝、藏污纳垢的"十里洋场",变为社会主义的特大型城市,哪一点离得开全国人民的关心和帮助?尤其是改革开放以来,上海从后卫转到前锋,成为改革发展的领头羊、排头兵,更离不开党中央、国务院的正确领导,离不开中央各部委和各兄弟省市的大力支持,也离不开数百万外来的兄弟姐妹的拼搏奉献。事实上,世界上任何一个大都市,都不是一个孤立、封闭的独体,也绝不可能单单依托自身力量来造就,只有在不断吸纳周边、全国乃至全世界的人才、资本、信息、技术、物流和成功的经验中,才能最终建成。同样的,任何一个大都市的跨越式发展,都需要捕捉和抓住机遇,而这种机遇,往往是区域性甚至是全国性的,只有坚持联动发展,不断推动区域合作交流的全方位、深层次发展,才能在都市群的共同崛起中实现大都市的大发展。上海发展的历程和规律都告诉我们,上海的昨天、今天和明天都离不开全国的关心和帮助,尤其是上海要建成"四个中心",作为一项国家战略,更离不开全国人民的支持。上海要以宽广的胸襟,虚心谦逊地学各地之长,脚踏实地地补上海之短,锐意进取地创上海之新!

上海是全国的上海,这也是上海肩负的庄严历史使命。新世纪新阶段的上海,处在我国改革开放的先行地区,这就要求上海必须积极实施国家战略,主动承担起率先探索的责任,努力为全国改革开放多作贡献。这既是全面建设小康社会的全局要求,又是上海真正建成"四个中心"和现代化国际大都市的内在要求。国际大都市的首先功能是服务,世界上任何一个大都市都是以它的吸引力、凝聚力和辐射力,在为周边、为全国乃至世界的服务中才能形成、凸现和提升它的都市功能;而任何一个经济、金融、贸易和航运中心,也只有在为全国乃至世界的资本、人才、物流、信息搭建让它们"长袖善舞"的舞台中,才能最终形成以服务为核心的综合竞争力。因此,上海要以更宽广的胸襟和更广阔的视野,把上海未来发展放在中央对上海发展的战略定位上,放在经济全球化的大趋势下,放在全国发展的大格局中,放在国家对长江三角洲区域发展的总体部署中来思考和谋划,牢固树立全国一盘棋思想,始终坚持在服务全国大局中发展上海自身。

我们正在与时俱进地培育上海城市精神。城市精神的培育要有文化的根基。上海文化是什么,从根上说来应当是移民文化、包容文化。但是在少数上海人眼里,移民文化被扭曲地演绎成"本土文化"。他们的思想方式是封闭式的,甚至有妄自尊大、瞧不起别人的盲目优越感。这种"文化",很不利于上海的新发展、大发展。我们的目标和定位是现代化国际大都市,这就必须讲包容性、兼容性。上海还是要"开门",必须要"开门",只有海纳百川、和谐相融,才能真正建成"四个中心"。有了这样的文化观念、文化根基,城市精神的培育才有了保证。我们的观念一定要开放，决不能排斥外来者，而是要去融合。比如，上海要实施科教兴市战略，就要占领人才高地，不但有国内精英荟萃，还要有国际人才聚集。又比如，上海城市的运转，离不开几百万农民工，在他们付出辛劳的同时，理所应当得到整个社会和城市的认同和尊重。

总之，上海人一定要海纳百川，虚怀若谷，从谏如流，闻过则喜，这才是我们的博大之处；上海人一定要既有精明、睿智的清醒头脑，更有大气、谦和的宽广胸襟，只有这样，上海的城市精神才能高扬，上海人才能以崭新的形象播扬于世！

（载《解放日报》，2007-07-09）

讨论题

1. 该作品是如何通过语言来展示上海的"新形象"的？分析作品语言运用的成功之处，以及需要改进的地方。

2. 从新闻语言的语用要求出发，分析该作品的语用特色与传播效果。

附录

新华社新闻报道中的禁用词

根据聪明、振中同志的批示精神，总编室组织国内部、国际部、对外部、新闻研究所搜集整理了近年来各编辑部规定的禁用词。第一批禁用词已公布，供各编辑部、国内外各分社在报道中掌握。

今后，总编室将结合我社采编体例的编制，继续组织搜集整理禁用词以及慎用词，陆续公布。

新闻报道中的禁用词（第一批）

一、社会生活类的禁用词

1. 对有身体伤疾的人士不使用"残废人""独眼龙""瞎子""聋子""傻子""呆子""弱智"等蔑称，而应使用"残疾人""盲人""聋人""智力障碍者"等词语。

2. 报道各种事实特别是产品、商品时不使用"最佳""最好""最著名"等具有强烈评价色彩的词语。

3. 医药报道中不得含有"疗效最佳""根治""安全预防""安全无副作用"等词语，药品报道中不得含有"药到病除""无效退款""保险公司保险""最新技术""最高技术""最先进制法""药之王""国家级新药"等词语。

4. 对文艺界人士，不使用"影帝""影后""巨星""天王"等词语，一般可使用"文艺界人士"或"著名演员""著名艺术家"等。

5. 对各级领导同志的各种活动报道，不使用"亲自"等形容词。

6. 作为国家通讯社，新华社通稿中不应使用"哇噻""妈的"等俚语、脏话、黑话等。如果在引语中不能不使用这类词语，均应用括号加注，表明其内涵。近年来网络用语中对脏语进行缩略后新造的"SB""TMD""NB"等,也不得在报道中使用。

二、法律类的禁用词

7. 在新闻稿件中涉及如下对象时不宜公开报道其真实姓名:(1)犯罪嫌疑人家属;(2)涉及案件的未成年人;(3)涉及案件的妇女和儿童;(4)采用人工受精等辅助生育手段的孕、产妇;(5)严重传染病患者;(6)精神病患者;(7)被暴力胁迫卖淫的妇女;(8)艾滋病患者;(9)有吸毒史或被强制戒毒的人员。涉及这些人时,稿件可使用其真实姓氏加"某"字的指代,如"张某""李某",不宜使用化名。

8. 对刑事案件当事人,在法院宣判有罪之前,不使用"罪犯",而应使用"犯罪嫌疑人"。

9. 在民事和行政案件中,原告和被告法律地位是平等的,原告可以起诉,被告也可以反诉。不要使用原告"将某某推上被告席"这样带有主观色彩的句子。

10. 不得使用"某某党委决定给某政府干部行政上撤职、开除等处分",可使用"某某党委建议给予某某撤职、开除等处分"。

11. 不要将"全国人大常委会副委员长"称作"全国人大副委员长",也不要将"省人大常委会副主任"称作"省人大副主任"。各级人大常委会的委员,不要称作"人大常委"。

12. "村民委员会主任"简称"村主任",不得称"村长"。村干部不要称作"村官"。

13. 在案件报道中指称"小偷""强奸犯"等时,不要使用其社会身份前缀。如:一个曾经是工人的小偷,不要写成"工人小偷";一名教授作了案,不要写成"教授罪犯"。

14. 国务院机构中的审计署的正副行政首长称"审计长""副审计长",不要称作"署长""副署长"。

15. 各级检察院的"检察长"不要写成"检察院院长"。

三、民族宗教类的禁用词

16. 对各民族,不得使用旧社会流传的带有污辱性的称呼。不能使用"回回""蛮子"等,而应使用"回族"等。也不能随意简称,如"蒙古族"不能简称为"蒙族","维吾尔族"不能简称为"维族","哈萨克族"不能简称为"哈萨"等。

17. 禁用口头语言或专业用语中含有民族名称的污辱性说法,不得使用"蒙古大夫"来指代"庸医",不得使用"蒙古人"来指代"先天愚型"等。

18. 少数民族支系、部落不能称为民族,只能称为"××人"。如"摩梭人""撒尼人""穿(川)青人""僜人",不能称为"摩梭族""撒尼族""穿(川)青族""僜族"等。

19. 不要把古代民族名称与后世民族名称混淆,如不能将"高句丽"称为"高丽",不能将"哈萨克族""乌孜别克族"等泛称为"突厥族"或"突厥人"。

20. "穆斯林"是伊斯兰教信徒的通称,不能把宗教和民族混为一谈。不能说"回族就是伊斯兰教""伊斯兰教就是回族"。报道中遇到"阿拉伯人"等提法,不要改称"穆斯林"。

21. 涉及信仰伊斯兰教的民族的报道,不要提"猪肉"。

22. 穆斯林宰牛羊及家禽，只说"宰"，不能写作"杀"。

四、涉及我领土、主权和港台澳的禁用词

23. 香港、澳门是中国的特别行政区，台湾是中国的一个省。在任何文字、地图、图表中都要特别注意不要将其称作"国家"。尤其是多个国家和地区名称连用时，应格外注意不要漏写"（国家）和地区"字样。

24. 对台湾当局"政权"系统和其他机构的名称，无法回避时应加引号，如台湾"立法院""行政院""监察院""选委会""行政院主计处"等。不得出现"中央""国立""中华台北"等字样，如不得不出现时应加引号，如台湾"中央银行"等。台湾"行政院长""立法委员"等均应加引号表述。台湾"清华大学""故宫博物院"等也应加引号。严禁用"中华民国总统（副总统）"称呼台湾地区领导人，即使加注引号也不得使用。

25. 对台湾地区施行的所谓"法律"，应表述为"台湾地区的有关规定"。涉及对台法律事务，一律不使用"文书验证""司法协助""引渡"等国际法上的用语。

26. 不得将海峡两岸和香港并称为"两岸三地"。

27. 不得说"港澳台游客来华旅游"，而应称"港澳台游客来大陆（或：内地）旅游"。

28. "台湾"与"祖国大陆（或'大陆'）"为对应概念，"香港、澳门"与"内地"为对应概念，不得弄混。

29. 不得将台湾、香港、澳门与中国并列提及，如"中港""中台""中澳"等。可以使用"内地与香港""大陆与台湾"或"京港""沪港""闽台"等。

30. "台湾独立"或"台独"必须加引号使用。

31. 台湾的一些社会团体如"中华道教文化团体联合会""中华两岸婚姻协调促进会"等有"中国""中华"字样者，应加引号表述。

32. 不得将台湾称为"福摩萨"。如报道中需要转述时，一定要加引号。

33. 南沙群岛不得称为"斯普拉特利群岛"。

34. 钓鱼岛不得称为"尖阁群岛"。

35. 严禁将新疆称为"东突厥斯坦"。

五、国际关系类禁用词

36. 不得使用"北朝鲜（英文 North Korea）"来称呼"朝鲜民主主义人民共和国"，可直接使用简称"朝鲜"。英文应使用"the Democratic People's Republic of Korea"或使用缩写"DPRK"。

37. 有的国际组织的成员中，既包括一些既有国家，也包括一些地区。在涉及此类国际组织时，不得使用"成员国"，而应使用"成员"或"成员方"，如不能使用"世界贸易组织成员国""亚太经合组织成员国"，而应使用"世界贸易组织成员""世界贸易组织成员方""亚太经合组织成员""亚太经合组织成员方"（英文用 members）。

38. 不使用"穆斯林国家"或"穆斯林世界"，而要用"伊斯兰国家"或"伊斯兰世界"。

39. 在达尔富尔报道中不使用"阿拉伯民兵",而应使用"武装民兵"或"部族武装"。

40. 在报道社会犯罪和武装冲突时,一般不要刻意突出犯罪嫌疑人和冲突参与者的肤色、种族和性别特征。比如,在报道中应回避"黑人歹徒"的提法,可直接使用"歹徒"。

41. 公开报道不要使用"伊斯兰原教旨主义""伊斯兰原教旨主义者"等说法。可用"宗教激进主义(激进派、激进组织)"替代。如回避不了而必须使用时,可使用"伊斯兰激进组织(分子)",但不要用"激进伊斯兰组织(分子)"。

42. 不要使用"十字军"等说法。

43. 人质报道中不使用"斩首",可用中性词语为"人质被砍头杀害"。

44. 对国际战争中双方的战斗人员死亡的报道,不要使用"击毙"等词语,可使用"打死"等词语。

45. 不要将撒哈拉沙漠以南的地区称"黑非洲",而应称为"撒哈拉沙漠以南的非洲"。

第四章　新闻语言的运用

本章要点及学习要求

● 新闻报道的内容，涵盖政治、经济、文化、教育、体育、娱乐等方面，与人民群众的日常生活息息相关；而新闻报道的形式，在语言的三大要素——语音、词汇、语法上具有自身的特殊之处。

● 为了客观、真实、准确、及时地反映出新闻消息的本来面貌，新闻语言在选择和使用词语时，应该注意词语声音的配合、词语意义的锤炼，以及新词语的运用、缩略语的运用等问题。

● 现代汉语有很多表示相同或相近的语义而在风格色彩、修辞功能、表达效果等方面存在区别的句式，这就是同义句式。掌握同义句式的不同表达效果并根据语境灵活选择同义句式，可以有效增强新闻语言的表现力。

● 新闻标题作为新闻的"眼睛"，在语言运用上有其特殊的规律和要求。通常，新闻标题往往会在声律的配合、词语的选用、修辞格的运用等方面精心调适其语言运用，从而实现新闻内容表达的准确、生动、凝练、鲜明。

● 通过本章的学习，理解新闻语言的语言运用特点与新闻报道的功能之间的密切联系，掌握新闻语言的词语运用、句式选择和新闻标题语言运用的理论知识和基本原则，关注各种新兴的新闻言语现象，培养新闻语言的实践能力。

第一节　词语的运用

新闻语言是"通过新闻媒介，向人们报道新近发生的事实，传播具有新闻价值的信息时所使用的语言"。[①] 它既是新闻媒介传递新闻信息的物质载体，也是新闻信息实现其功能和价值的关键途径。因此，为了客观、真实、准确、及时地反映出新闻消息的本来面貌，从现代汉语的词语是音义结合体的特点出发，新闻语言在选择和使用词语时应该注意词语声音的配合、词语意义的锤炼，以及新词语的运用、缩略语的运用等问题。

一、词语声音的配合

语言是人类社会交际所特有的音义结合的符号系统。对于有声语言来说，

---

① 蓝鸿文、马向伍：《新闻语言分析》，6页，北京，中国物资出版社，1989。

意义是语言的内容，声音是语言的物质外壳，二者缺一不可。因此，我们在运用词语的时候，不可能只顾及词语的声音而不管词语的意义，也不可能只考虑词语的意义而抛开词语的声音。汉语属于有声调的语言，其语音系统呈现出元音占优势、没有复辅音、音节界限清晰等特点，历来都十分讲究话语声音的高低升降、抑扬顿挫、清晰响亮、悦耳动听。南朝时期的沈约就曾说过："文章之音韵，同弦管之声曲。"由此可见，词语声音的组合和搭配对于提高言语的表达效果具有非常明显的作用。

与文学语言相比，新闻语言虽然不需要高频率使用丰富多彩、灵活多变的语音修辞手段，但其词语音节的均衡对称、平仄搭配、韵律节奏等，也能够从形式的角度愉悦受众，从而有效提升新闻语言运用的表达效果。

对于新闻语言来说，词语声音配合的表达效果主要是通过音节的组合调配来实现的。音节是语言中听觉能够自然感知的最小的语音单位。就现代汉语而言，除了儿化以外，一个汉字就是一个音节。现代汉语的词具有较为明显的双音节化发展趋势，三音节的词具有一定的数量，四音节以上的词数量较少。不同数量的音节组合搭配在一起，就会形成不同的韵律和节奏。

第一，在新闻语言中，尤其是在对政府出台的新措施、新政策、新方案、新口号等进行宣传和解读的新闻语言中，双音节词语是表明态度、宣传激励的有效表达手段。巧妙使用双音节词语，可以使新闻语言显得简明有力，起到舆论宣传导向的作用。例如：

①在一份名为《关于倡导公务员接待使用"小糊涂仙（神）"系列酒的通知》的"红头文件"中，政府部门对下达"喝酒任务"作了这样的解释：作为最早来汉川落户的引进企业，湖北云峰酒业公司的产品在该地市场份额却很低。为此，汉川市决定通过下达"喝酒任务"来提高该公司的产品在汉川的市场占有率。以此来"优化经济发展环境，营造引商、稳商、亲商、富商"的发展氛围，促进招商引进企业更快更好地发展。

（《推销小糊涂仙酒竟发红头文件》，载《楚天都市报》，2006-04-06）

在例句①中，通过连续使用双音节词语"引商、稳商、亲商、富商"，使语言表达显得简洁明了、节奏鲜明，具有较强的感召力和宣传鼓动作用。

第二，接连使用句法结构相同的三音节词语，可以使新闻语言加强语势，便于宣传和记忆。例如：

②宁波市根据国务院解决农民工问题的有关文件精神，邀请国内众多专家"支招"，经过一年多时间酝酿，制定出台了"低费率、广覆盖、可转移"的外来务工人员社保政策。

（《社会保障制度实现城乡居民全覆盖》，载《宁波日报》，2007-11-09）

③浙江省扶贫办的有关专家指出，政府出钱，让农民上大学，这是浙江省为推进社会主义新农村建设的具体行动，培养"有文化、懂技术、会经营"的新型农民，是塑造社会主义新农村的主体。

（《浙江：93 名农民上大学由政府"埋单"》，载《中国教育报》，2006-02-26）

例句②、例句③根据上下文语境，灵活运用了三音节词语："低费率、广覆盖、可转移"是偏正结构，"有文化、懂技术、会经营"是动宾结构。这些三音节词语的运用，既注意到了音节结构形式和数量的配合，也将句法结构的方式考虑其中，增强了表现力与说服力，语义简洁明了，通俗易懂。

第三，新闻语言使用四音节词语，不但能使文章节奏分明、形式活泼、易于传颂，而且还有利于思想的表达、感情的抒发和意境的烘托，具有声情并茂的表达效果。例如：

④青藏铁路的开通，给西藏带来了巨大的人流、物流，拓宽了农牧民的就业和致富渠道。堆龙德庆县委、政府紧紧抓住这一机遇，引导农民从事多种经营，使过去祖祖辈辈依赖土地为生的当地农民跳出"农门"，走出"山门"，致富的路子越走越宽，日子越过越红火。

（《青藏铁路正在改变农牧民生产生活方式》，载《西藏日报》，2007-06-18）

⑤经过多次考查、反复调研，产自花都云南、拥有自主知识产权的中国红最终成为奥运会颁奖用花。组委会专门在通海县开辟了奥运颁奖用花种植基地。经过五年多的科技攻关培育出红红火火中国红，其特点为花期长久、花型美丽、花质优良。

在北京奥运会期间，红红火火中国红从采摘、包装、装箱、加固、运输，每个环节都小心翼翼、精益求精，才使得登上领奖台的运动员手中的鲜花更加美丽动人。

（《奥运会颁奖用花背后的故事："中国红"产自云南》，载《云南日报》，2008-08-18）

例句④中的四音节词语"跳出'农门'，走出'山门'"，不仅音节铿锵有力、抑扬顿挫，而且形象地描绘了青藏铁路开通后农牧民们生活方式的变化——跟外界的接触越来越多，从事的行业越来越广。例句⑤大量运用整齐对称的四音节词语，读起来朗朗上口，语义表达准确。同时，再配合上"采摘、包装、装箱、加固、运输"等双音节词语，就显得语音流畅，便产生了很好的修辞效果。

第四，新闻语言也可根据表情达意的需要，通过单、双音节的动态搭配，或押韵、平仄等语音修辞手段来形成独特的韵律效果。例如：

⑥哈尔滨的这一群可爱的人们，用行动告诉了我们：团结互助，是一种胸怀、一种境界、一种自觉的品性。在日常生活中，要发扬急他人所

需、帮他人所难的雷锋精神，人人关心和帮助他人，处处尊重和爱护他人。这样，才能促进社会和谐，事业发展。

（《40 市民抬高公交车半米救女童》，载《中国妇女报》，2007-04-11）

例句⑥除了有"急他人所需""帮他人所难"，"人人关心""帮助他人"，"处处尊重""爱护他人"，"社会和谐""事业发展"等音节数目完全相同的词语穿插于行文当中之外，还使用了"一种胸怀""一种境界"和"一种自觉的品性"等四音节词语和七音节词语的动态搭配，以及在四音节词语中嵌入单音节连词"和"，这些词语的使用不仅使新闻语言显得节奏明快、整齐和谐，具有语言的音乐美，而且形式错综、自然流畅，很好地增强了句子的表现力，使语义层层递进。

由此可见，新闻语言的词语运用如能注意声音的组合和搭配，不仅使言语层次清楚，语意顺畅，而且念起来顺口悦耳，富于表现力和感染力，同时还符合中华民族对称、和谐的语用心理和习惯。

二、词语意义的锤炼

词语意义的锤炼，也叫"炼字"，是汉语重要的修辞手段之一。一个词语用活了，就会把所要表达的思想和情感淋漓尽致地传达出来，使文章显得生动而传神。因此，有时，一篇文章成败的关键，就取决于一个或者几个词语的选用。

对于新闻报道而言，如实地呈现客观发生的事实、有效地维护新闻的真实性，这是新闻语言的本质特征。"现代报业之父"普利策认为，新闻语言"准确第一"。他给《世界报》的座右铭就是："准确，准确，准确。"①因此，新闻语言词语意义锤炼的基本要求可概括为 16 个字——准确鲜明、具体形象、简洁生动、通俗易懂。根据这一基本要求，新闻语言词语意义的锤炼可以从动词的运用、形容词和复词的运用、同义词语的运用、反义词语的运用等方面入手。

（一）动词的运用

任何新闻事件都必定伴随着一定的行为动作，这决定了新闻语言会选用大量的动词和动词性短语。事实上，同其他词类相比，动词属于内涵比较丰富、表现力比较强的词类，能够准确、具体地表达和概括出特定的新闻事实。因此，新闻语言的词语运用要达到准确鲜明的基本要求，就必须在动词的运用上下足工夫。动词用得准确、鲜活，新闻报道才能产生具体形象、简洁生动的效

---

① 转引自蒋冰冰：《新闻语言与城市社会》，172 页，上海，上海文化出版社，2008。

果，才能产生良好的受众阅读效果；反之，如果动词运用不当，则会影响新闻报道的表达效果，传达出不恰当甚至是错误的信息，从而使受众产生歧义和误解。

1. 巧妙使用同义动词，准确表达作者的情感态度

在新闻报道中，使用频率较高的动词之一就是表明消息来源和归属的"说"及其一系列同义动词，如"认为""指出""提出""发出""驳斥""讲""喊""叫""叫喊""断定""承认""作证""建议""宣布""宣告""声明""声称""声言""告诉""陈述""解释""强调""补充""要求""请求""恳求""争辩""泄露""透露"等。这些同义动词在指称意义、语义色彩、语用功能等方面都有或多或少的区别，使用时必须认真加以辨析，力求做到准确、具体、生动、得体。例如：

①榆林富了，老百姓却很穷。日前在陕西榆林市提高城乡居民收入座谈会上，一名财政局副局长一上来就讲套话，还一问三不知。榆林市市长李金柱直斥："我不需要你讲大道理，要务实！一问三不知，老百姓白养活了你！"与某些喜欢听套话、假话的领导相比，市长对"一问三不知"下属的尖锐斥责可谓掷地有声。在目前的官场语态下，市长如此不留情面批评下属，实属难能可贵。

（《当市长不留情面斥责局长以后……》，载《华商报》，2009-01-12）

②搜狐就"谷歌拼音涉嫌盗用搜狗拼音输入法词库"一事发表正式声明，指责 Google（谷歌）非法盗用搜狗拼音输入法词库并表示强烈愤慨。

（《搜狐指责谷歌拼音盗用搜狗拼音输入法词库》，载《中国电子报》，
2007-04-08）

③还有一次历险是在从巴基斯坦入境阿富汗的塔利班控制区白沙瓦，一进入就感觉到恐怖气氛，导游再三声明"不准拍照的时候绝对不要拍照，不准往某个角度看绝对不要看，不准停留的时候绝不要停留"，虽然如此，雷老师还是"偷窥"了这个久经战乱的边境城市，看到了那座饱经战乱的城市的沧桑，还见到在那个难民遍地的城市中也有据说是居住着毒枭大富豪的光鲜建筑。

（《40 岁出发 环球旅行去》，载《兰州晚报》，2009-09-10）

④顾润贺认为，中国在去年采取了有效的救市措施，并且执行十分到位，在金融危机中起到了十分重要的作用，呼吁全球更密切合作。

（《全球增长 中国贡献近半》，载《国际金融报》，2009-09-10）

在例句①中，动词"斥责"是指"用严厉的语言指责别人的错误或罪行"，语义侧重点为"严辞指责"。作者巧妙地利用这一语义侧重点，表现出了对榆林市市长做法的赞同，指出政府官员的职责是为人民服务，对于任何失职行为大家都可以明确指出并加以严厉地批评。例句②中的动词"指责"的意思是"指出过失并

责备",其语义程度是比"斥责"弱。用于此处表现搜狗公司对于"谷歌拼音盗用搜狗拼音输入法词库"这一行为所采取的立场和态度,是比较妥当的,因为搜狗和谷歌两家公司之间虽然有利益上的冲突,但并不存在绝对的对立和分歧,还可以通过协商或者法律的方式等途径进行解决。例句③中的"声明"作为名词使用时,指的是告启类文书的一种,是政党和国家的领导机关及其领导人、机关单位、社会团体、企事业单位、其他组织或公民个人就有关事项或问题向社会表明自己立场、态度的应用文体。但"声明"也可以用作动词,意思是"严肃地表达立场、观点和态度",有警告和警示作用。例句④使用的动词"呼吁",表示因某项主张公开要求大众或他国的支持,后面一般跟的是正面的措施和行为,如"呼吁加强各国合作应对全球气温升高问题""呼吁大家加入××爱心组织"等。

2. 并列使用动词,使新闻语言准确生动

不同的动词,具有不同的语义构成要素。并列使用不同的动词,可以使不同的动词通过语义构成要素的相互补充,从而使新闻语言变得具体、准确、生动。例如:

⑤国家人口计生委日前决定,在全国普遍开展一次清理、规范、更新人口和计划生育标语口号工作,推荐190条更富有人情味和时代特色的标语口号。

（《冷漠强硬标语不得上墙》,载《人民日报》,2007-08-09）

例句⑤并列使用了三个动词"清理""规范""更新",简洁准确,简短有力,生动地表达出了人口和计划生育标语口号工作的流程:首先是"清理",即全面清除生硬、冷漠、低俗的标语口号;接下来是"规范",即采用明确的标准来撰写人口和计划生育口号;最后是"更新",即人口和计划生育工作将采用人性化的标语口号替代原有不规范的标语口号。

3. 选用个性化的动词,增强新闻报道的可读性

个性化的动词,由于反映的是作者本人运用语言的特色,因而往往能以其特殊的风格色彩吸引广大受众的注意力,让整篇新闻报道显得形象生动,扣人心弦。例如:

⑥6岁小女孩江珊在湍急的洪水中坚持9个小时等待救援的传奇经历,使她成为簰洲湾溃口后新闻媒介中的"名角"。这个小姑娘另有一段"经历"不太被人知晓——她是被洪水"淹"出来的没上人口统计年报的7 000多簰洲湾人之一。

今年1月29日省九届人大二次会议的一次分组讨论会谈及统计工作中的"注水"现象时,省委书记贾志杰针对簰洲湾洪水"淹"出几千人口的怪事，严肃地说："有的干部报假数字、虚数字，搞浮夸，这种风气要不得，必须整治！"

（《簰洲湾溃口"淹"出 7 000 多人》，载《长江日报》，1999-02-27）

应该说，在这篇荣获第十届"中国新闻奖"二等奖的新闻报道中，动词"淹"起到了特殊的作用。它超出和违背人们正常的逻辑思维，从"某地被洪水淹了"等常规搭配的用法中，引出了变异的组合搭配关系——"洪水'淹'出几千人口"。读到这里，受众自然就会产生疑问：人怎么可能被洪水淹出来呢？仔细往下阅读才发现，原来是由于溃口带来的洪水引发出了人口统计工作和数字腐败的问题。可见，动词"淹"不但用得新奇，读来悬念骤起，而且也耐人寻味，发人深思。它生动、形象、深刻地反映出浮夸作风在实际工作中的危害，读后令人深感沉重。又如：

⑦低保低保，保的是最低的生活标准。但是物价一涨，有些最低的东西就"保"不住了。为了平抑肉价，政府为能繁母猪保险提供了保费补贴；为了让困难群众能在肉价涨了以后仍能吃得起肉，政府为低保对象增加了临时补贴。

（《始终想到"最低"处》，载《甘肃日报》，2007-09-05）

⑧邻市的西安奥辉纸业集团公司却是一派热火朝天的生产景象：花园般的工厂整洁而美丽，生产线源源不断地"吐"出成品纸，几辆卡车正停在厂门口等待着提货……

（《同是造纸厂　盛衰两重天》，载《经济日报》，2007-08-07）

例句⑦中的"低保"是"最低保证金"的缩略语，但作者却巧妙地把原式中的"保证金"转化为动词"保"，既突出和强调了党和政府始终把困难群体放在心上的态度，又让受众从动词"保"联想到保障贫困群众的生活、保护弱势群体等内涵，容易引起广大受众的共鸣。例句⑧为了增强新闻报道的可读性和表现力，使用了拟人的修辞手法，形象、生动地把生产成品纸的过程描写成机器"吐"出成品纸、卡车"等待着提货"。

（二）形容词、副词的运用

段业辉等曾以报纸为例，对新闻语言中句子的定语、状语等修饰限制性成分的数量进行了考察和统计：在导语部分，定语平均每篇 2.42 个，状语平均每篇 5.5 个；在主体部分，定语平均每篇 13.08 个，状语平均每篇 17.93 个。[1] 由此可见，修饰限制性成分是新闻语言不可或缺的重要组成部分，而形

---

① 段业辉、李杰、杨娟：《新闻语言比较研究》，212 页，北京，商务印书馆，2007。

容词和副词主要的语法功能就是充当句子中的修饰限制性成分。

形容词常常做定语，多数能够直接修饰名词。副词的主要功能是作状语，一般用在动词和形容词之前；有的副词也可以用来修饰名词性成分，如"单单几个人""仅这件事"等。从信息量的角度来看，形容词和副词是表达语用主体主观意图的重要手段。新闻报道使用形容词和副词，可以有效扩大语言的信息量，使新闻报道更具有可读性。例如：

①据出口商厦门农产品有限公司介绍，因前阶段我国南方普降大雨，金门地区蔬菜供应不足，菜价飞涨，当地居民出现吃菜难的问题。大陆有关方面得知这一情况后，紧急组织了一批全国各地的优质蔬菜增援金门。

（《大陆蔬菜缓解金门"菜荒"》，载《福建日报》，2007-07-03）

②一路上，一辆辆救护车长鸣着哀伤的警笛，往返飞驰在崎岖山路上。……本报小分队靠边停车后看到，好几辆救护车在漆黑的夜晚，拉着凄婉的警笛、闪烁着生命的光芒。在北川中学校门口，这些救护车正在救援该中学被压在楼下获救的师生，沿路还横七竖八摆放着众多死者的尸体，让人不寒而栗。

（《"搬"出来的新生活》，载《绵阳晚报》，2008-05-14）

例句①中的形容词"紧急""优质"，表现出了我国大陆政府对台湾金门地区"蔬菜供应不足，菜价飞涨，当地居民出现吃菜难"的高度重视，以及时刻将台湾同胞的需求放在首位的思想和立场。例句②中的形容词"哀伤""漆黑""凄婉"等，表现出了"5·12"汶川地震后的惨状和人们悲痛的心情。它们与"生命的光芒"搭配组合在一起，充分显示出了人们只要有一线希望就永不放弃的坚定信念。

认知语言学认为，语言结构基于人们对客观世界的经验，与人的经验结构有某种自然的联系。客观世界的无限性与人类认知能力的有限性决定了人类对客观世界的反映也是有限的，新闻事实作为对客观事实的反映也必然是有限的。[1] 因此，新闻报道在使用副词时，一方面，要立足于新闻传播活动的基本原则和基本要求；另一方面，则要把新闻传播的解释性、深度报道性和传播者的立场、态度、价值观有机结合起来，准确使用副词，尤其是程度副词。因为副词除了否定副词之外，都带有明显的主观评价倾向，如"特"强调量大，"最"表示极量，"竟"表示出乎意料，等等。新闻语言应该从客观事实出发，准确使用这些副词，以免不恰当地夸大事实，造成受众阅读的误区。例如：

---

[1] 段业辉、李杰、杨娟：《新闻语言比较研究》，213页。

③该工程是南水北调工程中投资较大、施工难度最高、立交规模最大的控制工期建筑物。其中，两条引水的穿黄隧洞是整个穿黄工程最引人瞩目的控制性建筑物，每条隧洞总长4 250米，单洞直径7米，采用目前世界上较为先进的盾构技术建造穿越大江大河的输水工程，技术含量高，施工工期长，在国内尚属首例。

（《我输水工程首用盾构方式穿江越河》，载《科技日报》，2007-07-09）

在例句③中，程度副词"较""最""较为"的运用都是基于客观事实的，真实地反映出了工程施工的难度。

一般说来，以传播新闻信息、引导社会舆论为重要职责的新闻报道，应该慎用"最高""最新""最先进"等副词和形容词组合而成的词语。要根据所报道事件的客观实际情况，在正确理解词义的基础上，运用好副词和形容词。

（三）同义词语的运用

同义词语是意义相同或相等的一组词语，可分为等义词语和近义词语两类。等义词语是意义完全相等的一组词语，数量十分有限，例如：

番茄——西红柿　　　　代替——替代

察觉——觉察　　　　马铃薯——土豆

近义词语在语言中大量存在，例如：

坚决——坚定　　　　激烈——猛烈

瓦解——解体　　　　临渴掘井——临时烧香抱佛脚

近义词语的意义不完全相等，感情色彩和语用功能也有一些细微的区别。

新闻语言恰当使用同义词语，可以突出言语表达效果，增强新闻报道的感染力和吸引力。具体功能说明如下。

1. 同义词语可以使新闻语言表达更严密

①罗马游泳世锦赛，继女子4×200米自由泳接力中国队夺得一枚金牌后，女子4×100米混合泳接力也拿到了一枚宝贵的金牌。由赵菁、陈慧佳、焦刘洋和李哲思四名小将组成的中国队在北京时间8月2日凌晨举行的比赛中以破世界纪录的成绩为中国队拿到冠军。

（《女子混合泳接力中国摘金》，载《中国体育报》，2009-08-03）

②继4×200米自由泳接力夺冠后，中国姑娘们昨晨又在4×100米混合泳接力中战胜奥运会和世锦赛卫冕冠军澳大利亚后摘金，并以3分52秒19将世界纪录提高0.5秒，继2003年世锦赛后再次登顶世界顶级赛事。中国队上次打破该项世界纪录还是1994年。

（《中国姑娘再接再"利"》，载《京华时报》，2009-08-03）

在例句①和例句②中，"夺得一枚金牌""拿到了一枚宝贵的金牌""破世界纪录的成绩"和"拿到冠军"，"夺冠""卫冕冠军""摘金""登顶世界顶级赛事"等，都属于同义词语，但由于所采取的表达方式不同，因而其表现力和语义色彩也是各不相同的。

2. 同义词语可以使新闻语言在特定的语境中表达出委婉的语气

③7月11日，一个哀恸的早晨。

4时30分，北京医院，93岁的任继愈先生静静地合上了双眼；4个半小时后，在301医院，98岁的季羡林先生驾鹤西去。

（《任继愈、季羡林相继辞世 让大师的智慧照亮未来》，载《人民日报》，2009-07-13）
在例句③中，"合上了双眼""驾鹤西去"都是"死"的同义词语，但它们比"死"的语气显得更加委婉含蓄，耐人回味，深刻地表达出了作者的沉痛感情和对两位大师的崇高敬意。

3. 同义词语可以使新闻语言显得生动活泼

④小孟煤田到底挖还是不挖？两种声音激烈交锋。有人说，开一个煤矿，不用费劲，一年就能增加8亿元的销售收入和5 000万元的地方税收，这么大的"蛋糕"，诱人啊。也有人主张，兖州的发展不能再靠拼资源和牺牲环境为代价了，"煤炭依赖症"必须根治。当两种声音争执不下时，韩军悄然来到煤田所在地小孟镇，当地农民的一番话让他心头一震："别再制造采煤塌陷地了，给子孙留下一片美好家园吧！"在当天的市委常委会上，一班人很快达成共识："拉动经济增长固然重要，但实现可持续发展、科学发展、构建和谐社会更为重要。为了造福子孙后代，这大煤田咱不挖了！"

（《兖州：2亿吨大煤田不挖了》，载《大众日报》，2006-04-05）
例句④中的"说""主张""达成共识"，都是说出、表达某种意见和看法的意思。它们一方面避免了新闻语言表达的重复；另一方面，则让新闻语言的表达更具个性。另外，"交锋"和"争执"也属于同义词语，但"交锋"反映的是"小孟煤田到底挖还是不挖"这两种观点的鲜明对立，以及大家各执己见、试图说服对方的激烈程度，而"争执"则表现出双方都坚持自己的观点、彼此都不肯做出让步的态势。

除此之外，新闻语言中的同义词语还有加强语势、体现风格等作用。但不论是哪一种情况，精确选用同义词语，都要求语用主体必须掌握丰富的词汇，把握同义词语的语义轻重、感情色彩、语体风格、交际场合等的区别，从而灵活自如、游刃有余地运用同义词语。

（四）反义词语的运用

凡是意义相反或相对的词语都可以构成反义义场，反义义场中的词语便互为反义词语。反义词语可分为绝对反义词语和相对反义词语两大类。绝对反义词语，例如：

生——死　　男——女　　　静止——运动

相对反义词语，例如：

好——坏　　快乐——忧愁　　故步自封——百尺竿头，更进一步

通常，反义词语是客观事物矛盾对立的反映。新闻语言可以通过反义词语来揭示事物的对立面，让广大受众在鲜明的对比下认清事物的是非、善恶、轻重、缓急，从而起到良好的表达效果。具体功能说明如下：

1. 反义词语可以使新闻语言形成鲜明的对照，深刻揭示事物的特点

①2007年，该团植棉面积达到10万亩，皮棉平均单产达到100多公斤，从风险棉区变成了特早熟丰产棉区。

（《10万亩棉花成为世界高纬度样板田》，载《兵团日报》，2007-12-02）

②从"打工仔"到"打工头"，郭昊东常年组织带领家乡一二百人在外进行比较稳定的务工，几年的亲身实践，使他对家乡的劳务输出有了独到的认识。

山外是个大课堂——外出打工不单是为挣钱，更重要的是长见识，学本领，实现"体力型"向"技能型"转化，最终实现收入可持续增长。

（《郭昊东施工队巧绘奥运场馆"双唇"》，载《宁夏日报》，2008-01-28）

例句①中的"风险"和"丰产"，在新闻报道中构成了一组反义词，深刻、真实地反映出了棉区产量大幅增加的事实。例句②中的"打工仔"和"打工头"、"体力型"和"技能型"，也在新闻报道中构成了两组反义词，从而使新闻语言的表达简洁直观、对比鲜明、寓意深刻。

2. 反义词语接连使用以加强新闻语言的语气，突出和强调语义中心

③冷漠强硬，缺乏人文关怀和以人为本思想。禁止性的多，倡导性的少；管理性的多，服务性的少；宣传公民实行计划生育义务的多，宣传公民权益的少；冷漠强硬的多，温馨可亲的少。

（《冷漠强硬标题不得上墙》，载《人民日报》，2007-08-09）

在这个例句中，"多"和"少"、"禁止性"和"倡导性"、"管理性"和"服务性"、"义务"和"权益"、"冷漠强硬"和"温馨可亲"，构成了多组反义词语，巧妙地折射出了当代社会计划生育标语口号的使用现状，令人印象深刻。

3. 利用反义词语构成的对偶、衬托等辞格，可以使新闻语言显得深刻有力

④来时一片冰雪 走时万里春光

唐山 13 位农民兄弟惜别郴州市民

(载《河北日报》，2008-02-24)

这是一则新闻的标题，其中的"来时"和"走时"、"一片"和"万里"、"冰雪"和"春光"等反义词语，对照整齐，节奏感强，同时又发人深思，令人回味。

总之，从新闻语言词语意义锤炼的基本要求出发，灵活运用动词、形容词、副词、同义词语、反义词语，新闻报道的词语运用就可以达到精练醒目、生动鲜活的效果，并且能够深化新闻报道的主题，增强新闻语言的感染力和吸引力。

三、新词语的运用

新词语是原来词汇系统中没有而以新面貌或新形式出现的词语，可分为新造词语、新义词语、新转词语和新借词语等类型。新词语是时代发展、社会进步、文化变迁的产物，与之相对的是被社会所淘汰的意义陈旧、使用频率过低的旧词语。

新词语和流行语不同。流行语是在一定的时期被特定社群内的人们所普遍使用的话语形式，包括词、短语、句子、语篇等。通常，流行语具有时效性、高频性、阶段性等特征。所谓时效性，是指流行语能在很短的时间内爆发性地扩散到一定的范围内，通行面比较广，如几乎就是在一夜之间传遍全国的"问题奶粉""三聚氰胺""快乐女声""刘谦""小沈阳"等词语。所谓高频性，是指流行语能够在一定时期内被广泛采用，并且使用频率非常高，如"科学发展观""大学生就业难""防震减灾日""奥巴马就职演说"等。所谓阶段性，指的是流行语只是特定时期的产物，一旦超越了这个时期，流行语就会从特定语言的词汇系统中消失，如与"甲型 H1N1 流感"有关的流行语就有"猪流感""达菲""出入境检验检疫""居家观察""感染病例""输入型病例""甲型流感二代病例""易感人群""行政处罚（瞒报）"等。① 由此可见，新词语和流行语的区别是非常明显的：新词语强调的是"新"，即以新面貌或新形式出现的词语，既包括利用原有的语言材料、按照固有的构词方式构成的内容新、形式新的词，也包括新近吸收的外来词语，还包括一些重获新意的旧词语；流行语则侧重于"流行"，它反映的不一定是新出现的事物或现象，强调的是使用频率，如"海选""盘点""史上最牛……""我的……我做主"等。简言之，流行语有很多是新词语，但新词语不

---

① 语料来源于国家语言资源监测与研究中心平面媒介分中心、北京语言大学、中国新闻技术工作者联合会、中国中文信息学会于 2009 年 7 月 10 日联合发布的第 14 次中国报纸流行语。

一定是流行语，新词语的范围要比流行语小。

新闻语言是社会语言文字生活状况的"风向标"。一方面，受众每天看到或听到的新闻报道都与世界各地的最新情况、特定领域的最新发现和研究成果、社会的热点问题及其舆论导向等密切相关，而这一切在很大程度上需要通过新词语才能恰当地表现出来；另一方面，求新是新闻报道的基本要求之一，记者捕捉新闻的职业敏感自然就会体现在对新词新语的运用上。因此，我们常常看到，很多新词语，如"两会""峰会""八荣八耻""科学发展观"等，往往都是通过大众传媒很快成为社会通用词语或流行语的。其传播速度之快、传播范围之广，是其他任何传媒都无法比拟的。

根据新词语的类型，新词语在新闻语言中的运用特点及功能具体如下：

（一）新造词语在新闻语言中的运用

新造词语，是指运用现代汉语已有语素或词所构成的新词语。其中，双音节合成词是新造词语的主要形式，如"闪婚""内存""蹦极""群租"等。它们在新闻语言中的运用十分普遍。例如：

①一对青年男女在网吧邂逅不久便坠入爱河，在未告之父母的情况下，女孩仓促地与男友领了结婚证。然而，他们的婚后生活并不幸福，后悔"闪婚"的女孩最终选择了离婚。

（《网吧结缘"闪婚" 婚后悔悟"诉离"》，载《都市快报》，2009-07-11）

当然，也有一些三音节或三音节以上的新造词语出现在新闻报道当中，如"安乐死""肚皮舞""度假村""噪声污染""知识产权""国家公园""城市热岛效应"等。由于这些词语大多都是通过联想或想象的方式来表现其语义的，因而也就以其生动、有趣的表达效果为受众所喜闻乐见。

此外，近年来现代汉语中有一些语素的构词能力正在逐渐增强，以类词缀的方式出现了构词类型化的发展趋势。例如：

～热：出国热　教育热　旅游热　申遗热

～族：soho族　上班族　月光族　闪婚族

～化：老龄化　系列化　城市化　低龄化

这些词语中的"热""族""化"等构词成分，跟汉语原有的"老""子""儿"等词缀相比，在保留原有语义的同时，也明显地表现出某种构词的类型化作用。它们也为当下的新闻语言所广泛使用。例如：

②"申遗热"请慎行

（载《人民日报》，2009-08-23）

③首批44名由市委组织部全程招选、培训、推荐的大学生"红领"，

在结束近 3 个月的专业培训后，今天开始走马上任。他们将以职业"红领"的身份，在各自签约的非公企业内专职从事党务工作。

我市现建有非公企业党组织 4 171 个，有党员 3.2 万余人。近年来，随着非公企业党建的蓬勃发展，优秀专职党务人才的需求缺口越来越大。在这种新背景下，今年 3 月，市委组织部面向全市应、历届高校毕业生招选专职企业党务工作者。为区别于企业内现有的"白领""蓝领"，组织部门将这一崭新的工作岗位命名为"红领"。

（《温州非公企业党建迎来党务工作生力军》，载《温州日报》，2008-06-16）

（二）新义词语在新闻语言中的运用

新义词语，是指原有词语为了满足交际的需要而通过引申、比喻等方式产生了新的意义和新的用法，甚至是新的词性，即所谓的"旧词新义"。例如：

包装：①在商品外面用纸包裹或把商品装进纸盒、瓶子等：定量～。②包装商品的东西：～美观。③比喻对人或事物从形象上装扮、美化，使其具有吸引力或商业价值：～歌星。

菜单：①开列各种菜肴名称的单子。也叫菜单子。②选单的俗称：计算机屏幕上显示出操作～。

防火墙：①两所房子之间或者一所房屋的两个部分之间的厚而高的墙，可以防止火灾蔓延。②两个网络之间设立的安全设施，可以防止未经授权的访问，保护硬件和软件的安全。

可见，新义词语往往以"旧瓶装新酒"的方式，给人以耳目一新、新颖有趣的感觉。

新义词语在新闻语言中的使用频率比较高。以"绿色"一词为例，"绿色"原本表示一种像草和树叶茂盛时的颜色，常常被看做大自然的生命之色，是生命活力的象征。近年来，随着人们环保意识的逐步增强，以及全社会对环境和人类身心健康之间关系的重视，"绿色"一词便引申出"符合要求""无公害""无污染"的含义，并进而转变为"环保""健康""可持续发展"等的代名词。于是，以"绿色"命名的事物或现象，如"绿色家电""绿色产业""绿色人才""绿色消费""绿色施工""绿色护考"等层出不穷，满足了人们表达注重环保、关注健康的愿望。例如：

①目前我们要做的是过滤掉污言秽语，非法广告和诈骗性质的垃圾短信，而要保留那些健康的、必要的、代表现代文明的"绿色短消息"。

（《短信也要"绿色"》，载《工人日报》，2004-06-21）

②时下正值鲜活农产品上市的最佳季节，为了让这些新鲜产品能在最

短的时间内走上市民餐桌，云南省交通部门将和农业部门联手打造一条保障鲜活农产品流通的"绿色通道"。

（载《人民日报》，2004-05-24）

③世博重大工程审批可走"绿色通道"，审批过程快速便捷。

（《世博重大工程审批可以走"绿色通道"》，载《文汇报》，2009-08-23）

④中国需要加快绿色电力

（载《光明日报》，2004-04-02）

在上述例句中，"绿色短消息""绿色通道""绿色电力"等新义词语，不仅使新闻报道显示出鲜明的时代风格，而且还反映出记者对环境保护、人类健康、科学发展等新兴现象的关注。

新闻语言运用新义词语，不但能够增强新闻报道的时效性，而且还能反映出当下社会的热点问题或焦点问题。例如：

⑤外企流行词：你是白骨精吗？

（载《北京青年报》，2003-10-29）

⑥网上"种菜"不过瘾，周末扎进农田里。网络"开心农场"有了现实版，每到双休日都能引来一批——"白领农夫"。

（载《文汇报》，2009-08-24）

例句⑤中的"白骨精"原比喻善于伪装的、极为阴险毒辣的女人，现转变为"白领、骨干、精英"的缩略语，富有情趣地表达出了外企人员的生存状态。例句⑥中的"种菜"原指农民种植蔬菜的农作活动，而在网络时代却转变为网络中的一种虚拟活动，让人读后有一种特殊的情趣和效果。

（三）新转词语在新闻语言中的运用

新转词语主要包括两类：一类是因使用频率较高而进入普通话的方言词；另一类是因使用范围逐步扩大而进入全民语言文字生活的专业术语。前者如"靓""量贩""买单""料理""抓手""炒鱿鱼"等词语，后者如"等离子（彩电）""软着陆""亲子鉴定""纳米""融资""套牢""大小非解禁"等词语。

新转词语作为社会新兴事物或现象的反映，因其鲜明的地域特点和时代风尚，以及明确简洁的行业或领域特色，经常被运用在新闻报道中，从而使新闻报道能够面向广大受众，及时地传播中国当前高速发展的时代风采。例如：

①林伯强认为，政府补贴并非长远之计，调整电价才能真正解决问题，也就是说最终需要有人买单。而政府是买不了这个单的，因为中国每涨一分钱的电价就是每年350亿元，财政不能承担，最终需要消费者去买单。"如果电价能够改革好，能够走出去，由消费者买单，就有利于促进

整个产业链条的健康发展。"

(《专家批可再生能源发电产能过剩　呼吁电力改革》，载《中国经济时报》，2009-09-10)

②"这个小靓仔，好英雄的！"郴州市民李梅英一边气喘吁吁地把一束鲜花献给王金龙，一边慈祥地看着眼前这个小伙子。家住郴州市苏仙区的李梅英得知 13 位河北农民兄弟准备回家，65 岁的她跑到 1 公里外的花店，专门选了一束美丽的玫瑰，亲手送给他们。她说："这可是我平生第一次送花。"

(《来时一片冰雪 走时万里春光》，载《河北日报》，2008-02-24)

③我并不确定危机已经完全结束了，过去一段时间经济表现出来的向好方面的变化很大程度上取决于公共投资，但这是不能持续的。在大连的会议上我们将就这样的问题展开讨论，在这之后我们如何实现经济软着陆，这将是一个很大的挑战。再深入一层，那就是如何防止出现未来危机的种子。

(《如何实现经济更好的平衡是最大挑战》，载《第一财经日报》，2009-09-10)

例句①中的"买单"、例句②中的"靓仔"来自粤方言，反映了社会、经济、生活、文化较为发达地区及其方言对普通话及其使用地区的影响，以及国内各省市和港台地区日渐频繁的交流与沟通。例句③中的"软着陆"属于财经类专业术语，意思是通过采取稳妥的措施而使某些重大问题和缓地得到解决，"经济软着陆"就是通过采取一定的措施而使经济危机和缓地得到解决。

（四）新借词语在新闻语言中的运用

新借词语，是根据表达的需要，从其他民族语言中吸收进来的词语，也叫外来词语。

新闻报道中出现的新借词语，主要有两种形式：一种是用汉字表达的音译词或音义兼译词，如"丁克""厄尔尼诺""朋克""血拼""粉丝"等；另一种是由字母构成的外来词，即字母词，如"NBA""WTO""CBD""OTC""CEO""ICU""ATM"等。例如：

①想想看，这半年多的时间还没有好好去逛逛呢，憋屈了这么久的购物欲望或许就在这"五一"长假爆发了，那就准备去"血拼"。

(《"血拼"，你准备好了吗？》，载《都市女报》，2004-05-07)

②从 CBD 中心，走 20 分钟可抵达被鲜花绿树簇拥下绿色生态小区。

(《北京 CBD 为您打造高效生活办公地带》，载《北京晚报》，2004-03-28)

例句①中的"血拼"为英语"shopping"（购物）的音译词，但与汉语的"购物"一词相比，它把女人疯狂购物的那种火爆、冲动的形态描绘得淋漓尽致，惟妙惟肖。例句②中的"CBD"是随着房地产的快速发展而出现的字母词，指的是"中央商务区"（Central Business District)，又称商务中心区，是现代城市集决策、管理、金融、贸易以及购物、餐饮、娱乐、文化为一体的区域。

新闻报道中之所以使用新借词语，主要是因为随着社会开放程度的不断提高，不同国家、不同民族、不同地区之间的交流与合作日渐增多，而受众的文化素质也在不断提高，于是各种类型的新借词语便高频率地出现在了新闻报道当中。例如：

③"火炬手一点架子也没有，感觉很亲切！"一位"粉丝"兴奋地说。火炬传递结束后，现场的群众纷纷表示了对江西体育健儿的祝福，对新中国60华诞的祝福。

（《传递"如意"传递"快乐"》，载《江西日报》，2009-09-10)

④如今，老百姓不仅能拿银行卡从 ATM 取钱，在商家 POS 机上刷卡购物，就连日常的水电煤气缴费、商旅预订、信用卡跨行还款、话费充值，甚至是慈善捐款、电视购物、交保险、买基金等，也都能用银行卡轻松实现。随着互联网支付、手机支付、固定电话支付及数字电视机顶盒支付等"新玩意"的出现，更是让人们足不出户潇洒"买单"。

（《银联卡引领现代支付生活：手持一卡　走遍天下》，
载《新民晚报》，2009-09-10)

例句③中的"粉丝"是英语"fans"的音译词，汉语的"粉丝"原指用绿豆等淀粉制成的线状食品，而在这篇新闻报道中则指狂热追捧火炬手的人民群众。例句④中的"ATM"是英文单词"Automated Teller Machine"的缩写，意思是自动柜员机。它利用通过加密键盘设置密码的磁卡或智能 IC 卡储存用户信息，只有通过银行内部网络验证，方可进行现金存取、余额查询等金融交易。"POS"是英文单词"Point of Sales"的缩写，意思是设置在商场或购物中心的具有交易、出纳功能的"销售点"。"ATM"和"POS 机"都是当今中国老百姓日常生活中非常普遍的现象，在新闻语言中使用诸如此类的字母词，能够使新闻语言显得简洁凝练，具有鲜明的时代气息。

需要说明的是，新闻报道使用字母词，一定要注意使用范围的广泛性、具体含义的明确性等问题，千万不能为了体现新闻语言的"时尚性"而盲目追求字母词的使用频率，更不能使用人民群众日常生活中很少使用或语义不明确的字母词，否则很容易造成受众的理解障碍。例如：

⑤CIG 走入校园，就是希望通过强势品牌的确立，为业界和高校之

间构筑一道沟通的桥梁。

（载《中国教育报》，2004-04-16）

⑥每年 3 月，全国各地乃至世界各地的服装企业蜂拥北京相聚CHIC。

（载《中华工商时报》，2004-01-29）

⑦将在华东五金城内注册一个分公司，集生产、销售一体，在华东地区打响 GSWTG 的牌子。

（载《扬子晚报》，2005-07-26）

例句⑤中的"CIG"是"中国竞技大会"的英文简称，例句⑥中的"CHIC"是"中国国际服装服饰博览会"的英文简称，例句⑦中的"GSWTG"则是"贵州西南工具集团"的英文简称。这些字母词，如果记者不添加注解进行解释，一般受众是很难理解的。因此，字母词在新闻语言中的运用是有一定的规范及要求的。

四、缩略语的运用

法国著名语言学家马丁内认为，语言的发展变化有两种力量：一种是人类交际和表达的需要；另一种是人在生理上和精神上的惰性。① 这两种力量在相互矛盾、彼此冲突的过程当中推动着语言不断向前发展。缩略语，正是在这样的情况下产生的。

（一）缩略语的定义

缩略语，是通过分段减缩、截段缩略、综合减缩、省同存异、标数概括等方式，对相对稳定的较为复杂的原式词语进行形式、结构等简化的结果。例如：

分段减缩：科学研究→科研　　　　　邮政编码→邮编

维护和平→维和　　　　　外交部长→外长

空中小姐→空姐　　　　　微型电子计算机→微机

截段缩略：清华大学→清华　　　　　复旦大学→复旦

巴西联邦共和国→巴西　　中国人民解放军→解放军

电子计算机→计算机

综合减缩（分段减缩＋截段缩略）：

联合国安全理事会→安全理事会→安理会

全国人民代表大会→人民代表大会→人代会

---

① 刘润清：《西方语言学流派》，37 页，北京，北京外语教学与研究出版社，1995。

省同存异：中学小学→中小学

青年少年→青少年

工业商业→工商业

标数概括：陆军、空军、海军→三军

有理想、有道德、有文化、有纪律→四有

东岳泰山、西岳华山、南岳衡山、北岳恒山、中岳嵩山→五岳

与原式词语相比，缩略语虽然字数较少、结构紧凑，但所表示的语义与原式词语完全相同，表达上可以互换，两者之间具有可逆性。

（二）缩略语在新闻语言中的运用

缩略语在新闻语言中，尤其是新闻标题中，使用频率比较高。据统计，在318篇新闻报道中，新闻标题使用缩略语的就有 100 篇，约占总数的 31.4%。① 下面就按照缩略语的词性及其结构标志，从名词性缩略语、动词性缩略语和数字缩略语三个方面进行说明。

1．名词性缩略语

名词性缩略语的原式词语大多为专有名词。新闻报道运用名词性缩略语，可以使新闻语言显得经济、凝练。例如：

①意大利复制 06 年伟大一幕　一人让尤文叫板国米

（载《春城晚报》，2009-09-10）

②南共体峰会在刚果(金)举行

（载《人民日报》，2009-09-08）

③田径世锦赛代表团回国　中国田径再见大场面

（载《人民日报》，2009-08-26）

例句①中的"尤文""国米"是指意大利足球甲级联赛中的两支球队——尤文图斯队、国际米兰队。例句②中的"南共体"是旨在推动地区经济一体化进程的"南部非洲发展共同体"的缩略。例句③中的"田径"是体育比赛中"田赛和径赛"的缩略，"世锦赛"是"世界锦标赛"的缩略。

2．动词性缩略语

动词性缩略语是由结构较为复杂的动词性词语构成的，在新闻语言中也较为常见。例如：

④云南：学校防控甲型 H1N1 流感不到位将被问责

（载《春城晚报》，2009-09-12）

---

① 陈群：《报纸标题的语言缩略语使用及成因》，载《新闻爱好者》，2007(5)。

⑤暂停两年　四川国际旅游节今日正式重启

（载《天府早报》，2009-09-11）

例句④中的"问责"，是"追究政府官员的责任"的缩略。例句⑤中的"重启"，是"重新启动"的缩略。

3. 数字缩略语

数字缩略语使用数字概括相同的成分，省略不同成分的缩略语。它在新闻语言中属于比较普遍的语用现象。例如：

⑥聚焦两会：财经领域十大焦点提案议案

（载《证券时报》，2009-04-13）

在例句⑥中，"两会"指的是"中国人民政治协商会议"和"全国人民代表大会"。与原式词语相比，缩略语"两会"显得更加经济、凝练。

需要注意的是，如果不结合特定的语境，新闻报道中的数字缩略语有时会呈现出多义性。例如：

⑦秋季饮食保健：给"三高"患者的"四句箴言"

（载《春城晚报》，2009-09-02）

⑧香港"三高"女性热衷北上择偶　踏破深婚介所门槛

（载《北京青年报》，2009-09-08）

⑨13家水泥"三高"企业将退出北京

（载《北京晚报》，2009-08-17）

"三高"这个缩略语，在例句⑦中是医学上对高血压、高血糖、高血脂的总称，在例句⑧中则是指拥有高学历、高收入、高地位的知识或职业女性，在例句⑨中又指的是高污染、高耗能、高耗水的企业。

（三）新闻语言使用缩略语的原因

新闻报道使用缩略语，是优化新闻语言的信息负载量、提高新闻语言表达效率、方便受众阅读和理解的语用策略之一。

首先，随着新闻标题在实现新闻信息有效传播过程中的作用日益凸显，缩略语已成为新闻标题引导受众选择和阅读新闻信息、满足受众新闻信息需求的重要表达手段。缩略语的生命力和表达优势在于言简意赅、形式简化、简洁生动，因而一旦产生，就往往会比原式词语显得更加活跃，有时甚至还会在某种程度上取代原式词语，并随着运用的广泛性和普遍性进而凝固成为词，如"政协""人大""彩电""空调""驾照""环保""计算机""工商业""国务院"等。

其次，由于不同的新闻传媒具有不同的物理属性及功能特征，任何新闻报道都会不同程度地受到传媒传递新闻信息方式的限制，如报刊新闻受到版面空间的限制、广播新闻要受到播报时间的限制、网络新闻要受到网页空间的限制，等等。面对受众对新闻报道应最大限度地实现传递新闻信息、吸引受众眼球等功能的需求，缩略语便自然成为了新闻报道优化语言表达、促进受众阅读和理解的有效方法之一。

最后，根据认知语言学的观点，人类的记忆容量特别是短时记忆容量是很有限的。当话语中的句子较长或信息量过多时，人们往往很难获得较高的信息量，这时就需要采取一些语言运用策略来提高话语交际的效率。新闻报道使用缩略语，能够以最少的文字表达尽可能多的内容，有效提高新闻语言的表现力，较好地满足现代社会时间紧、节奏快而受众对新闻信息量的要求又特别大的需求。

第二节　句式的选择

句式，是具有某种特殊标志的句子结构类别。现代汉语的句式，可以根据不同的标准划分为不同的类型：按照语气和功能，可以分为陈述句、疑问句、祈使句和感叹句；按照主语是否为施事，可以分为主动句和被动句；按照字数的多少和句子结构的复杂程度，可以分为长句和短句；按照对事物判断的肯定与否，可以分为肯定句和否定句；按照结构是否整齐，可以分为整句和散句；按照使用场合，可以分为口语句与书面句；等等。可以说，现代汉语的句式是多种多样的，不同结构形式的句式具有不同的表达功能和修辞效果。根据语境的需要，选择和使用句义基本相同而修辞功能截然不同的各种句式，这就是新闻报道的句式选择。

从修辞学的角度来说，表示相同或相近的语义而在风格色彩、修辞功能、表达效果等方面存在区别的句式，叫做同义句式。为了取得较好的表达效果，新闻语言必须关注同义句式在语用过程、表达效果等方面的具体差别。善于选择同义句式、懂得调整不同的句式，可以有效地增强新闻语言的表现力。

一、陈述句和疑问句、祈使句、感叹句

根据句子的语气和功能，现代汉语的句子可以分为陈述句、疑问句、祈使句和感叹句四种。陈述句是指叙述或说明客观事物现象且语调平直略带下降趋势的句子，如"今天星期天"；疑问句是指用于提出问题且语调上扬的句子，如"你去上海吗？"；祈使句是指提出请求、命令、劝阻、禁止等要求且语调下降的句子，如"把门关上！"；感叹句是指抒发某种强烈感情且语调下降的句子，如"多好的姑娘啊！"。

段业辉等曾以报纸消息为例，对陈述句、疑问句、祈使句和感叹句在新闻报道中的运用情况进行了统计：在每篇消息报道中，陈述句所占的比例是91.9％，疑问句为7％，祈使句为1.1％，感叹句为0.0％；而在通讯和评论中，陈述句所占比例则分别是86.4％和85％。① 由此可见，陈述句在新闻语言中的使用频率最高，运用范围最广，占有绝对的优势。究其原因，一方面，跟新闻工作者是信息的传播者、其传播行为大多通过叙述或说明新闻事件的特点有关；另一方面，跟陈述句属于最普遍的、运用最广泛的信息提供句型这一特点有关。② 与其他句子相比，陈述句能够客观、中立地向受众提供新闻信息，与新闻传播的原则及要求是完全吻合的。例如：

①十届全国人大五次会议16日上午高票通过物权法。对公有财产和私有财产给予平等保护，最终在这部法律中得以明确。

②2002年11月，党的十六大提出，要"完善保护私人财产的法律制度"。2004年3月，十届全国人大二次会议通过的宪法修正案中，写入了"公民的合法的私有财产不受侵犯"的内容。

③除平等保护公私财产外，物权法还加大了对公有财产的保护力度，并回答了农村土地承包经营权、宅基地使用权是否可以抵押、转让，住宅建设用地使用权期满如何续期，征地拆迁如何补偿，小区车位、车库如何确定归属等民众关心的问题。

上面三个例句均出自新华社2007年3月16日的消息《全国人大高票通过物权法 公产私产获得平等保护》，该消息曾荣获第十八届中国新闻奖二等奖。例句通过大量的陈述句，清晰、流畅地说明了物权法颁布实施的价值和意义，有效地烘托出了一篇主题重大、采访深入、观点权威的新闻报道。

除了大量使用陈述句外，新闻语言也可以根据表达的需要，适当选用一些疑问句、祈使句和感叹句。但是，在新闻语言中，纯粹的疑问句运用得很少，大多以人物对话的形式出现，有时也会以设问辞格的形式出现。例如：

④那么，究竟是什么原因导致了我国离婚率虚高？上海社科院社会学研究所研究员徐安琪告诉记者，根据国际通用算法，离婚率是一个年度内某地区离婚数与年平均人口之比，通常以千分率表示。问题在于，对"离婚数"该如何理解：一对夫妻离婚，离婚数是计作"1"还是"2"？联合国编撰的权威词典和我国出版的《人口学辞典》都将离婚数规定为"离婚对数"或

---

① 段业辉、李杰、杨娟主编：《新闻语言比较研究》，302页，北京，商务印书馆，2007。

② 同上书，303页。

"件数"，即一对夫妻离婚，离婚数计作"1"。

（《我国离婚率算高一倍》，载《新闻晚报》，2007-01-24）

⑤是什么原因使得地理位置相近的两家造纸厂盛衰两重天呢？"东方纸业生产污水无法达标排放，所以被责令停产治理。"陕西省环保局助理巡视员唐祚云的话道出了其中最关键的因素——环保。

（《同是造纸厂　盛衰两重天》，载《经济日报》，2007-08-07）

例句④、例句⑤都使用了疑问句，并构成了设问辞格，从而以"无疑而问、自问自答"的形式特征，很好地实现了向受众提供有效新闻信息的功能。

二、主动句和被动句

根据句子的主语是施事还是受事，现代汉语的句子可以分为主动句和被动句。主动句是主语做句子的施事，是全句动作的发出者或执行者；被动句是主语是全句的受事，是动作行为的接收者或承受者。

通常，主动句的谓语动词没有什么特别的限制，强调的是动作行为的发出者或执行者。例如：

①昨天下午，浙江广博集团有限公司在与新招收的50多名外来工签订劳动合同时，已把外来工免费享受五大保险的内容写进了合同。

（《社会保障制度实现城乡居民全覆盖》，载《宁波日报》，2007-11-09）

例句①以主动句的形式，直截了当地说明了"撰写合同"这一动作行为的发出者为"浙江广博集团有限公司"。

被动句往往强调受事，谓语动词一般要求有后置成分，不能是光杆动词，常用于表达不情愿或不如意的意思。例如：

②据目击者介绍，事发当天，这辆公交车刚刚驶离省儿童中心的站台，突然，前方一名已经走到马路中央的小女孩回身去捡掉落的纱巾，结果瞬间就被撞倒并轧到了车轮下面。司机发现撞人后紧急刹车，并和车上的乘客一起下车找人。下车后人们发现，被撞的小女孩一条腿被轧在左侧的前车轮下面，其头部和上半身都在车底下，车稍微一动就会威胁孩子的生命。当时小女孩连声都不出，不知是死是活，司机手足无措被吓哭了。

（《40市民抬高公交车半米救女童》，载《中国妇女报》，2007-04-11）

例句②叙述的是小女孩意外被公交车撞倒并被轧在车轮下的事件，这明显属于人们都不愿意看到的情况，所以记者便使用了大量的被动句。

相对而言，主动句在新闻语言中的使用频率较高。这主要是因为主动句突显的是全句的主语，强调动作行为的发出者和执行者，关注主语施动的整个过程。从表达功能和修辞效果来看，主动句往往要比被动句显得更加地直截了

117

当、明确有力、语义清晰。

三、长句和短句

按照句子的字数多少和结构的复杂程度，现代汉语的句子可以划分为长句和短句。长句，是指词语多、结构复杂的句子。短句，是指词语少、结构简单的句子。

在新闻报道中，长句由于结构复杂，信息量大，故而具有表达精确周密、凝练紧凑、风格稳重的效果；短句由于结构简明，节奏紧凑，因此能够使新闻语言的表达具有活泼生动、简洁明了、风格灵动的特点。例如：

①他提出，当下我们的着眼点就是要对中国古代管理思想中许多优秀的、共同性的管理知识进行系统化、条理化的梳理，与世界共享，这是管理学研究者、MBA 学子及未来企业家们应该做的事情。

（《人大校长纪宝成提出 MBA 教育不能言必称哈佛　东西方管理思想交汇与融合是方向》，载《光明日报》，2007-05-20）

②巨大的爆炸声不绝于耳，火焰照亮了天空，空袭警报声响彻这座拥有 500 万人口的城市。

（《美国对伊拉克开战》，新华社，2003-03-20）

③目前战斗仍在进行。我们将在稍后的报道中详细介绍情况，同时我们将滚动报道战场的最新动态。请您锁定中央人民广播电台第一套节目。

（《美英军队开始对伊拉克实施军事打击》，新华社，2003-03-20）

例句①的主语是"他"，述语是"提出"，余下的"当下我们的着眼点就是要对中国古代管理思想中许多优秀的、共同性的管理知识进行系统化、条理化的梳理，与世界共享，这是管理学研究者、MBA 学子及未来企业家们应该做的事情"全部都是宾语。不难看出，例句①之所以成为长句，就是因为宾语的结构十分复杂。例句②、例句③的句子长度比较短小，句子成分也比较简单，修饰限制性的句子成分就更少了，整个句子结构看（听）上去都显得十分的清晰和明了，方便受众以最快的速度理解和把握新闻的核心信息。

长句和短句在新闻语言中的运用是具有一定的规律性的。

从文体的角度来看，消息中的长句，主要表现为修饰语、并列成分较多，多用联合短语或主谓短语做句子的主语、谓语和宾语；通讯和评论中的长句，组合灵活，叙事精密，内容深刻，信息量较大。从句子成分的角度来看，长句中的定语或状语比较复杂，可以使句子的主语、宾语和谓语中心描述得更加细致、精确；长句中的主语或宾语比较复杂，可以容纳和包含比较多的新闻事实和信息数量。当然，新闻语言使用长句一定要谨慎，因为稍有不慎就很容易造成句子成分残缺或其他的语病，从而导致新闻报道深奥难懂，不利于受众的理解和接受。

短句在新闻语言中的运用，则与新闻报道通俗易懂的特点有关。一般说来，句子的结构和表达形式越简单、越短小，受众就越容易理解，新闻报道的可读性也就越高。许多通讯社通过大量的研究后指出：新闻报道具有可读性的关键之一是用短句子。① 合众国际社曾提供过一个关于"句子用词的平均长度"的数据：

最易懂的句子	8 个词以下
易读	11 个词
较为易读	14 个词
标准句子	17 个词
较难读	20 个词
难读	25 个词
很难读	29 个词以上

由此可见，"力求用短句，这是新闻句式的主要特征"。②

总之，长句和短句各有其特殊的表达功能和修辞效果。新闻语言不能只用长句而不用短句，也不能只用短句而不用长句；否则，就会导致新闻报道的表达单调刻板，没有任何吸引力。如果能够同时顾及长句和短句的搭配使用，那么就可以使新闻语言的句子显得灵活多变，极大地增强新闻报道的可读性。

四、肯定句和否定句

对事物作出肯定判断的句子，即肯定句；对事物作出否定判断的句子，即否定句。

通常，在新闻语言中，相同的句义既可以用肯定句表达，也可以用否定句表达，但两者在语义的轻重、语气的强弱等方面仍然具有一定的区别。通常，肯定句的语义重、语气强；否定句的语义轻、语气弱。但是，什么时候使用肯定句、什么时候使用否定句，则要取决于具体的语境。例如：

　　①位于北纬 46 度 02 分 32 秒至 46 度 23 分 30 秒的一八四团在世界第三大沙漠古尔班通古特沙漠的西北边缘，属典型的大陆性气候。该团从

---

① 李元授、白丁：《新闻语言学》，23 页，北京，新华出版社，2001。

② 同上书，78 页。

20世纪50年代开始试种棉花，由于气候复杂、缺少技术、缺乏水源、没有高纬度植棉经验等原因始终未获成功，到1997年，棉花面积仅有1 400亩，皮棉平均单产仅66公斤，团场年年亏损，职工对植棉失去了信心。

（《10万亩棉花成为世界高纬度样板田》，载《兵团日报》，2007-12-12）

②"没有平等保护，就没有共同发展。切实保护公民的私有财产，既是宪法的规定和党的主张，也是人民群众的普遍愿望和迫切要求。"中国人民大学法学院教授杨立新说。

（《全国人大高票通过物权法　公产私产获得平等保护》，新华社，2007-03-16）

例句①中的"始终未获成功"，如果替换成"一直都失败了"，虽然两者的意思大体相同，但从语义的轻重程度上看，"始终未获成功"的语义略轻，而"一直都失败了"的语义却很重。结合上下文语境来看，"一直都失败了"因语气生硬、感情色彩不明而不利于突出新疆某兵团为了掌握高纬度棉花的种植技术而刻苦攻关的精神。但是，例句②中的否定句"没有平等保护，就没有共同发展"，跟肯定句"平等保护，共同发展"相比，反而显得语气更强、语义更鲜明，从另一个角度凸现了"平等保护，共同发展"的重要性。

就此而言，新闻语言如果能够灵活、巧妙地把肯定句和否定句搭配起来使用，用肯定来衬托否定，或用否定来衬托肯定，那么就会使新闻报道的主旨表现得十分鲜明。例如：

③重视环保让奥辉纸业尝到了甜头，环保上的短视行为让东方纸业付出了沉重的代价。不重视环保的企业被责令停产治理，举步维艰；重视环保的企业不仅获得了良好的社会效益，而且得到了经济上的回报，发展红红火火。两家纸厂的不同处境又一次提醒人们，从长远发展看，环保投入绝不是亏本生意。

（《同是造纸厂　盛衰两重天》，载《经济日报》，2007-08-07）

例句③首先用肯定句直截了当地说明企业重视环保和不重视环保的后果，语气坚决有力；然后又用否定句与之形成鲜明的对比，用不重视环保造纸厂的失败衬托出重视环保造纸厂的成功，充分肯定了企业重视环保的必要性，从而起到了良好的表达效果。

有的时候，一个陈述句中会先后使用两个否定词，这样的句子就叫做双重否定句。双重否定句最常见的形式是先后连用两次否定，也可以用一个否定词再加上否定意义的动词或者反问语气。双重否定表示肯定的意思，语气比一般的肯定句更强，肯定意味也显得更重。例如：

④石海燕来自浙江省欠发达地区——云和县黄源乡黄家畲村，3年前她高中毕业，因为家庭经济困难不得不放弃了上大学的梦想。2005年年

底，石海燕得到一个好消息：浙江省政府将出资送农民上大学。她立即报名参加招生统考，并在150多名报考学生中脱颖而出，被浙江林学院录取为首批农民大学生。

（《浙江：93名农民上大学由政府"埋单"》，载《中国教育报》，2006-02-26）

例句④中的"不得不放弃了上大学的梦想"就属于双重否定句。它以鲜明的肯定语气表现出"石海燕"因为家庭经济困难被迫放弃上大学的无助和无奈，同时也为后面即将出现的好消息"浙江省政府将出资送农民上大学"埋下了伏笔，从而以鲜明的对比和反差表达出"石海燕"得到好消息后备受鼓舞的激动心情。

双重否定句，有的时候也可以表达一种委婉、含蓄的语气。例如：

⑤文件中称，此举是为了"优化经济发展环境，营造'引商、稳商、亲商、富商'的发展氛围，促进招商引进企业更快更好地发展"，并说明是"经市政府同意"的。

4日，记者来到市工商局，局办副主任龚文否认有此文件，他反问记者："政府哪能倡导喝什么酒？那可是违反《行政许可法》的，市场经济本来就是公平交易嘛。"

记者随后来到市政府办公室。该办曾姓负责人承认，3月16日政府办确实下发过此文件，但并无不妥。他认为，文件明确规定只是倡导而不是强迫消费，至于"通报批评"也并不是什么惩罚。

（《汉川市政府办公室下达"喝酒任务"》，载《楚天都市报》，2006-04-06）

如果仅仅只是从最后一段的双重否定句"并无不妥"来看，例句⑤似乎看不出什么表达效果，但结合上下文语境，就不难发现，作者在这里使用双重否定句是"别有用心"的——由于汉川市政府办公室曾姓负责人的解释模棱两可、含糊不清，所以政府办公室下达的"喝酒任务"也就显得十分的荒谬可笑了。

新闻语言在运用双重否定句时，一定要注意语义表达的正确性。如果使用了本身含有"禁止""不赞成""否定"等语义的动词，如"避免""劝阻""力戒""防止""劝戒""禁止"等，就不能再使用否定词了。否则，就会把意思说反，严重的还会出现误导受众、丧失新闻的真实性和有效性的情况。例如：

⑥有关部门应加大监督力度，防止大量冰毒等违禁物品不流入境内，做到时时到职在岗，确保重要交通关口警力数量，严查可疑物品。

这里的"防止"原本就含有通过某种措施让违禁物品不进入的意思，但后面又用了"不"，就把意思完全说颠倒了，变成了"让冰毒等违禁物品流入境内"。

第三节　新闻标题的语言

一、新闻标题概述

(一)新闻标题的定义及分类

新闻标题，是指新闻媒介在传播新闻消息时所使用的题目。

新闻标题是新闻报道的重要组成部分，可以从不同的角度划分为不同的类型。一般说来，新闻标题最常见的分类是，按照标题的结构形式，划分为主题、引题、副题、插题和提要题。主题是新闻标题中最重要的组成部分，通常表现为一个简洁而完整的短语或句子，用于表达新闻事件中最重要的事实和内容。引题位于主题的上面或前面，用于表明新闻的背景或原因等。副题位于主题之后，常用来对主题进行补充说明或交待次要的新闻事实。插题是穿插在新闻报道中的小标题，是对新闻报道各部分内容的概括，要求形式整齐、层次分明、表达简洁。提要题，又称为提示题或纲要题，一般出现在较长或较重要的新闻正文的前面，用于概括新闻的主要内容，起提纲挈领的作用。

新闻报道只有主题而没有引题、副题等，这样的新闻标题就叫做单一题；既有主题，又有引题或副题等，这样的新闻标题就叫做复合题。单一题在各种媒介的新闻报道中最为常用，而复合题则多见于报刊新闻。

(二)新闻标题的功能

新闻标题是新闻媒介有效提高信息传播效果的重要手段之一。具体而言，新闻标题具有提示内容、评论新闻、吸引受众、美化版面等功能。

1. 提示内容

提示内容，是指新闻标题能够以最精练的文字将最重要、最新鲜的新闻内容提示给受众。提示内容是新闻标题最基本的功能。

当前，新闻媒介高度发达，各种类型的新闻信息的数量也极其庞大。很多受众由于受到时间、精力等的限制，难以全面通览所有的新闻。因此，受众在选择看什么不看什么、先看什么后看什么的时候，新闻标题便成为引导阅读内容、决定阅读次序、获得简明信息的重要依据。对于可能细看(听)新闻报道的受众来说，新闻标题为他们提供了信息要点，能够获得一种"先睹为快"的满足；对于没有时间细看(听)新闻报道的受众来说，新闻标题本身即是新闻，通过浏览新闻标题，即可在最短的时间内获得对国内外重要新闻事件的了解。

2．评论新闻

评论新闻，是指新闻标题能够代表特定的新闻媒介对新闻的内容进行评判和议论，从而帮助受众理解新闻报道的性质和意义。例如：

①"导弹精兵"高明回母校宣传征兵，引来近400名学子热切关注，80多名学生当场报名

（《"高明现象"引发北大学子新一轮参军热》，载《火箭兵报》，2007-10-23）透过例句①中的"热切关注""当场报名""参军热"等词语，受众不但能感受到北大学子踊跃报名参军的热烈场面，而且还能体会出新闻媒介对这一现象的支持和赞赏，因为优秀大学毕业生参军，既是国家军备力量的需要，也是国家建设的需要。

当然，新闻标题对新闻内容所作的评论，同一般的评论文章有所不同。通常，新闻标题需要依托新闻事实进行评判和议论，属于就实论虚，而不是作一般的理论探讨和铺陈。同时，新闻标题暗示观点的方式也是灵活多样的，既可以由作者直接出面发表议论，也可以把评价巧妙地蕴藏在所叙述的事实之中，或者借采访对象等人之口来巧妙地表达自己的观点。

3．吸引受众

据中国人民大学新闻学院所作的调查：在被阅读的新闻里，有94％是被调查者先看标题再读新闻的，读者通过阅读标题对新闻的吸收率为34％，而淘汰率则为66％。① 由此可见，新闻标题具有吸引受众阅读新闻的重要功能。

对于一篇成功的新闻报道来说，信息内容是否重要、是否新鲜，固然是吸引受众阅读的重要因素，但新闻标题对新闻内容所作的归纳总结、提示评价，以及表达形式的生动优美，也是决定受众阅读取舍的关键因素。同样的新闻内容，文笔简练、通俗易懂的新闻标题要比复杂晦涩的新闻标题有吸引力；具体形象、生动有趣的新闻标题要比抽象概括的新闻标题有吸引力；受众面广、群众关注的新闻标题要比专业性强、受众面狭窄的新闻标题有吸引力。因此，即便是再好的新闻内容，也需要用好的新闻标题表达出来，才能引起受众的阅读兴趣。

4．美化版面

美化版面，指的是新闻标题能够根据新闻消息的性质，把众多的新闻报道有机地组织起来，使新闻报道的版面空间显得井然有序、美观大方。

以报刊新闻为例，我国早期的报纸没有新闻标题，很多新闻都是密密麻麻地挤在一起，读者常常分不清每一篇新闻稿件的开头和结尾、段落和段落之间

---

① 张志君、徐建华：《新闻标题的艺术》，67 页，北京，语文出版社，1998。

的衔接和连贯，阅读起来十分费力。新闻标题的产生和使用，不但给各篇新闻报道标上了一个明显的"记号"，而且还通过把相同性质的一组新闻稿件置于一个大标题之下而成为了新闻分类的显著标志。于是，报刊版面便在错落有致、疏密相间的新闻标题排列中，显得生动活泼、富有情趣；再加上新闻标题还可以通过不同的字号和字体来表达不同的标题类型，这就避免了报刊排版的单调、呆板，大大增强了版面的美感。

二、新闻标题的语言表达

新闻标题作为新闻的"眼睛"，在语言运用上有其特殊的规律和要求。通常，能够深入人心的新闻标题往往会在声律的配合、词语的选用、修辞格的运用等方面精心调适，努力实现新闻内容表达的准确、生动、凝练、鲜明。

（一）声律的配合

就汉语本身而言，抑扬顿挫的四声变化，以及清晰响亮的元音、匀称整齐的双音节词都明显占有优势，这就为新闻标题形成朗朗上口、节奏鲜明的音乐美提供了物质基础；而联绵词、同韵呼应、重字叠音、平仄搭配等语音修辞手段，则为新闻标题产生声情并茂的声律效果提供了实现途径。

1. 联绵词的运用

联绵词是古代汉语遗留在现代汉语中的一种特殊词汇现象，可分为双声词、叠韵词和非双声叠韵词三种类型。相对而言，能够使新闻标题产生明显声律效果的主要是双声词和叠韵词。双声，指两个音节的声母相同；叠韵，指两个音节的韵母相同。例如：

①紧急！两架客机突遇大雾　　安全！幸有海军热情导航
　　香港同胞着陆后都说多亏了解放军

例句①中的"紧急"是双声词(jǐn jí)，声音短促而急迫；"安全"是叠韵词(ān quán)，声音舒展而和缓。这一张一弛的音响效果，使新闻标题和新闻内容有机结合起来，具体而形象地再现了整个新闻事件的现场气氛。

2. 同韵呼应的运用

同韵呼应，是指在上下句相应的位置出现相同或相近韵母的字，也叫"押韵"。新闻标题运用同韵呼应，不但能使言语表达呈现出音韵的回环之美，而且还能通过灵活变化的音响渲染气氛。例如：

②全球金融危机急，中国未雨绸缪紧

（载《中国日报》，2008-09-16）

124

③井口：吃人的虎口！

（山东电视台・齐鲁频道《每日新闻》，2008-12-11）

例句②主标题中的"急"（jí）和"紧"（jǐn）相押，音韵和谐，字音优美，读来自然流畅。例句③中的"井口"和"虎口"运用同一个韵母"ou"，巧妙抓住了不同事物之间的联系，读起来朗朗上口、便于记忆。

3．重字叠音的运用

相同字的重复，叫做重字；相同的音节叠用，叫做叠音。新闻标题运用重字叠音，可以形象地描写客体，反映出作者的思想感情。例如：

④喝，喝，喝，各局各乡镇都得喝

汉川市政府办公室下达"喝酒任务"

指标：200 万元；目标：喝出"发展氛围"

（载《楚天都市报》，2006-04-06）

例句④通过重复使用"喝"这一动词，较好地增强了新闻语言表达的声势，突出了作者所要强调的语义，让人感觉节奏鲜明且余味无穷。

4．平仄搭配的运用

平仄搭配属于汉语在使用过程中所产生的一种声调变化现象。古代汉语的声调分为平、上、去、入四个调类。古代汉语的平声，包括现代汉语的阴平和阳平；古代汉语的仄声，则包括现代汉语的上声、去声和入声。入声发展至现代汉语，已经归并到平、上、去三声当中去了。

在撰写新闻标题的时候，如果能够注意声调的平仄交错，可以使新闻语言显得跌宕起伏、错落有致、节奏鲜明。例如：

⑤共圆足球梦   同唱一首歌

（载《楚天都市报》，2001-10-24）

在这个新闻标题中，前后两个句子平仄相对——仄平平平仄，平仄仄仄平，音高变化富有规律，从而形成了鲜明的节奏和韵律，读起来抑扬有致，听起来和谐悦耳。

（二）词语的选用

新闻标题是新闻内容的高度概括。它能否牢牢地抓住受众的视线、有效传达新闻媒介的声音、顺利实现新闻信息的价值，词语的精心选用十分重要。从总体上看，新闻标题词语的选用，应该注意以下几个方面的问题。

1．动词或动词性词语的选用

从语用的角度看，每一句话都大致可以分为话题和表述两个部分。就新闻标题而言，话题是新闻报道要说的人或事物，通常表现为名词；表述则是新闻

125

要讲的事情，即告诉人们什么时间、什么地点、什么人（事物）、发生了什么事，通常由动词或动词性词语来承担。对于受众来说，表述是新闻标题最核心的内容。因此，新闻标题中的动词或动词性词语如果用得好、用得妙，就会让受众产生如闻其声、如见其人、如临其境的感受。因此，新闻标题应注意精心选择动词或动词性词语，以实现新闻标题的表述功能。例如：

①浙江：万亿元投资的"加减乘除"

（浙江卫视《浙江新闻》，2008-11-25）

②江夏昨天大拆违，铁路线上拔"钉子"

——种房，种房，颗粒无收！

（载《楚天都市报》，2005-01-29）

例句①将表示数学运用方法的动词"加减乘除"巧妙嫁接到扩大投资的决策上——"加"指增加民生投入，"减"指减轻企业负担，"乘"指财政投入撬动民间资本，"除"指淘汰落后产能，生动形象、新颖独特地阐释了"加减乘除"政策对浙江经济和百姓生活带来的深远意义和深刻变化。例句②的"种房"属于超常搭配，常规用法是"建房"。记者之所以使用超常搭配的"种房"，主要是为了质疑和批评江夏区流芳街两个村村民为获高额赔偿而在武广高速铁路规划线上抢建房屋 27 000 平方米的行为，给读者一种强烈的视觉冲击和心灵震撼。

2. 名词或名词性词语的选用

对于新闻标题来说，名词或名词性词语的转指运用显得格外重要。名词或名词性词语的转指是指通过名词所形成的借代，包括：整体代部分，如"我们用笔写字"是用笔尖来代替笔；部分代整体，如"大眼睛来了"是用大眼睛来代替人；用彼事物代此事物，如"白宫发言人"是用白宫代美国政府；等等。恰当运用名词或名词性词语的转指，可以增强新闻标题的表现力，突出事物的主要特征。例如：

①一个多月学会做番茄炒鸡蛋

"洋金花"古镇当义教

（载《春城晚报》，2009-10-26）

②美国财政赤字创"二战"后新纪录

高达 1.42 万亿美元，相当于人均负债 4 700 多美元

肇因·风险·难题

（载《文汇报》，2009-10-18）

例句①报道的是一对来自德国的双胞胎姐妹在云南大理市喜州第一中学义务支教的新闻。在云南大理，人们常常把年轻美丽、聪明善良的姑娘称为"金花"。记者把德国双胞胎姐妹称为"洋金花"，既充分体现了云南大理的民风特色，而

且还包含了对这两位女孩的喜爱与赞美，读来活泼真实，具有亲切感。例句②采用并列结构的方式，把"肇因""风险""难题"三个名词直接展现在受众的眼前，明确有力地表现出了全球经济危机给美国带来的冲击，以及当前经济发展所面临的严峻形势。

3. 具有主观色彩词语的选用

新闻标题评论功能的实现，与选用带有主观色彩的词语具有非常密切的关系。具有主观色彩的词语选用得好，不仅能表达出作者的褒贬扬抑的情感倾向和态度立场，也容易同受众达成共识，唤起广大受众的共鸣，从而有助于新闻报道实现正面宣传和批评揭露的作用。例如：

①"珍妮"蹂躏佛州

（载《今晚报》，2004-09-27）

②80分钟客套话惹恼千余观众

（载《春城晚报》，2008-08-29）

③决不许亵渎英雄，歪曲历史

（浙江广电集团《城市之声》，2006-12-30）

例句①中的"蹂躏"在形象再现飓风肆虐所产生的强大破坏力的同时，也传达出了作者对该现象深感痛心的情感，并希望以此引起受众对此事的关注和重视。例句②中的"惹恼"不仅表现出了观众对官话、套话、空话、大话、恭维话的强烈反感和愤怒，而且也反映了作者对官场不良作风的强烈不满，进而引发了广大受众的共鸣。例句③中的副词"决"，体现了作者坚决反对肆意亵渎、歪曲红色经典、英雄和历史的态度和立场，语气坚定有力、果断刚毅。

4. 同义词语的选用

新闻标题的同义词语选用得好，不仅能强调新闻报道的侧重面，而且能让新闻标题的定位更加准确，从而保证受众在第一时间获得准确的信息。例如：

①田径世锦赛收官日中国队创造历史

　白雪为我首夺女子马拉松金牌

（载《文汇报》，2009-08-24）

②白雪勇夺田径锦标赛女子马拉松金牌

（载《人民日报》，2009-08-24）

例句①、例句②报道的是同一天发生的相同新闻事件，但两者的侧重点显然不同。例句①运用"首夺"一词，强调的是中国运动员终于获得了世界田径锦标赛有史以来的第一块金牌。例句②运用"勇夺"一词，则赞美了中国年轻运动员面对巨大挑战勇往直前、战胜对手、战胜自己的完美表现。

5．反义词语的选用

在新闻标题中选用一组意义相对或相反的反义词语，可以通过强烈的对比来吸引受众的注意力，引发受众详细了解新闻报道的浓厚兴趣。例如：

①有人破冰救援　　有人趁夜哄抢
　　车辆受困雪映两种境界

（载《长沙晚报》，2008-01-26）

这个新闻标题使用"破冰救援"和"趁夜哄抢"这一对在新闻报道语境中所形成的反义词语，不仅使言语表达显得整齐对称，而且视觉冲击力强、阅读反差度大，能够给受众留下深刻的印象。

6．熟语的选用

熟语是人们长期沿用的结构定型、意义稳定的固定短语，包括成语、惯用语、谚语和歇后语。新闻标题恰当使用熟语，能够形成不同寻常的表达效果。例如：

①关公门前耍大刀

（载《人民日报》，2003-10-21）

②石河子两青年与一座荒山"较劲"11 年
　　瞧，这两位青年愚公

（载《中国青年报》，2009-10-19）

③老师随意缺课　　学生回家自修　　家长困惑——
　　上课咋也"缺斤少两"

（载《西安晚报》，2009-03-16）

例句①中的"关公门前耍大刀"的语义大体相当于"班门弄斧"，这里用于描述关羽故乡第一届运动会的开幕式，因当时很多节目都和"刀"有关而被临时借用，巧妙地暗示出了运动会举办的地点和内容。例句②利用家喻户晓的成语故事"愚公移山"巧妙制题，不但使新闻标题显得亲切活泼，而且也表达出了作者对两位青年改造荒山行为的充分肯定。例句③运用生活化的惯用语"缺斤少两"，形象地说明了老师随意缺课这一不正常的现象，使新闻标题新颖幽默、发人深思。

7．古语词的选用

古语词是来源于古代汉语而在现代汉语中具有特殊表达功能的书面语词语。根据语境恰当使用古语词，是新闻标题提高修辞效果的一种语用策略。例如：

①美哉，阿科松博

（载《人民日报》，2004-11-19）

②2004 彩电市场价格涨乎跌乎？

（载《光明日报》，2004-01-12）

例句①、②中的"哉""乎"都属于表示语气的古语词，它们偶尔出现在新闻标题中，往往可以给人们带来一种新鲜的感觉。

8．口语词的选用

根据词语的使用场合和交际对象以及风格色彩，现代汉语的词语可以分为口语词和书面语词两大类。口语词常用于日常生活交际领域，具有通俗易懂、平易亲切的风格特点；书面语词适用于社会生活较为正式的交际领域，具有庄重严谨、文雅规范的风格特点。新闻报道的语言属于书面语，书面语词的使用频率比较高。但是，由于口语词与人民群众的日常生活密切相关，容易拉近新闻报道和受众之间的距离，提升新闻报道的亲切度，因此也就有一些民生类的新闻报道会较多地使用到口语词。例如：

①找个好钳工比找研究生还难！

（载《羊城晚报》，2004-06-27）

②今年 7 月，同煤集团大唐塔山煤矿公司 100 多名矿工同时买了私家车

出了矿井 开着咱的车回家

受益于收入稳定、政策优惠，现在又有上百名矿工想买车

（载《山西晚报》，2007-10-16）

例句①报道的是高等技术工人的缺乏已成为制约技术进步重要因素的新闻，而企业界相关人士发出的感叹"找个好钳工比找研究生还难！"在量词"个"的前面省略了数词"一"，不但使语句显得短小精练，而且还带有明显的口语化色彩，让人真切地感受到了这种感叹的真实性和情感性，由衷地体会到企业界相关人士所面临的困难处境。例句②使用了口语词"咱"，以强烈的亲切感拉近了新闻报道和受众之间的距离，反映了矿工们随着生活质量的不断提高而产生的骄傲感和自豪感。

9．方言词的选用

新闻媒介面对的是范围极其广大的受众，而我国又是一个拥有众多汉语方言的国家，这就决定了以特定地域为重点服务对象的各大新闻媒介可以适当吸收当地方言中的词语，从而呈现出通俗易懂、地域生活气息浓郁的新闻语言表达特点。例如：

①"昆明相亲会"要咋个弄请大家出出主意

（载《春城晚报》，2006-05-06）

②"爷老爹"扭亏为盈赚百万

（载《昆明日报》，2006-05-10）

例句①是报道昆明两千老人聚集翠湖公园为子女相亲的新闻标题。例句②是报道昆明股民因股市连续暴涨而获利的新闻标题。它们都使用了地道的昆明话，如询问性质、状况、原因、方式的代词"咋个"（相当于普通话的"怎么"）；称呼"祖父、爷爷"的称谓名词"爷老爹"。这种语用现象一方面让本地读者觉得十分亲切；另一方面，则有助于大众传媒塑造以人为本的社会组织形象。①

10. 外来词的选用

外来词是从其他民族语言中吸收过来并经过本民族语言适当改造的词语，包括音译词、音义兼译词、借形词、字母词等。例如：

①北京高校心理素质教育：经受 SARS 的检验

（载《中国教育报》，2003-07-01）

②上海不再奖励"丁克族"

（载《羊城晚报》，2004-09-07）

③CDMA 昆明单向收费

（载《昆明日报》，2006-05-10）

例句①中的字母词"SARS"是英文"Severe Acute Respiratory Syndrome"（传染性非典型性肺炎）的缩写；例句②中的"丁克族"是英文"DINK"（Double Income No Kids）的汉语音译加注词；例句③中的字母词"CDMA"是码分多址的英文缩写（Code Division Multiple Access），这是在数字技术的分支扩频通信技术上发展起来的一种崭新而成熟的无线通信技术，采用该技术的移动电话网和手机就叫做"C网"和"CDMA手机"。这些外来词的使用既避免了中文翻译的繁冗，使言语表达显得简洁新颖、言简意赅，同时又有一种陌生感和视觉冲击力，可以有效地抓住读者的眼球，激发受众对新闻报道的关注程度。

11. 专门术语和行业语的选用

专门术语，是各学科所用的词语；行业语，是社会上某一行业使用的词语。它们所反映的对象和事物都属于本学科或本行业经常涉及的，因而各有其个性特色和风格特点。然而，随着社会的高速发展，各学科、各行业的联系日益紧密，人们开始突破特定领域的限制而赋予一些专门术语和行业语新的意义和用法，并把它们当作一般的词语来使用。这在新闻标题中也有突出的表现。例如：

主任医师每月6万，副主任医师4.5万，中级医师3万，完不成任务

---

① 周芸：《从跨体式新闻语言看传媒语言的规范》，载《云南师范大学学报》（哲学社会科学版），2006(6)。

扣奖金

　　肿瘤科竟给医生"放疗任务"

（载《楚天都市报》，2007-01-19）

"放疗"是医学上的专有名词，意思是放射治疗，属于用射线治疗恶性肿瘤的重要手段之一。如今，放疗已被广泛运用于医学领域，老百姓也对此并不陌生，把它放在新闻标题中能够使语义表达一目了然、简洁鲜明。

　　专门术语和行业语在新闻标题中的运用，反映了受众文化程度和知识修养的快速提高和日渐丰富。因此，新闻标题使用专门术语和行业语，可以使新闻语言表达显得更加简明而准确。

　　12．数字和符号的选用

　　在大量的文字信息中出现数字信息，容易引起受众的注意。如果是较大的数量或者是比较特殊的数字，那么就更能展现出新闻标题的独特魅力。例如：

　　①昆山：全球化催生"金蛋"

　　　每天合同外资1 000万美元

　　　出口1 000万美元　财政收入1 000万美元

（载《苏州日报》，2002-07-03）

例句①在新闻标题中连续使用了三个"1 000万"，较好地体现出了昆山的经济增长速度和经济实力，给受众留下了深刻的印象；再配合上"金蛋"一词，就把具体的数字形象化，显得十分的直观生动。

　　符号、公式进入新闻标题，也是一种很独特的表达方式。例如：

　　②我省干部共商基层团建大计

　　　双培＋双促＝双赢

（载《春城晚报》，2009-10-28）

　　③国青＋08之星＝国奥

（载《楚天都市报》，2005-01-20）

例句②中的"双培"是指把企业青年骨干培养成共青团员，把青年团员培养成企业技术骨干；"双促"是指建立团组织促进活动展开，用活动展开促进团组织建设；"双赢"指的是企业赢得发展，团员赢得进步。该标题通过数学符号"＋""＝"组成的表达式，将"双培""双促""双赢"三者之间的关系新颖独特、别具一格地表现了出来，让受众对新闻报道产生浓厚的解读兴趣。例句③也是一个用数学算式构成的新闻标题，新颖醒目，别开生面。细读报道，才能明白其中的内容：中国足协副主席杨一民表示，现由殷铁生执教的国青队和远赴德国训练的"08之星队"将于2007年"合二为一"，成为代表中国参加北京奥运会的国

131

奥队。

13. 标点符号的选用

标点符号作为现代汉语书写符号系统中的有机组成部分，它能够配合文字较好地表现出作者对新闻事实的态度和立场，更重要的是还可以进一步引起受众的关注，引发受众的思考。例如：

　　　敲门，敲门？敲门！敲门……

（载《钱江晚报》，2002-11-25）

这个新闻标题运用四个不同的标点符号，细腻地揭示了当今都市少年在听到陌生人敲门声时的四种本能反应：分辨→警觉→确认→是否开门的踌躇。与此同时，这四个标点符号也充分唤起了受众的想象和联想，且发人深思。

（三）修辞格在新闻标题中的运用

修辞格是为了增加语言的表达效果，借助特定的语境，对语言进行特殊运用、具有一定格式的语言形式。① 恰当选择和使用修辞格，可以增强新闻标题的美感和张力，把话说得更加准确生动、和谐自然、简洁凝练，从而充分彰显新闻标题在受众"一瞥"之间的独特魅力和传播效果。

1. 对偶辞格的运用

对偶辞格，是把字数相等、结构相同、意义相关的两个短语或句子对称排列在一起，表示相近或相关、相反或相对的语义的一种修辞方式。从语义的角度来看，对偶可以分为正对、反对和串对。正对由语义相近或相关的两个短语或句子构成；反对由语义相反或相对的两个短语或句子构成；串对由具有假设、因果、条件等逻辑语义关系的两个短语或句子构成。

新闻标题运用对偶辞格，能够通过均衡、整齐、对称的言语形式，以及上下句之间词语意义的相互映衬、补充说明，把客观事物之间的内在联系言简意赅地概括出来，从而在充分体现出汉语特有美感的同时，起到深化新闻报道主题的作用。例如：

　　①新年伊始问农事　真情关怀暖农家

（载《光明日报》，2010-01-02）

　　②山水齐鲁魂　荷柳泉城情

（载《文汇报》，2009-10-17）

例句①的主题"新年伊始问农事，真情关怀暖农家"，字数相同、结构相对，在反映出中共中央总书记、国家主席、中央军委主席胡锦涛元旦期间到河北省三

---

① 骆小所、周芸：《修辞学导论》，135 页，昆明，云南人民出版社，1999。

河市农村考察的消息的同时，还很好地树立了国家领导深入群众、体察民情、可亲可敬的形象。例句②的主题由字数相同、结构相对、语义相关的正对构成，呈现出"2+2+1"的韵律结构，给人以一种视觉上的均衡美感。

2. 双关辞格的运用

双关辞格，是利用语言的音义关系，使一句话同时关涉表层和深层双重语义的一种修辞手法。双关辞格可以分为谐音双关和语义双关两种。谐音双关是利用同音或近音的条件造成的双关；语义双关是利用词义的多义构成的双关。

双关辞格在新闻标题中，能够调动受众的联想和想象空间，使其在感受含蓄委婉的语义表达的同时，还能深思其中的哲理和意蕴，充分彰显新闻报道的舆论导向功能。例如：

③难以想"象"的痛苦

（载《华商报》，2005-01-06）

④教师：身在校园"薪在外"

（载《经济日报》，2004-05-13）

例句③是一则摄影报道的标题。在新闻图片上，人们站在广场中一对大象母子雕塑的身上、鼻子上，只剩下面孔的大象在人们的踩踏下显得十分痛苦。作者把"想象"这个动词巧妙地拆分开，并将其中的"象"更改为"大象"的"象"，不但幽默地说明了广场大象母子雕塑的"痛苦"，而且还委婉含蓄地对广场游玩市民不文明行为的批评，令人忍俊不禁的同时又发人深思。例句④中的"薪在外"是"心在外"的谐音双关，巧妙地折射出当下一些教师不安心教学而在社会上挣钱的不正常现象，从而使新闻标题的语言表达显得含蓄风趣、令人回味。

3. 比喻辞格和比拟辞格的运用

根据联想，抓住不同事物本质之间的相似点，用一事物来描写所要表现的另一事物的修辞方式，叫做比喻辞格。本体、喻体、比喻词、相似点，是比喻辞格的四大构成要素。根据这些要素的表现方式以及是否出现在言语形式中，比喻可以分为明喻、暗喻和借喻三种类型。明喻是本体和喻体都出现，使用"像""如""仿佛"等比喻词的比喻；暗喻是本体和喻体都出现，使用"是""成为"或不使用比喻词的比喻；借喻是用喻体直接替代本体，不使用比喻词的比喻。

基于想象把物化为人，或把人化为物，或将此物化为彼物的修辞方式，就叫做比拟辞格。比拟由本体和拟体构成，拟体必须出现，而本体不出现。比拟可以分为拟人和拟物两大类。拟人是把物化为人，拟物则是把人化为物或将此物化为彼物。

在新闻标题中，比喻辞格和比拟辞格属于比较常见的两种修辞方式，而且比拟辞格很多时候还作为比喻辞格的延展体出现在比喻辞格的后面。恰当运用比喻辞格、比拟辞格，既可以避免新闻标题言语表达的平铺直叙，又能带给受众具体、生动、形象的感受，唤起作者和受众之间的心灵共鸣。例如：

⑤寿光8万农民工"寒冬"不失岗

（载《大众日报》，2008-12-30）

⑥第27届中国电影金鸡奖揭晓

"金鸡"再下"双黄蛋"

（载《中国青年报》，2009-10-18）

⑦价涨量跌之后或有价无市

长三角后市有点"着凉"

（载《文汇报》，2009-10-21）

例句⑤将金融危机形象地比作"寒冬"，以借喻的方式描写出了金融危机给企业及其员工所带来的强大冲击。例句⑥报道的是第27届中国电影金鸡奖颁奖的新闻，作者首先用比拟辞格赋予"金鸡"会下蛋的生命力，然后又用"双黄蛋"比喻同一个奖项产生了两个赢家——《集结号》《梅兰芳》同获最佳故事片奖，周迅、蒋雯丽同获最佳女主角奖，读来具体形象、富有生活情趣。例句⑦运用比拟辞格，将无生命的房地产市转化为会"着凉"的人，并以此比喻房地产市场不景气的局面，给人以一种形象显明、新鲜具体的感觉。

4. 呼告辞格的运用

呼告辞格，是撇开读者或代替读者直接向不在面前的人或物诉说思想、抒发感情的修辞方式。

恰当使用呼告辞格，能够使受众在看（听）到新闻标题的时候，产生如闻其声、如见其形、如临其境的现场感受。例如：

⑧4月18日，富有开放意识的乐山人，借改革开放的前沿阵地——深圳，向来自北京和香港等35家媒介的100多名记者，推介首届峨眉山——乐山大佛世界遗产保护节，会上记者频频发问。

乐山大佛，你好吗？

（载《四川日报》，2002-04-25）

⑨"海南的救命恩人，让我摸摸你们的脸。"

（载《海南日报》，2008-05-16）

例句⑧以"乐山大佛"借代整个峨眉山世界自然人文遗产保护区，同时用"你好吗？"直接进行发问，给人以一种与其面对面促膝倾谈的感觉，把不在场的峨眉山世界自然人文遗产保护区写得富有情意、亲切自然，寄托了人们对珍贵自然人文遗产的深切关怀和"物我共生""物我共存"的情怀。例句⑨写于2008年四川汶川大地震之际，作者用生还者的话直接作为新闻标题，以最朴质的话语表达了幸存者被解救之后的激动心情和对救援人员的无限感激之情，读来让人不禁潸然泪下。

5. 摹绘辞格的运用

摹绘辞格，是把事物的声音、颜色和形状如实地描摹下来，以求真实地表现事物的特点、渲染环境气氛的一种修辞方式。

新闻标题中的摹绘辞格，可以有效调动受众的五官感受，令其充分发挥联想和想象，从而形成身临其境的感觉，增强语言表达的形象性和生动性。例如：

⑩中国红 云南花
——第29届奥运会颁奖用花背后的故事

（载《云南日报》，2008-08-18）

⑪殷殷嘱托，浓浓民情

（湖南人民广播电台新闻频道，2003-03-07）

例句⑩中的"红"字，表面上是在如实描摹第29届奥运会颁奖用花的颜色，实际上却象征了红红火火的中国、红红火火的奥运会，为北京奥运会增添了浓郁的喜庆和吉祥的气氛。例句⑪运用叠音词"殷殷""浓浓"，真实地再现了出席十届全国人大一次会议的朱镕基总理来到湖南代表团和大家亲切交谈的精彩瞬间，展现出了深受人民爱戴的总理心中所拥有的浓浓民情。

6. 设问辞格的运用

设问辞格，就是在阐明观点之前，有意提出问题，以引起人们注意和思索，接着自己回答或问而不答的一种修辞方式。

对于新闻标题来说，设问辞格能够有效突出新闻报道的重点和焦点，是一种引发新闻内容悬念、引起受众好奇心的修辞方式。例如：

⑫大学生求技能心切 培训机构钻政策空子
天下还会有免费的"大学生技能班"？

（载《中国青年报》，2009-10-28）

⑬银行该收点钞费吗？

（北京电视台《今日话题》，2003-09-29）

例句⑫运用设问来表达已经有明确答案的热点问题，不但加强了语言气势和力度，而且还增强了新闻报道内容的吸引力。这样的新闻标题，题中有义，题外有音，具有"题好文一半"的效果。例句⑬针对银行宣布要对小额存款和大额取款收取手续费的新闻事实，以设问的方式提出了质疑，继而通过深入细致的调查采访，对银行收费的种种理由进行了逐一批驳，有力地抨击了一些行业侵害消费者利益的不良行为。

7. 反语辞格的运用

反语辞格，就是故意使用与本意相反的词语或句子来表达真实的语义，即说反话。

反语辞格是新闻工作者巧妙表达思想感情、立场态度的一种修辞方式，也是新闻标题实现评论功能的重要表达手段之一。例如：

⑭ 日本：春日政界　落英缤纷

（载《中国青年报》，2002-04-19）

⑮ "质量责任重于泰山"　心系人民无私解剖

三峡工程"自我曝光"

（载《三峡工程报》，1999-12-28）

例句⑭用褒义词语"春日""落英缤纷"来反讽日本政坛丑闻迭出、重要官员纷纷下台或引咎辞职的政局，既巧妙地点出了新闻事件发生的时间，又联系日本春季花开花谢的景象灵活地暗示出了其中蕴藏的嘲讽意味。例句⑮中的"曝光"一词常用于比喻隐秘的、不光彩的事显露出来，但这里却转用为褒义词，高度赞扬了中国三峡总公司为了规范质量管理和提高全员质量意识所采取的自我加压措施——在三峡工程展览馆增设新展区"三峡工程质量缺陷警示展"，该展览的内容将随着工程的进展不断补充，直至 2009 年三峡工程竣工。

8. 回环辞格的运用

回环辞格，是运用前后语句的循环往复来表现不同事物之间有机联系的一种修辞方式。回环辞格的言语结构形式，可表示为"A—B，B—A"。

新闻标题运用回环辞格，可以产生说理、议事严密清晰，状物、叙事层次分明，抒情、写意格调清新的效果。例如：

⑯ 夕阳无限好　笑醉荣高棠

荣老把生命交给体育，体育把长寿还给荣老

（载《光明日报》，1995-08-04）

在这个新闻标题中，副题运用回环辞格"荣老—体育，体育—荣老"，深刻地表现了"荣老"与"体育"之间的相互关系——"荣老"对体育的热爱之情，体育运动让"荣老"健康长寿的事实。整个标题语义表达完满、充实，音韵和谐、流畅，给人以一种循环往复的美感。

本章小结

新闻语言属于书面语言，语言风格客观简洁、清晰明了、严谨规范。从新闻报道的功能和作用出发，准确鲜明、具体形象、简洁生动、通俗易懂，直接构成了新闻语言的基本要求。

从语言表达手段来看，新闻语言在词语运用、句式选择、修辞格的运用等方面，都形成了自成一体的语言运用特点。词语运用方面，新闻语言多用形式对称、和谐统一、抑扬顿挫的音节组合形式；精心选择和调适的动词、形容词和副词、同义词语、反义词语等，使新闻语言的词语意义在准确、客观地表情达意的同时，还显得生动而传神；根据特定语境和受众接受心理所运用的新词语和缩略语，则使新闻语言能够准确地传达出新闻报道的全部信息，有效提高新闻报道的表现力和形象性。句式选择方面，新闻语言反映出了陈述句、主动句和肯定句使用频率较高的语言运用特点；长句和短句的搭配使用，则使新闻报道的句子显得灵活多变，极大地增强新闻报道的可读性。作为新闻的"眼睛"，新闻标题在声律的配合、词汇的选用、修辞格的运用等方面，都具有一些特殊的规律和要求。但不管怎样，新闻标题运用修辞格的目的，都是要努力实现新闻内容传播的准确、生动、凝练、鲜明，以新颖独特、别具一格、深入人心的新闻标题来抓住受众的注意力。

因此，在运用新闻语言的时候，务必注意正确使用这些语言表达手段，从而充分发挥新闻语言的媒介作用，并真正实现新闻报道的功能。

拓展阅读

1. 段业辉、李杰、杨娟：《新闻语言比较研究》，北京，商务印书馆，2007。
2. 蒋冰冰：《新闻语言与城市社会》，上海，上海文化出版社，2008。
3. 蓝鸿文、马向伍：《新闻语言分析》，北京，中国物资出版社，1989。
4. 李元授、白丁：《新闻语言学》，北京，新华出版社，2001。
5. 张志君、徐建华：《新闻标题的艺术》，北京，语文出版社，1998。

复习与思考

1. 新闻语言词语声音配合的手段有哪些？
2. 举例说明新闻语言词语意义锤炼应该注意的问题。
3. 新闻报道能使用新词语吗？新闻报道在使用新词语时应该注意哪些问题？
4. 举例说明新闻语言中缩略语的类型及其运用。
5. 新闻语言的句式选择包括哪些具体内容？请举例说明。
6. 请谈谈新闻标题的语言和功能之间的关系。
7. 什么是修辞格？举例说明修辞格在新闻标题中的运用。

案例分析与讨论

案例一

四名公安边防特勤队员提前登顶实施安全警戒
护卫"祥云"登上世界之巅
西藏边防总队圆满完成奥运火炬珠峰传递登顶运送护卫任务

本报西藏珠峰大本营 5 月 8 日电 记者燕管社报道：历史将铭记此刻，人类首次在地球距太阳最近的地方点燃奥运圣火，在前所未有的高度把梦想变成现实！今天上午 9 时 17 分，象征"和平、友谊、进步"的"祥云"火炬在世界最高峰珠穆朗玛峰峰顶点燃。西藏边防总队奥运圣火运送护卫特勤队在两小时前首先登顶珠峰，圆满完成了护卫北京奥运火炬珠峰传递中国登山队登顶珠峰任务。

当天，威武雄壮、昂首天外的珠穆朗玛峰在朝阳的映照下格外美丽动人，冰雪闪耀着银光，朝霞映衬着蓝天，珠峰峰顶飘浮着片片祥云，仿佛挥动着洁白的哈达。西藏边防总队奥运圣火运送护卫特勤队队员小次仁顿珠、白玛次仁、扎西朗加和阿旺顿珠，与北京奥运火炬珠峰传递中国登山队 19 名队员一起把"祥云"火炬送到了 8 844.43 米的珠峰峰顶。

根据国家奥组委和公安部的部署，西藏边防总队主要承担奥运火炬珠峰传递 5 200 米以上区域的运送护卫任务。这个总队专门成立奥运圣火运送护卫特勤队，于 4 月 3 日开赴珠峰大本营进行了为期一个多月的适应性训练和多次实战演练。经过反复演练，最终挑选出 10 名队员担任火炬登顶的运送和护卫任务。其余人员分别驻扎在海拔 5 500 米、5 800 米和 6 500 米前进营地，加强火炬传递的安全警戒工作，加大对各登顶通道的排查管控。5 月 7 日，10 名特勤队员护卫登山队员到达海拔 8 300 米突击营地。5 月 8 日，小次仁顿珠等 4 名护卫特勤队员于凌晨 2 时 10 分从突击营地出发，于 7 时 20 分登顶，并对顶峰进行安全检查，安排警戒后，通知火炬登山队登顶。

（载《边防警察报》，2008-05-10）

讨论题

1. 本篇新闻报道在词语声音的配合方面运用了哪些手段？各有什么表达效果？
2. 从词性上看，"祥云"属于什么词类？这类词在新闻语言中具有什么作用？
3. 从新闻语言运用的角度试分析这则新闻报道的可读性。

案例二

今天一小步？未来一大步？
海协会会长陈云林为江苏居民赴台旅游首发团送行

本报讯："旅途顺利！一路平安!"站在南京禄口机场国际出发厅 16 号登机口，陈云林微笑着与每一位赴台的江苏乘客握手话别。他一直不停地与每一位旅客握手，笑容依旧。

这笑，是舒心的笑；这笑，是欣慰的笑。

20 天前，作为会长，陈云林代表海协会与海基会董事长江丙坤一起，亲笔签署了《海峡两岸包机会谈纪要》与《海峡两岸关于大陆居民赴台湾旅游协议》；短短 20 天后，两份文件"落地生根"。这一天，大陆 5 个航点的包机齐飞宝岛；这一天，期盼得太久太久的梦想成真。

"今天是一个很值得纪念的日子。特别是在两岸关系的发展中，我们又迈出了一步。今天看来可能是一小步，未来在两岸关系上可能就是一大步。"昨天上午，专程来宁参加两岸包机暨大陆居民赴台旅游南京首航首发仪式，陈云林的心情溢于言表。

"你们知道，我的心情是很高兴的。"陈云林告诉记者，今天，大陆的 5 个航点和台湾的 6 个航点，相继起飞 18 架次包机。作为大陆居民赴台旅游，这是首发团。多年来我们期盼的两岸之间旅游正常化，终于实现了新的突破！"第一批大陆居民赴台湾旅游，这是历史上值得纪念的一件事！"

一湾海峡，隔不断两岸同胞同根同祖的情谊。而在两会复谈前，已经蹉跎了将近 10 年的时光。陈云林说，两会复谈后，在很短的时间内谈成了两项重要的协议。从 6 月 14 日到现在，算起来不过 20 天，可是在海峡两岸各界，特别是在两岸航空业者、旅游业者的共同努力下，顺利、圆满地实现了协议中所预期的目标，难能可贵！

户外天高云淡，阳光灿烂。天气就像每个人的好心情。记者注意到，陈云林特地系了一条红色的领带，喜气洋洋。

大陆有 5 个航点，为什么选择到南京来剪彩？

"南京除了和大陆的其他航点一样，都有旅游团的首发；不一样的，就是南京作为两岸包机通航，是首航，是首航首发。"陈云林强调，"江苏是大陆经济发展快、质量好的省份之一，特别是很多台商在这里有成功的事业，集聚了相当数量的台商、台胞和台属。所以，他们期盼着能够在南京开设两岸周末包机航点，这是多年来的愿望。今天，这个美好的愿望实现了，我愿意和他们一起分享喜悦。"

"南京和台湾有许多历史的情缘，是很多台湾朋友到大陆所必经、必到的地方。南京与台湾的通航，会给江苏省及周边地区与台湾之间架起更便利的桥梁！"陈云林说。

"两岸人民都企盼和平发展。现在已经走出了可喜的一步，还会有美好的延续，未来的路更宽广！"他的眼中满怀憧憬。

（载《新华日报》，2008-07-25）

讨论题

1. 分析这篇新闻报道的句式及其表达效果。
2. 这则新闻的标题运用了什么修辞格？分别具有什么修辞效果？
3. 收集 10 条使用相同修辞格的新闻标题，并分析它们之间的异同。

第五章　新闻报道语体

本章要点及学习要求

● 新闻报道语体，是新闻工作者为了适应新闻交际领域的需求，运用全民语言传播新闻信息所形成的语言运用特点及其风格基调；具有信息功能、宣传功能和组织功能。

● 新闻报道语体属于实用语体的分支语体，是全民语言材料在新闻传播过程中所产生的一种功能变体，具有时代性与继承性、多变性与规范性、准确性与模糊性等性质。

● 新闻报道语体由特定语境类型和语言要素、非语言要素共同构成。从表现形式上看，它可分为动态性报道语体、典型性报道语体和综合性报道语体三种类型。

● 为了适应当代社会的变化、科学技术的发展、人类思维的精密化，新闻报道语体会适当吸收其他语体的表达方式和功能手段，不断丰富其结构表达系统，拓展其传播新闻信息的功能领域，不断满足新闻传媒的发展需求。

● 根据新闻报道语体所产生的语境类型及其所惯用的语言要素和非语言要素，新闻报道语体形成了简洁精练、通俗平实、新颖独特等风格特征。

● 通过本章学习，在了解"新闻"的定义的基础上，掌握新闻报道语体的定义、性质、形成和类型，理解新闻报道语体的功能和特点，培养正确运用新闻报道语体的能力。

第一节　新闻报道语体的界定

一、新闻与新闻报道语体

新闻，是指通过大众传媒进行传播的具有新闻价值的新近发生的真实信息。"新闻"一词，有广义和狭义之分。广义的新闻，是消息、通讯、特写、调查报告、采访杂记等新闻体裁的总称；狭义的新闻，仅仅指的是消息。

语体，是在运用全民语言时为适应特定语境需要而形成的语言运用特点的体系。新闻报道语体，是新闻工作者为了适应新闻交际领域的需求，运用全民语言传播新闻信息所形成的语言运用特点及其风格基调。新闻报道语体属于全民语言功能变体中的一种，它运用报纸、广播、电视、互联网等大众传媒，承担着迅速、真实、准确、具体地报道新近发生的事件、新鲜社会信息的交际任务。

新闻报道语体与新闻文体不同。第一，语体是根据交际功能所形成的不同交际领域的语言运用特点体系，属于语言学的范畴。文体是根据题材范围、写作手法、结构布局等的不同所划分出来的文章体式，属于文章学的范畴。第二，新闻报道语体是按照语言的功能风格划分出来的一种语体类型，新闻文体是以新闻消息为题材范围的一种文章体式分类，新闻报道语体仅仅涉及狭义新闻文体即消息的语言体式，二者并非一一对应的关系。

严格地说，新闻是随着近代工业社会而兴起并迅速成为一种社会事业乃至产业的。同新闻相关的研究领域或学科，都是随着新闻传播实践的发展而逐步建立起来的。近几年来，有关新闻语言运用方面的研究取得了较为丰硕的研究成果，但学界至今仍存在着"新闻语言""新闻语体""报道语体"等多个用名并列使用的情况。有的学者认为，"新闻界使用的语言中，语体交叉现象极为复杂"。报道语体、政论语体、科学语体、谈话语体在新闻传播领域的使用都相当普遍，"客观上不存在统一完整的所谓新闻语体"，因而主张使用"报道语体"这一用名。① 有的学者则认为，从语言的角度研究新闻的论著大多使用"新闻语言"这一用名，如黄匡宇的《电视新闻语言学》、孙国平的《实用新闻语言学》、李元授、白丁的《新闻语言学》等，因而不妨继续使用下去。

我们使用"新闻报道语体"这一用名，主要是基于以下三个方面的考虑。

第一，语体由语境类型和物质基础构成。语境类型是由交际领域、交际目的、交际任务、交际对象等大体相同的语境因素所构成的交际领域。物质基础包括语言要素和非语言要素的选择：语言要素是语言结构系统内的语音、词汇、语法等因素；非语言要素是语言结构系统外的篇章结构、符号、表格、公式、副语言、体态语等因素。新闻报道语体产生的语境类型是：新闻工作者通过广播、电视、报刊、网络等媒介，向广大的听众、观众和读者及时传播国内外发生的重大事件和重要的社会公众信息。这一语境类型决定了新闻报道语体必然会有规律地、经常性地反复使用某些语言要素和非语言要素：风格色彩朴素平实、语义表达清晰明确的词语；句法结构简单的短句、陈述句、主动句和肯定句；表明消息来源和具有现场感的直接引语；独特新颖的标题、凝练真实的导语和倒金字塔式的篇章结构等。这些语言运用特点使新闻报道语体形成了简明、真实、形象的风格基调，并成为了传媒语言中功能较强、影响较大的一

① 王德春、陈瑞端：《语体学》，49 页，南宁，广西教育出版社，2000。

种语言体式。

第二，新闻报道语体是全民语言从交际功能的角度分化出来的一种语言体式。新闻传媒领域中多种语体并存的现象是不争的事实，但承担"报道并评述新近发生事实"的功能的，却只有狭义的新闻体裁，其语言体式才属于新闻报道语体。就此而言，"新闻报道语体"和"新闻语言"是两个不同的概念。新闻语言是新闻传媒所使用的语言，而新闻报道语体是根据消息、报道等体裁传播新闻信息的客观实践需要以及语境类型和物质基础所确定的语言运用特点。

第三，新闻界关于新闻的定义，一直存在两种对立的看法，一种主张新闻为"发生事件之本身"；另一种主张新闻为"发生事件之报道"。[①] 目前，后一种观点得到了较多学者的认同和支持，即认为事实在前，报道在后，任何新近发生的事实只有经过报道才能转化为新闻。因此，"新闻报道语体"这一用名明确地揭示了新闻工作者通过大众传媒以语言文字向受众报道新闻事实的全部过程。

总之，新闻报道语体源于新闻的产生和发展，它与新闻事业在人类文化中出现的历史密切相关，在当代人类文化中所占的地位也日趋显著。如果不了解新闻报道语体，也就无法成为一个合格的新闻从业人员，也就不能很好地从各种新闻媒介中获取必要的信息。

二、新闻报道语体的性质

根据语体形成的语境类型和物质基础，现代汉语语体可划分为谈话语体和书卷语体两大基本类型。其中，书卷语体又可继续划分为文艺语体和实用语体两种类型：文艺语体包括诗歌体、散文体和对白体等分支语体；实用语体包括政论语体、科学语体、事务语体、新闻报道语体等分支语体。新闻报道语体属于实用语体的分支语体，是全民语言材料在新闻传播过程中所产生的一种功能变体。

新闻报道语体的性质具体如下：

（一）时代性与继承性

新闻报道语体的时代性，是指不同时期的新闻报道语体具有不同的时代风格。这是由新闻的性质所决定的。新闻是最近发生的客观事实的报道，只要社会、政治、经济、文化生活中出现了重要的新事物、新观念、新行为等，新闻报道都会及时地把它们记录下来，并广泛传播。这就使新闻报道语体往往会选

---

① 戈公振：《中国报学史》，17 页，北京，生活·读书·新知三联书店，1995。

择和使用一些具有鲜明时代色彩的词语、句子和一些非语言要素，从而形成了不同时代新闻报道语体的风格区别。

新闻报道语体在表现出时代性的同时，还具有一定的继承性。所谓新闻报道语体的继承性，是指不同历史时期的新闻报道语体都会受到相对稳定的全民语言的语音、词汇、语法等子系统的限制和制约。例如：基本词汇在新闻报道语体中具有十分顽强的生命力，不管社会、政治、经济、文化生活发生怎样的变化，也不管新词新语和陈旧词汇如何在新闻报道中频繁地更替，基本词汇永远都是新闻报道语体的重要物质基础。此外，一般词汇中也有一些词语是新闻报道语体长期沿用的语言要素，如下列古语词就经常出现在新闻报道中：

名词：阁下、陛下、枭雄

动词：下榻、抵、应

代词：其、之

副词：尚、均、皆、谨

介词：所、于、以、由

连词：即、而、并、且

新闻报道语体运用古语词，主要是因为新闻报道语体属于书卷语体，风格庄重严肃、文雅规范，而古语词作为古代汉语发展至现代汉语的余留语言现象，不但与新闻报道语体的风格基调相吻合，而且还充分说明了新闻报道语体的继承性。

（二）多变性与规范性

语言是不断发展和变化的，新闻报道语体同样也不例外。众所周知，词汇是语言中最活跃、最敏感的成分，同时也是变化速度最快的成分。"词汇本身的多变性，再加上新闻本身的多变性，无疑使新闻语言的词汇变化走在最前列。"①除此之外，新闻报道语体还因为新闻内容的广泛性而呈现出词语运用的多面性和复杂性，专业术语、行业语、流行语、惯用语、方言词乃至民谣、谚语等，都会在新闻报道语体中出现。这一切都充分显示了新闻报道语体的多变性。

虽然新闻报道语体具有多变性，但每一位新闻工作者在撰写新闻报道的时候，都会明显地感到它所特有的语言运用特点及其风格基调的限制，这就是新闻报道语体的规范性。新闻报道语体一旦形成，便成为新闻报道语言运用的规范和要求，制约着人们的言语行为。如果不遵守这些语言运用规范和要求，受

---

①　郭熙：《中国社会语言学》，128 页，南京，南京大学出版社，1999。

众就很难接受和理解新闻工作者撰写出来的新闻报道。例如：别具一格的新闻标题语言、简明扼要的导语表达、倒金字塔式的篇章结构等，都是一种约定俗成的"表达模式"，要求所有的新闻工作者都必须严格遵守。人们常说的"新闻报道要不断创新"，也指的是在这种"表达模式"所允许的范围之内的创新。

（三）准确性与模糊性

准确性是新闻信息价值的重要保证，同时也是新闻报道语体实现舆论宣传导向作用的重要保证。然而，正如著名社会语言学家陈原所指出的："准确性在一种情况下要求更大的精确性，在另一种情况下也可以容忍一定的模糊性。"也就是说，新闻报道语体是准确性和模糊性的辩证统一。

第一，新闻报道语体需要根据受众的需求、新闻的性质、报道的内容等因素，来决定语言表达的准确性或模糊性。如果一篇报道通篇都是高度精确的表述，而受众又不需要了解得如此细致，那么这样的准确就毫无价值和意义；反之，如果一篇新闻报道使用的全是模糊的词语，而受众又迫切希望了解具体的内容，那么就会让人感到含糊其辞、不得要领。一般说来，财经类、科技类等的新闻报道语体对语言表达的精确度有较高的要求，而民生类、娱乐类等的新闻报道语体则会具有一定的模糊性。

第二，新闻报道语体适当运用模糊性的言语，有的时候，往往会起到比准确性言语更好的表达效果。例如：

①印度政府最近制定了雄心勃勃的电力发展目标。

（《印度发电要"赶中超美"》，载《环球时报》，2009-10-01）

②大约两周前，我应邀去一所大学为一场演讲比赛做裁判。

（《对抗生活的不公》，载《环球时报》，2009-10-01）

③该男子身高约1.8米，留着平头，很壮实。记者向一路人了解到，当晚10点50分左右……

（《壮汉自助银行内挟持女子》，载《春城晚报》，2009-11-01）

上面三个例句所使用的"最近""大约""约""左右"等都属于模糊性的词语，但并不影响受众对新闻信息的认知和理解。事实上，从这三则新闻信息的内容来看，作者也不需要使用非常精确的言语，受众也不会纠缠于模糊语言的运用；尤其是例句③中的模糊词语，反而增强了新闻报道的真实性和可信度，显得十分恰当。

第三，模糊性言语在新闻报道语体中是客观存在的，但准确性言语则是新闻报道语体不可缺少的。新闻报道语体提倡通过恰当选用精确性言语和模糊性言语来达到语言运用的客观性和真实性，杜绝出现"准确不足，模糊有余"的语用现象。例如：一个星期前可用"最近"表示，一个月前可用"最近"顶替，一个季度前至半年前也可贴上"最近"的标签。① 另外，诸如"有关人士指出……""某高级官员认为……""一位不愿透露姓名的知情者提供……"等话语，如果不分场合地胡乱使用，只会导致新闻传媒的客观性和真实性受到人们的质疑。

三、新闻报道语体的形成

新闻报道语体由制导因素和物质基础共同构成。新闻报道语体的制导因素为特定语境类型，而物质基础则由语言要素和非语言要素组合而成，包括新闻报道语体反映客体的方式。

(一)新闻报道语体的语境类型

人类的言语活动总是在具体的语境中进行的。随着时代的发展、社会分工日益精细，语言运用领域也在不断扩大，由此产生了各种具有类型化特征的语境类型。语境类型是指由交际领域、交际目的、交际任务、交际对象等大体相同的语境因素所构成的交际领域。例如：日常生活中的闲聊、谈心，既可以在公共场合如商场等地方进行，也可以在私人场合如家庭等地方开展，但不管在哪一种场合，人们都处于一种轻松、自然、随意的言语活动状态中，目的都是满足人们在日常生活中传递信息、交流思想感情的需要。这就是一种语境类型。

新闻报道语体产生的语境类型，就是新闻工作者通过报纸、广播、电视、互联网等大众传媒向广大受众(包括读者、听众、观众)传播新闻消息。它的任务是及时、简要、如实地反映新近发生的事件，从而充分发挥新闻报道舆论宣传导向的作用。如果结合中国新闻传媒当前的工作观念，新闻报道语体的语境类型还应该具体包括"提供丰富信息、一切为受众服务、重视经营管理、强调现代传播技术"②等内容。

(二)新闻报道语体的语言要素

语体的不同功能所要求的用语特点，会引起语言手段的语体分化；分化到与典型的语境类型相适应的质的差别时，就成为划分语体的条件。③ 新闻报道语体的语境类型决定了人们对语言要素(包括词汇、句子、修辞格等)的选择。

---

① 伍铁平：《模糊语言学》，91页，上海，上海外语教育出版社，1999。
② 沈爱国：《新闻学基础》，390页，杭州，浙江大学出版社，2001。
③ 王德春、陈瑞端：《语体学》，4页。

1. 词汇要素

新闻报道语体的词汇要素，主要具有以下几个方面的特点：

(1)多用表达具体意义的实词

一般说来，新闻报道语体多用实词，少用虚词。其主要目的是使新闻报道显得更加生动、形象、可信及真实。例如：

①京沪高速铁路全线开工，由此中国"经济起飞的脊梁"挺得更直。

上午9时，开工仪式在春阳送暖、万木摇绿的大兴举行。干练的温家宝总理微笑着拉去红绸，为京沪高速铁路有限公司揭牌。

这项世界瞩目的盛大活动，在和煦的东风中，仅用了10分钟。

新一届政府快捷务实的作风，和这一伟大的事件，将留在历史的记忆中。

京沪高铁全长1 318公里，是当今一次建成线路最长、标准最高的高速铁路。

全线设21个车站，设计时速350公里。双向输送能力每年达1.6亿人次。

这条投资2 209.4亿元的铁路5年建成后，北京到上海将由10小时缩至5小时。

此线贯穿沿线四省三市，连接环渤海和长江三角洲两大经济区。

四省三市的国土面积占全国的6.5%，人口占全国的26%，GDP占全国的40%，是我国经济发展最为活跃和最具潜力的黄金高地。

（《东方腾起一条龙》，载《中国铁道建筑报》，2008-04-19）

在这篇新闻报道中，名词、动词、数词、量词等的使用频率较高，真实、确切地反映了新闻信息的全部内容，较好地实现了新闻报道的功能。

(2)多用通用书面语词汇

早期的新闻报道，主要是以报纸作为传播媒介。随着大众传媒的不断发展和快速普及，广播、电视、互联网都已成为重要的新闻传播媒介。然而，无论使用什么性质的传播媒介，新闻报道语体均广泛运用以基本词汇为核心的书面语词汇。所谓基本词汇，就是一个民族的人民群众日常使用的相对稳定的词汇，具有全民常用性、相对稳固性、构词能产性等特点。基本词汇所表达的都是与人们日常生活关系十分密切的事物或现象，如自然现象、家畜名称、人的肢体和器官、亲属、方位、时令、数目、劳动工具以及与日常言行有关的现象等。

新闻报道语体之所以多用通用书面语词汇，主要是因为：一方面，基本词汇是现代汉语词汇系统的核心，其中包括了大量的通用书面语词，而新闻报道语体原来就是书卷语体中实用语体的分支语体；另一方面，新闻信息涉及社会、政治、经济、文化生活等方方面面，同时又要面向普通大众及时传播信息，这些都要求新闻报道语体应大量采用通用书面语词汇。通用书面词汇的广泛运用，使新闻报道语体形成了通俗易懂、生动形象、易于理解等特点。

（3）恰当使用新词语和简缩语

新闻报道语体使用新词语，与其传播的是最新发生的国内外重大信息有关。在这些新闻信息中，会不可避免地涉及社会、政治、经济、文化生活中的新事物、新现象、新观念、新行为，而报道这些内容就必须使用新词语。一般说来，大量的新词语往往会首先出现在新闻报道中，并通过新闻传媒进而扩散成为社会通用词语或流行语的。其传播速度之快、传播范围之广，是其他任何传媒都无法比拟的。

新闻报道语体也是简缩语使用的重要阵地之一。这主要是因为简缩语能够以其"辞约而意丰"的特点，满足现代社会节奏快、效率高的信息获取要求，实现新闻报道语体以少驭多、言简意赅地传播新闻信息的目的，并给受众留下深刻的印象。

2. 句子要素

新闻报道语体的句子要素，主要具有以下几个方面的特点：

（1）引语的大量使用

引语，又叫转述句，是指转述他人话语及其思想的语句。根据表述的性质及形式，引语可以分为直接引语和间接引语两种类型。直接引语，是将他人的话语及其思想原原本本地转述出来的引语；间接引语，是对他人的话语及其思想适当加以压缩或调整的引语。例如：

②"来，我们一起合个影。"总理的提议让早已激动的工人师傅们更加欣喜若狂。青工小夏非常兴奋地说："真没想到，总理会主动同我们照相，跟做梦一样。""和大家在工地上过节，心里感到非常高兴。"总理对这些长年累月工作在"生命禁区"的辛勤劳动者深情地说："建设这条世界上海拔最高、难度最大的铁路，非常不容易。""我向大家表示致敬和感谢！"

（《海拔 4 161 米：总理跟我们合影》，载《人民铁道报》，2005-05-03）

③7 月 20 日，温家宝总理在深圳视察康佳集团时，对这家企业一条"用创新赢得尊严"的标语十分赞赏。他对康佳的研发人员说，一个国家的发展、一个民族的进步、一个人的成长，都需要有创新的精神。企业在遇到困难时，要克服困难，做到利润不减，也要靠创新的精神。有了创新精神，我们才能够屹立在世界民族之林；同样，企业也才能成为同行业的领军企业。希望企业尤其是研发人员，要大力发扬创新精神。

（《用创新赢得尊严》，载《深圳特区报》，2008-08-27）

例句②中用双引号引起来的话语，即属于直接引语，读后给人以朴实、亲切、直观的现场感。例句③中的加点部分的话语，就属于间接引语，读来显得简明扼要、重点突出。

可以说，大量使用引语，这是新闻报道语体非常独特的一种表达方式。其目的是为了使新闻报道显得更加真实，从而增加新闻的可信度。

（2）以结构简单的短句为主

短句由于字数较少、结构简单、风格明快，常常被用于新闻报道语体当中，尤其是以广播、电视为传播媒介的新闻报道语体当中。新闻报道语体使用短句，可以使读者易于理解，增强新闻信息的可读性。例如：

④每到节假日，各行各业都有大量的劳动者要加班，加班理应按照国家相关规定领取加班费。但"条形码"对节假日加班能否领取加班费进行民意调查后，大部分的观众却说，他们领不到加班费。……我国《劳动法》规定，休息日安排劳动者工作又不能安排补休的，用人单位应支付不低于工资200%的报酬。法定休假日安排劳动者工作的，应支付不低于工资300%的报酬。……尽管国家有相关法规，各单位在执行时却不尽相同。

（《节日加班费难领》，云南电视台《都市条形码》，2006-05-10）

在这则电视新闻报道中，语音停顿较多，每句话所包含的字数也不多，听起来层次分明、条理清楚，便于观众的接受和理解。

（3）陈述句和肯定句居多

陈述句具有叙述和说明的功能，语调平直；肯定句语义重，语气强。它们与新闻报道语体的功能和受众对新闻信息的传播要求是完全一致的。例如：

⑤小鸡蛋，大工程。为了形成稳定的机制，县财政局设立"一颗鸡蛋工程"专户，每年至少预算20万元，并吸纳社会资金。县、乡、村实行"一把手"负责制，建立采购配送中心、资金管理中心、健康监测中心等，各负其责，保证新鲜鸡蛋统一配送到校。

（《"一颗鸡蛋"强壮山里娃》，载《中国教育报》，2008-10-12）

⑥今天16时30分，共和国总理温家宝专程乘坐火车，来到海拔4 161米的玉珠峰站工地，与工人们共度劳动者自己的节日。

今天是第116个五一国际劳动节。14时30分，温总理来到青海格尔木市郊30公里的青藏铁路南山口铺架基地。他健步走下汽车，直奔工人中间，与大家热情握手交谈。工地上，欢呼声、掌声响成一片。

（《海拔4 161米：总理跟我们合影》，载《人民铁道报》，2005-05-03）

例句⑤和例句⑥都用的是陈述句和肯定句，语义明确，感情色彩鲜明，较好地突出了报道对象的正面形象。

3. 修辞格要素

修辞格在各种语体中都有一定数量的分布，只不过有的语体使用频率高一些，有的语体使用频率低一些。新闻报道语体也使用修辞格，但与文艺语体相比，无论是修辞格的具体类型，还是修辞格的使用数量，都相对要少一些。例如：

⑦上海要以更宽广的胸襟和更广阔的视野，把上海未来发展放在中央对上海发展的战略定位上，放在经济全球化的大趋势下，放在全国发展的大格局中，放在国家对长江三角洲区域发展的总体部署中来思考和谋划，牢固树立全国一盘棋思想，始终坚持在服务全国大局中发展上海自身。

（《上海要有更宽广的胸襟》，载《解放日报》，2007-07-09）

⑧医院药价能否"平易近人"？

（载《新京报》，2009-08-19）

⑨44个汉字"整形"修改成本知多少？

（载新华网，2009-08-23）

例句⑦使用了排比辞格，例句⑧和例句⑨则使用的是比拟辞格。它们都服从于新闻报道语体的表达需要，能够使新闻报道显得更加生动、更有特色。

通常，新闻报道语体常用的修辞格主要有对偶、比喻、比拟、双关、摹绘、设问等。

（三）新闻报道语体的非语言要素

非语言要素，又称超语言要素，是有声语言的一种辅助形式或替代物，也具有一定的传递信息、交流思想的功能和作用。"绝大部分语体都不同程度地运用非语言要素，只有新闻报道语体是例外，用得极少"。① 例如：

①Wireless HD ＝ 无线 ＋ 高清晰度

（载《电子资讯时报》，2007-04-02）

②"笔记本电脑＋USB电视棒"引领零束缚移动收视

（载《电子资讯时报》，2008-07-10）

例句①、例句②都使用了字母词和数学常用符号"＋""＝"等，使新闻报道的语言表达获得了一种新颖独特的修辞效果，既通俗易懂，又具有时代性，同时还通过数学表达式形成了科学化的语义色彩。

除此之外，在一些新闻报道中，也会有数据图片、摄影照片之类的非语言要素来辅助新闻消息的传递。但就新闻报道语体的总体而言，非语言要素的使

---

① 袁晖、李熙宗：《汉语语体概论》，25页，北京，商务印书馆，2005。

用频率并不高，但其独特的功能和作用也是不容忽视的。

（四）新闻报道语体反映客体的方式

新闻报道语体的语言要素和非语言要素组合在一起，就会呈现出独特的反映客体的方式。通常，新闻报道语体往往采取客观、理性、冷静的方式来反映报道对象，所反映出来的信息内容一般具有新鲜、独特、重要的特点。例如：

新华社拉萨 3 月 14 日电 西藏拉萨 14 日发生暴力事件，商店遭洗劫，清真寺被烧，人员伤亡严重。

骚乱始于午后，一些人在小昭寺附近与执勤民警发生冲突，并向民警投掷石块。

14 时左右，暴徒开始在小昭寺周边集结，纵火焚烧市区两条主要街道和大昭寺、小昭寺以及冲赛康市场附近的店铺。至少五处着火，现场浓烟密布。

目击者看到，一些商店、银行和旅馆被烧毁，电力、通信中断。大昭寺和小昭寺附近的店铺被迫停业。

暴徒肆意打人……

政府保持克制……

网民描述"骚乱"……

当晚，一名叫韩敬山的当地居民在网上发布贴文《亲历拉萨"骚乱"四小时》，描述他亲眼目睹的暴力场面。

韩敬山下午途经市区时，突然发现小昭寺方向浓烟滚滚，救护车呼啸而过。接近小昭寺时，只见满地都是一两公斤重的石块，一辆出租车烧得仅剩骨架。

"我看见十几个暴徒正在焚烧百益超市前的汽车，两百多人围观。"他写道："17 时 56 分，特警赶到，暴徒逃散，但前面不远处又有两辆出租车被点燃，随后一个满脸是血的汉族女子从我身边跑过。"

"2008 年 3 月 14 日，西藏乃至中国历史上会永远记住这一天。"他写道。

（《拉萨发生暴力事件》，新华社，2008-03-14）

2008 年 3 月 14 日，拉萨突发暴力事件。新华社于当日 17 时 12 分 42 秒在全球率先发出第一条英文简讯，随后便持续展开滚动报道。这则新闻报道采用客观的叙述视角，用事实说话，以细节取胜，不仅真实地记录了拉萨发生暴力事件的现场，而且还如实反映了政府保持克制态度、全力营救受困群众等事实，对国际舆论产生了积极的宣传和导向作用。

四、新闻报道语体的类型

从表现形式上看，新闻报道语体可分为动态性报道语体、典型性报道语体和综合性报道语体三种类型。

（一）动态性报道语体

动态性报道语体，是用于反映即时消息、现场报道的新闻语言运用体系。动态性报道语体非常重视新闻信息的时效性，它只叙述和说明新闻事件的结果，不追问新闻发生的原因及全部过程，因此语言表达往往简明扼要、一目了然。简讯、袖珍新闻、一句话新闻、标题新闻和其他短新闻的语言体式，都属于动态性报道语体。例如：

①台风"莫拉克"已造成台湾126人死亡

②香港特区立法会通过5 000万港币拨款赈济台湾灾民

③全国1.7亿亩作物受旱　北方地区全力抗旱

④全国两天查处酒后驾驶交通违法行为3 000多起

例句①、②、③、④都是标题新闻，它们运用有限的字数，高效率地完成了新闻消息的及时报道。

当然，如果新闻事件在发展过程中出现了新的闪光点，动态性报道语体也可以采取连续报道或追踪报道的方式，继续报道下去。例如：记者苏强在2007年4月期间采写的《连续报道达尔富尔问题》——《对抗是没有出路的》《亲历达尔富尔——与反政府武装零距离接触》《苏丹大使专访：达尔富尔和平展望》，就属于由连续报道方式构成的动态性报道语体。全文共8 114字，及时地把苏丹政治局势的发展变化传递给了受众读者。一般说来，战争消息、自然灾害、总统选举等热点新闻，都会用到由连续报道或追踪报道所形成的动态性报道语体。

在所有类型的新闻报道语体中，动态性报道语体的使用频率是最高的。这不仅仅是因为动态性报道语体的数量较多，而且还与新闻报道本身就具有动态性密切相关。

（二）典型性报道语体

典型性报道语体，是用于报道典型、介绍经验的新闻语言运用体系。它常常通过对典型人物和事件的报道，总结经验，启迪受众。语音流畅、词语具体形象、句子结构灵活、语篇的时间连续性相对较弱，是其语言运用的主要特点。例如：

宁夏人攻克一道道世界性施工难题
郭昊东施工队巧绘北京奥运场馆"双唇"

本报讯（记者　苏保伟）　1月22日，在北京奥运会国家会议中心，郭昊东将火车票分发到一群打工者手中，让他们回宁夏过年。此前，这位从彭阳县大山深处走出来的打工头，率领他的"郭昊东施工队"备战在国家会议中心外观装饰工程施工现场，攻克了一道道世界性施工难题，为宁夏人争了光。

家境贫寒的郭昊东读完高中后便到银川、西安、深圳等地打工。2001年7月13日，北京申奥成功的不眠之夜，他在深圳做出决定：到北京去，与奥运同行。不久，他受聘于北京一家公司。2005年他成立了北京德泰兴装饰公司，将彭阳、同心一带农民纳于"麾下"。他重视职工生活和技能培训，花30多万元购置了一栋三层移动式职工宿舍，3万多元添置了图书和影像资料，采取岗前学习、岗中传帮带、周末和晚上辅导等形式对工人进行培训。与武警北京北苑支队结成军民共建单位，对职工进行军训。一支纪律严明、作风技术过硬由西北人组织的规模最大的玻璃幕墙施工队伍——"郭昊东施工队"在首都业界声名鹊起。

2007年3月10日，"郭昊东施工队"承担了奥林匹克公园中心四大主场馆之一的国家会议中心东、北、南三面玻璃幕墙的施工任务。施工难度最大的是东面外观双曲线悬挑唇工程，长各500米的"上、下唇"是不规则的三维曲面，全部用钢结构和金属铝板及4万多叶片组合而成，每一工艺、细节均通过三维空间集中表现，独特的造型由英国RMJM设计公司作总顾问设计，这样的施工在世界上是首次，没有先例可借鉴。此前已有几家施工队因技术难度大而临阵退缩。郭昊东组织技术人员，积极探索，大胆创新，采用"土洋结合"的办法，攻克了一道道技术难关。2007年年底，在监理单位严格审核下，中心上唇和玻璃幕墙工程顺利封闭，得到2008奥组委的认可。

目前，"郭昊东施工队"的业务以北京为中心，辐射到江苏、山东、内蒙古等地。2007年累计引进宁夏劳务人员230多人，长期工达150人，除衣食住行开支60多万元外，每年按月足额发放工资100多万元。

（载《宁夏日报》，2008-01-28）

这篇新闻报道紧紧扣住2008年大批农民工返乡这一社会焦点问题，大量运用韵律和谐整齐的四音节词语、比拟辞格等语言表达手段，用来自宁夏西海固的农民工"郭昊东"在北京成功实现由体力型农民工向技能型农民工转变的经历，具体细致、生动形象地解读了农民工在城市的务工立身之道，从而使农民工

"郭昊东"成为了 2008 年农民工、奥运会两大热点题材中的独家报道新典型。

与动态性报道语体不同,典型性报道语体不仅报道结果,而且追究原因,同时还要考虑到新闻事件的典型性,因此语言表达的详实程度也就有所不同。

(三)综合性报道语体

综合性报道语体是若干单一动态性报道语体的综合,常用于重大节日或特殊时期的新闻报道,以造成声势,渲染气氛。例如:

民政部官员:抗灾救灾已转入全面恢复重建

民政部官员 9 日在北京说,目前抗灾救灾工作已转入到全面恢复重建阶段。民政部在这个方面的职责主要是安排好南方雪灾灾民的生活。

十一届全国人大一次会议 9 日上午在人民大会堂举行记者招待会。劳动和社会保障部部长田成平、副部长孙宝树,民政部部长李学举、民政部常务副部长李立国就就业和社会保障问题答记者问。

李立国说,应对南方低温雨雪冰冻灾害的斗争取得应急抢险抗灾重大阶段性胜利,开始转入全面恢复重建阶段。在这个新的阶段,民政部按职能承担受灾群众生活安排和倒塌民房恢复重建的任务,面对着三个问题:继续安置房屋倒塌的受灾群众;救助重灾省区的口粮;恢复重建民房。

他说,按照上述面临的问题需要落实的任务,中央对地方救灾工作给予了有力的支持。对转移安置的倒损房屋群众,目前正在利用投亲靠友、邻里互助、借住公房等方式来保障他们的临时住处,并每天在食物提供上给予资金补贴。

在增加的救助人数和延长时段上,中央财政在已经于春节前安排第二笔 17.5 亿元的冬春救助资金的基础上,前几天又对 10 个重灾省份下拨了专门增加的 3.4 亿元春荒救助资金。同时,春节前还下拨了 7.1 亿元的重灾省份城乡低保群众人均补贴,城市 15 元、农村 10 元的临时补贴,连续补贴三个月。

在受灾群众的倒房重建上,春节前已预拨了 2.04 亿元,前几天又下拨了恢复重建补助资金 9.4 亿元。这些资金对支持地方政府救灾和帮助受灾群众保障基本生活、完成恢复重建,将是有力的支持。

据不完全统计,抗击雨雪冰冻灾害过程中,全国已经接收了 16.02 亿元的社会捐助资金。

李立国说,在倒损民房的恢复重建上,各地还普遍制定减免行政收费等措施,发挥农民自建房屋的积极性,尊重农民的恢复重建主体地位。

(载新华网,2008-03-09)

这则新闻报道围绕"继续安置房屋倒塌的受灾群众、救助重灾省区的口粮和恢复重建民房"三个方面的工作，说明了抗击南方雪灾的工作已转入全面恢复重建阶段。句子结构完整，语义清晰而全面，语气肯定，语调稳重。

五、新闻报道语体与其他语体的关系

由于新闻报道语体总是根据新闻信息传播的需要有规律地选择和运用语音、词汇、句式、修辞格、语篇结构等一系列的表达手段，并不断强化这些手段在语用系统性上的相似特点，所以新闻报道语体一旦形成，就会以一种共体性的语言运用特点，成为新闻报道相对稳定的语言运用规范。然而，新闻报道语体又不是一成不变的。面对当代社会日新月异的变化、科学技术的高速发展、人们思维的日趋复杂精密，新闻报道语体便会适当吸收其他语体的表达方式和功能手段，不断丰富其结构表达系统，拓展其传播新闻信息的功能领域，不断满足新闻传媒的发展需求。

从新闻报道语言运用的实际情况来看，新闻报道语体与现代汉语的每一种语体类型都有可能出现表达方式和功能手段的交融现象。

（一）新闻报道语体与文艺语体的交融

新闻报道语体讲求真实性和时效性，与文艺语体的虚拟性和情感性具有本质的区别。但是，新闻报道语体和文艺语体在表现形式上又具有一些相似的特征，即都需要借助具体、形象的语言文字来反映生活，打动受众，获取最佳的话语交际效果。因此，新闻报道语体常常借用文艺语体的一些语言要素来表情达意。例如：

> 天也云南美，地也云南美，冰川伴热海，蓝天彩云追；山也云南美，水也云南美，江河淌碧玉，群峦竞翠微，云南的美是看不够的美，云南的美是说不完的美，云南的美是神奇的美，云南的美是忘不了的美！

（《神奇的七彩云南 壮美的天地乐章》，载《云南日报》，2008-01-18）

例句以诗一般的语言和比拟、排比、对偶、夸张辞格来渲染和强调云南的美，给人以一种"艺术享受"。

事实上，新闻报道语体与文艺语体的交融并非现在才产生的。新闻报道自产生之日起，就与文学结下了不解之缘。我国最初的新闻报道，就源于对古典文学作品的模仿。后来在西方新闻写作的影响之下，才逐渐具备了新闻报道的独立品质。但是，人们又发现完全按照新闻文体的写作规则来撰写新闻报道，语言表达又会出现简单、枯燥、乏味等问题。于是，为了增强了新闻报道的感染力，其语言表达又再次出现了向文学语言靠拢的情况。这种情况从19世纪末 20 世纪初新闻报道语体形成之时开始，一直到现在都不同程度地存在着。20 世纪 80 年代初，新华社社长穆青同志提出了"创造和发展一些新的报道形式"，"向自由的活泼的散文式的方向发展，改变那种深重的、死板的形式，而代之以清新的明快的形式"①等关于创新新闻报道语体的观点，而他本人也与周原同志一起深入河南农村，撰写了六篇语言生动传神、风格个性鲜明的散文式通讯报道。由于新闻工作者的热烈响应并勇于实践，新闻报道语体与文艺语体散文体的交融得到了较好的推广和普及，出现了"文艺通讯"等新兴文体和一大批成功地将"自由、活泼、生动、优美、精练的表现手法"结合起来报道新闻的作品，如张万舒的《故乡人民的笑声》、郭玲春的《金山同志追悼会在京举行》等。国外同样也不例外。例如：20 世纪 60 年代美国兴起的"新新闻学"，结合新闻的采编手法与文学（主要是小说）的表现手法来报道真人真事，使作品同时兼具了新闻的真实性和文学的艺术性。有的时候，"新新闻学"为了表现某种特殊的感受和氛围，甚至不惜"抛弃新闻的真实性"，对新闻事件的细节大胆进行虚构。

（二）新闻报道语体与政论语体的交融

新闻报道语体与政论语体的交融，也是由来已久的，其结果便是新闻评论的产生。

早在远古时代，人们对某些事情和问题的记载就已经掺杂了评论的因素。例如：《尚书·盘庚》是以记事为主的记叙文，但同时也记录了君主、臣民对这些事件的认识和评论。到了《左传》《国语》《战国策》，议论的成分逐渐增多，有的文章在叙事之后有一段针对时事发表的评论"君子曰"，跟今天新闻报道的"编后"部分十分相像。至汉代贾谊的《治安策》、晁错的《论贵粟疏》、王安石的《答司马谏议书》等，则直接奠定了今天社论、时评、评论员文章等的写作基础。近代新闻报刊出现之后，由新闻报道语体和政论语体交叉渗透而形成的新闻评论语体，逐渐成为了新闻报刊中的较为常见语言表达体式，如《民呼日报》《民立报》《民吁日报》中的社论，《新青年》的批判文章，无产阶级政党报刊的新闻评论，等等。1904 年 4 月 29 日，梁启超在《时报》发刊词中提出了新闻评论的一些重要原则，说明了新闻与政论的关系：

1. 本报论说，以公为主。

2. 本报论说，以要为主。凡所讨论，必一国之大问题。

3. 本报论说，以周为主。周到、不遗漏，每日所出事实，关于一国

---

① 穆青：《新闻工作散论》，164 页，北京，新华出版社，1983。

一群之大问题，必以论之，或著之论说，或缀以批评。

4. 本报论说，以适为主。适宜于中国今日之社会程度。

梁启超以新闻评论的社会功效作为办刊的目标，实际上却指出了新闻报道与政治评论相结合的必然性，而这在今天的新闻报道语体中也是屡见不鲜的。例如：

①今天是中华人民共和国六十华诞，新中国当时的敌人都没想到，共产党中国会存活这么久，而且会在 60 年后这么强壮。

（《埋头苦干的中国惊天动地》，载《环球时报》，2009-10-01）

②在回顾新中国 60 年成就时，人们往往将目光局限于物质层面。一个非常普遍的说法是："中国对世界的最大贡献是解决了 13 亿人的温饱，是中国实现了现代化。"从客观认识新中国对世界的贡献这个角度讲，这种评价显然不属于全球角度的宏观分析，同时也低估了中国对世界思想贡献的重大程度。

（《中国六十年来对世界的思想贡献》，载《环球时报》，2009-10-01）

③如果否定自己奋斗的历史，就不能真正认识中国崛起的性质和潜力。如同美国新保守主义重新认识美国潜力，提升美国地位一样，中国也需要有理想的鹰派。从新的角度认识中国崛起的前途，发掘中国潜力，提高民族自信，才可能把潜力变为现实。在笔者看来，中国崛起有十个阶段。

（《中国崛起的十个阶段》，载《环球时报》，2009-10-01）

例句①、②、③是同时刊登在《环球时报》"国际论坛"栏目的新中国 60 年专家评述。它们从新中国成立以来所取得的举世瞩目的成就、对世界的影响和贡献、中国的未来三个方面的新闻事实进行了评论，具有很大的新闻价值和极强的社会效应，是紧扣时事和中国国情所作的重要评论。

（三）新闻报道语体与科学语体的交融

在科学技术日新月异的今天，科学知识已经渗透到了人们生活的各个领域，而临时借用严谨精确的科学术语、句法结构完整和修饰限制成分较多的句子，也成了新闻报道语体高效、准确地反映科技发展动态的重要手段之一。

由于科学语体具有客观、精确、逻辑严密等语言运用特点，而新闻报道语体又强调在尊重客观事实的基础上具体、形象地反映客观事物，所以临时进入新闻报道语体中的科学语体的表达手段往往会受到新闻报道语体功能的制约，并往往与一些相关的修辞手法搭配在一起使用，从而达到尽量淡化科技专业色彩、化深奥为浅显、化抽象为具体的目的，使新闻报道语体真正起到普及专业科技知识、宣传教育受众的作用。例如：

①**本报讯** 美国航天局科研人员最近开发出一种能快速检测航天器细菌的新技术。

美航天局的科研人员称，这项新技术能找到构成细菌芽孢的主要物质吡啶二羧酸，从而发现细菌芽孢的位置。该项技术的工作原理是，先在被检测物表面约一角钱硬币大小的地方涂上铽，然后将其置于紫外线灯光下照射，人们通过显微镜和特殊相机便能看到是否有细菌芽孢，因为铽能把细菌芽孢的主要物质吡啶二羧酸变成明亮的绿色。

参与开发这一新技术的艾德里安·庞塞说，细菌芽孢可以在极其恶劣的环境下生存，可抵御高温、低温、强辐射物和化学物质，并最多可以在太空存活 6 年之久。

（《航天器细菌快速检测器问世》，载《科学导报》，2009-11-02）

②电脑键盘是个"细菌大本营"，这件事很多人没有引起重视。

有地方的卫生防疫部门对 500 个网吧中的电脑键盘进行了抽样检查，结果发现其中存留乙肝病毒的占到 35%，而平均每个键盘上的病原微生物达 10 万个以上，其中包括了链球菌、绿脓杆菌、伤寒杆菌、肝炎病毒、结核杆菌、流感病毒、沙眼衣原体等。不知不觉中，电脑键盘已经成了我们生活环境中最容易藏污纳垢的地方之一。

如果你每天都和电脑"亲密接触"，那么别忘了，定期给你的电脑键盘做个"大扫除"，消消毒，还有手机、计算器等，键盘干净了，身体才会更健康。

（《常清洗键盘可防细菌滋生》，载《科学导报》，2009-10-26）

例句①为了增强报道内容的科学性，选用了许多精确的科学术语，如"细菌芽孢""吡啶二羧酸""铽""紫外线""显微镜""强辐射物"等，词语形式精简，句子结构完整，基本上没有句法成分省略现象，语篇层次分明、条例清楚。例句②运用了专业色彩浓厚的科学术语"乙肝病毒""病原微生物""链球菌""绿脓杆菌"等，各种句法成分也较为齐备，句子结构也显得十分完整。在使用上述手段保证科学信息传播准确、客观的同时，还运用了比喻、比拟等修辞格，以及口语化的叠音词等，使新闻报道语言显得平实明快、富于生活情趣。

（四）新闻报道语体与事务语体的交融

事务语体，是适应于公文事务交际领域，用于记录国家机关、社会团体、企事业单位和个人之间的行政事务的语言运用体系。事务语体以记叙为特征，以实用为目的，语用特点为：措辞严谨，具有专用的公文用语和严格的语篇结构格式；句子结构完整，多用陈述句，有时也用祈使句，基本不用感叹句和疑问句；很少使用表情性、审美性的修辞格，有时会使用对偶、反复、排比等辞格。

新闻报道语体在表述机关团体企事业单位和个人之间的行政事务时，就有可能会临时借用事务语体的语言要素和非语言要素。例如：

①中央决定，孟学农任山西省委委员、常委副书记。于幼军不再担任山西省委副书记、常委委员职务，中央另有任用。

中央组织部副部长李建华宣布了中央关于山西省政府主要领导调整的决定。

（《孟学农任山西省委副书记 于幼军另有任用》，载中国新闻网，2007-08-31）

②据新华社电 十届全国人大常委会第二十九次会议30日表决通过关于个别代表的代表资格终止的报告，依照代表法的有关规定，终止孙升昌、陈良宇、段义和、包建民的全国人大代表资格。

（《陈良宇被终止全国人大代表资格》，载《新京报》，2007-08-31）

例句①、②所反映的内容都属于行政事务的范畴，从言语形式上看，它们同时兼具新闻报道语体和事务语体的表达特点，并统一服从于新闻报道语体的功能。语言风格既显得简洁明快、自然流畅，又显得庄重严肃，具有一定的权威性。

第二节　新闻报道语体的功能

在众多的大众传媒中，新闻报道语体在舆论导向、宣传引领等方面占有极其重要的地位。长期以来，西方传媒都将新闻看做是报社、广播电台、电视台的"脊椎"，而中国也把新闻看做是党和政府舆论宣传工作中的"主体"和"骨干"。中国的新闻理论认为，新闻传播事业是党的喉舌、人民的喉舌、政府的喉舌，是党和政府联系人民群众的"纽带"和"桥梁"，同时也是在人民群众之间、国家之间传递各种信息的强有力工具之一。可以说，新闻报道语体作为实用语体的重要分支，具有其他语体不可替代的功能和作用。

通常，新闻报道语体的功能大体可以分为信息功能、宣传功能和组织功能三种。

一、信息功能

信息功能，是指新闻报道语体具有传递信息、交流思想的作用。信息功能是新闻报道语体最基本的社会功能，其他的功能都是从这一功能中派生和发展出来的。

人类社会已进入信息爆炸时代，有关世界大事、国际关系、和平战争、自然灾害、科学发明、上天入地、政权更迭、股市行情、文教动态、社会万象等的新信息，几乎每分每秒都在产生，而看报纸、听广播、看电视、上网也已经成为了人们日常生活中司空见惯的行为。所有这一切的发展变化，都会通过新闻媒介向社会广为发布和传播。其他语体所承载的信息，如事务语体传达的国家政策和方针、科学语体反映的发明和创造、文艺语体的新书新戏、政论语体的动态评述，甚至是谈话语体所传播的各种社会消息，只要是重要的、客观的、真实的，都会首先通过新闻报道语体向社会传播。新闻报道语体已经成为人们获取新闻信息的重要渠道和媒介。例如：

我国发现世界上最小的树栖翼龙化石

本报北京 2 月 11 日电（记者　齐芳）　中国科学院古脊椎动物与古人类研究所汪筱林、周忠和研究员和巴西科学院的两位科学家凯尔勒、坎普斯博士通过对热河生物群的合作研究，发现了一种新的翼龙化石——隐居森林翼龙（Nemicolopterus crypticus），这是世界上最小的树栖翼龙化石。2 月 12 日出版的《美国国家科学院院刊》（PNAS）刊登了相关论文，报道了这一重要成果。

此次发现的化石几乎为一完整的骨架，保存非常精美。它的嘴巴尖长，嘴里的牙齿已经完全退化消失，属于无齿的翼龙。森林翼龙的体型娇小，翼展仅 25 厘米，大致相当于一只燕子或麻雀大小。科学家认为，森林翼龙是迄今为止发现的世界上最小的无齿的翼龙，也是白垩纪最小的翼龙。从个体发育年龄来推断，森林翼龙很可能是已知最小的翼龙。

森林翼龙还具有一些此前人们在翼龙化石中从来没有发现过的形态学特征，在关联胫骨的股骨远端一侧发育股骨后突，四趾倒数第 2 趾节弯曲等。科学家们认为，这些特征并不适应在地面行走和奔跑，而是树栖生活的重要形态学证据。

虽然森林翼龙看上去如此弱小，但科学家却认为，它们是那些体型巨大的进步的鸟掌翼龙类的祖先类群。科学家们认为，森林翼龙等化石的发现，证明辽西地区在包括鸟掌翼龙类在内的进步翼龙的进化中起着非常重要的作用，是一些主要翼龙类群的起源中心。

（载《光明日报》，2008-02-12）

通过这则新闻消息，人们可以对"树栖翼龙化石"这种新事物有所了解，并获得更多关于此种新事物的详细信息。

新闻报道语体的信息功能，使广大受众能够在"足不出户"的情况下，了解全世界发生的各种事件，理解新事物、新问题、新经验，并通过汲取各种有用的知识和理论开阔眼界、增长见识，为日后的学习和工作增添新的动力。因此，新闻报道语体的信息功能对推动社会的发展、完善个人的修养具有十分重要的意义。例如：《温州日报》2008 年 6 月 16 日报道的《温州非公企业党建迎来党务工作生力军 首批 44 名大学生"红领"上任》，首次报道了新时期出现的大学生"红领"这一新生事物，揭示了非公企业党建队伍如何面对新生代思想政治工作的新问题，对引导大学生在就业形势严峻的背景下寻找新的就业领域具有很好的启发意义。这则消息根据"蓝领""白领"等词语仿造出了"红领"这一新词语，并将其贯穿全文，读后令人感到意蕴深厚、内涵丰富，具有很强的新颖性、可读性和亲和力。

二、宣传功能

宣传功能，是指新闻报道语体通过新闻信息的传播所反映出来的舆论导向、思想教育等作用。

在西方国家的新闻发展史上，可以看到很多为争取自由独立、进步发展而利用新闻传媒宣传教育群众、组织号召群众起来斗争的成功案例。例如：美国独立之前发生的反印花税运动，美国南北战争前报界提出的"解放黑奴"问题，日本明治维新时期出现的"新闻茶馆"，等等。在社会主义社会中，无产阶级政党通过报纸、广播和电视等建立的新闻传媒，更是充分发挥了这种宣传功能的具体作用——宣传和解读党和国家的方针政策，评述国际国内重大事件，报道各行各业的建设成就，赞扬优秀人物的高尚情操和突出贡献，反映广大人民群众的意见和呼声，批评某些单位或个人的不良行为和不正之风，鞭挞社会影响恶劣的各种不良现象，维护正常的社会生产生活秩序，等等。例如：

上海奶奶捐房为灾区建学校

本报讯（记者　薛慧卿）　昨天下午，61 岁的沈翠英与拍卖企业签订委托协议，捐出徐家汇一套价值约 450 万元的住房，在灾区援建一座高质量学校。知情人士透露，她捐出的这套房屋比自家住的还要好。

"四川汶川发生地震后，我天天看电视，天天掉眼泪"，沈翠英告诉记者，她总想为灾区做些什么。经过一个星期的慎重考虑之后，她决定捐出一套住房，到灾区造所好学校。

沈翠英原先是本市一所聋哑学校的语文老师，从教 20 多年，1991 年下海经商。她用经商所得买下了两套住房，一套自住，一套出租。出租的这套三室两厅两卫，位于南丹东路亚都国际名园小区中心位置，建筑面积

147.88 平方米，每月租金 8 000 元。相对沈翠英每月 1 380 元的退休工资而言，是一笔不小的收入。但为了尽快变现，她选择将这套更容易出手的房屋委托拍卖。

"我很高兴能把自己赚来的钱用于教育。"沈翠英说，起初她还担心儿子媳妇不同意。没想到，孩子们得知她这一心愿后十分支持。媳妇说："您把房子留给孙子孙女，您是他们的奶奶；您把房子捐给灾区，您就是千万个孩子的奶奶！"儿子媳妇还表示，如果卖房的钱不够造一所学校，他们想办法再补。

正巧上海百家拍卖企业将举办赈灾慈善义拍，沈翠英一家便欣然签署了委托拍卖协议。义拍将于 6 月 12 日 14 时 28 分在上海大剧院举槌，所有收入和佣金将捐给上海市慈善基金会，定向救助地震灾区。

（载《新民晚报》，2008-05-28）

这是一篇只有 600 字的短消息，但所产生的社会影响却非常大。它通过大量朴实的词语、亲切的直接引语，以及具体而准确的数字，重点突出了两个主旨：一是充满爱心且非常低调的"上海奶奶"，这是上海市民乃至全国老百姓所具有的"一方有难、八方支援"的中华民族传统美德的缩影；二是改革开放以来，中国的普通老百姓通过勤劳致富已经具备了一定的经济实力，能够在四川汶川地震这一特殊时期独立出资救助灾区。这样的新闻报道语体对赞扬优秀人物的高尚情操和突出贡献起到了很好的宣传作用。又如：

80 分钟客套话惹恼千余听众

本报讯（记者　任锐刚）　前日上午，当千余名听众坐在云南蒙自红河会堂，等待着听取国家发改委宏观经济研究院副院长陈东琪的讲座时，想不到讲座开始前多位人士的客套话竟足足讲了 80 分钟，引起了众多听众的反感和愤怒。

客套话讲足 80 分钟

此次举行的是 2008 年下半年中国民营经济形势分析、预测高层论坛，按照原定议程，在举行了简单开幕式后，上午 10 点钟就由陈东琪主讲《中国经济形势分析及预测》，讲座的时间是两个小时，而参加听讲的除了来自全国各地的 200 多位民营企业家外，还有红河哈尼族彝族自治州的党政领导及多部门人员、民营企业家、各县市领导等，全部听众近 1 300 人。

记者了解到，多数听众都极少有机会参加如此高层次的讲座，因此，大家都盼着讲座尽快开讲，可是，讲座前的几位人士的开场白、致贺词等等的客套话，都是对红河、蒙自的接待表示感谢，对红河的赞美，还有对自己领导的恭维等，让听众从等待、不耐烦、烦躁，到有人离场抗议甚至愤怒不已。客套话足足讲了 80 分钟后才结束，主持人又让大家休息 10 分钟。

怕听废话听众骤减

记者在会场看到，听得不耐烦的多名听众一会走出会场又走进来，有的则打起了瞌睡，有的在小声批评，有几人甚至想站起来打断主席台上的讲话进行抗议，但却被旁边的人劝下了。

一位干部说，客套话三五句就完了，怎么能如此长地耽误上千人的时间。还有人说，大家都是冲着专家的讲座来的，要客套就私下客套去。

到了 11 时 20 分，主讲的陈东琪终于登场了。主持人介绍说，他是头天晚上从深圳乘飞机到昆明，凌晨 4 点多才到蒙自的。由于时间紧，讲座时间延长到 12 点半。这样，原本准备讲两个小时的内容，陈东琪只得加快语速，抛弃了许多内容后，匆忙在 12 点 40 分结束了讲座。而因为语速太快，许多听众听得一头雾水。

当天下午，因为害怕听到的又是客套话，结果来听讲座的人少了数百名。

（载《春城晚报》，2008-08-29）

这篇新闻通过运用通俗易懂的词语、结构简单的句子和排比辞格，以及台上领导冗长空洞的开场白和台下听众的极不耐烦的等待所形成的对比映衬，把高层论坛所折射出的一些官场不良行为淋漓尽致地表现了出来，而这篇新闻报道也就自然转为一种批评性、揭露性的舆论监督。这些都是新闻报道语体宣传功能的体现。

三、组织功能

组织功能，是指新闻报道语体通过发布重要的、全体社会成员普遍关心的社会信息，迅速引起广大受众的高度关注，并将社会群众意志集中起来，为共同完成特定的社会中心任务而发挥自己的力量。

新闻报道语体的组织功能表现在很多方面。例如：党和政府的中心工作，通过新闻报道语体迅速传达到群众，信息一旦沟通，群众一经组织，工作成效就会得到显著提高；一些社会热点报道、焦点新闻，如近年来的学校扩招、医疗改革、油价上涨、金融危机、扩大内需、刺激消费等，都是与国计民生息息相关的重要事件，新的政策一出台，新的信息一发布，就会把群众的注意力组织起来，从而积极采取相应的行为措施；自然灾害、重大事故等消息的及时报道，则可以在较短的时间发动群众组织起来开展救灾活动、援助行动。例如：

全军和武警部队近十万大军投入抗震救灾
子弟兵在所有重灾乡镇展开救援

本报北京 5 月 15 日电　　记者　徐生报道：15 日上午 8 时 10 分，济南军区参加抗震救灾的第二梯队官兵乘坐的一架大型运输机在成都机场着陆，集结后紧急驰援四川地震灾区；兰州军区 15 日又抽调某红军师 2100 多名官兵投入陇南重灾区；经过 12 小时连夜行军，由武警第二交通支队组成的抢通突击队奔袭 91 公里，准时到达灾区……至 15 日全军和武警部队投入抗震救灾的总兵力已近 10 万人，出动各型飞机 148 架。

根据党中央、中央军委和胡锦涛主席决策部署，全军和武警部队迅速调动最强力量投入救灾，3 天时间内两次增兵，至 15 日投入现役部队总兵力达到 95 553 人，涉及成都、济南、兰州、北京、广州军区，海军、空军、第二炮兵和武警部队等大单位，包括地震救援、防化、工程、医疗防疫、侦察、通信等 20 余个专业兵种。

救灾部队以空投、机降、徒步、涉水等各种方式进入震中地区。15 日凌晨，第二炮兵某总队 268 名工程专业技术骨干被空运到成都后，紧急向绵竹挺进，6 时到达灾区后立即展开施救作业，以最快的速度于今晨到达北川，并紧急投入道路、桥梁的抢修战斗中。15 日下午 6 时，济南军区某通信团 53 名技术骨干携带 13 台卫星通信装备抵达成都，迅速派出一个 13 人的小分队乘直升机进入汶川。至此，所有受灾县都有救灾部队。

遵照中央军委命令，总部在第一时间从北京、天津、辽宁、河北、河南、陕西、上海等地战略储备中启运 2 815 万元物资运抵成都。价值 1.9 亿元的通用车辆、工程机械、渡河器材等 24.3 万余件装备正在运送途中，紧急采购的 120 套便携式多功能钳等机械工具、内燃式切割机等已经运抵灾区，正加紧向一线部队运送。目前，空军和成都军区在重灾区已空运空投帐篷、食品、药品各类物资近 300 吨。

截至 16 日凌晨记者发稿时，四川受灾较重的 58 个乡镇已全部有部队进入救援。此举标志着震区抗震救灾工作全面展开。

（载《解放军报》，2008-05-16）

这篇新闻报道的是解放军和武警部队根据党中央、中央军委和胡锦涛主席的决策部署，在地震发生后的第一时间内出动 10 万大军、20 余个专业兵种，投入抗震救灾战斗的重大行动。它大量运用名词的并列结构形式充当句子的修饰限制成分，由表时间的短语构成的状语置于句子开头，句子成分的主干结构清晰明了，数字表达具体详尽，不但充分反映了人民子弟兵全心全意为人民服务宗旨和战胜困难、勇于胜利的英雄气概，而且还激发了全国军民夺取抗震救灾伟大胜利的空前热情，对群众及时加入抗震救灾队伍具有重要的组织作用。

总之，新闻报道语体的功能决定了它在运用简单明了、通俗易懂的语言讲述社会大众关心的各种消息和知识时，也通过自己特殊的力量不断地推动着社会的进步发展。因此，新闻工作者在采写、编发、播放每一条新闻时，哪怕是一条只有几十字、上百字的报道，或者只有几十秒钟、一二分钟的声音或图像报道，都应该认真考虑新闻报道语体的社会功能和作用，不可掉以轻心。

第三节　新闻报道语体的风格

新闻报道语体的风格，是新闻工作者在通过大众传媒向广大的受众及时传播国内外发生的重大事件和重要的社会公众信息时所使用的语言特点的综合。它是新闻报道语体语言表达上所特有的格调和气派，属于话语功能风格当中的一种类型。

根据新闻报道语体所产生的语境类型及其所惯用的语言要素和非语言要素，新闻报道语体形成了简洁精练、通俗平实、新颖独特等风格特征。

一、简洁精练

通常，新闻报道的价值往往就体现在"快"这个字上——采访要快、撰写要快、编辑要快、刊（播）出也要快。因为"新闻短，才能写得多，发得快，等得及时；新闻短，才能在有限的版面和有限的播送时间里广泛反映现实生活中丰富的方方面面；新闻短，读者听众才会在日常繁忙的工作生活之余或之间，了解更多的信息"。[①]

因此，为了实现新闻报道要"快"的要求，新闻报道语体就只能采用精当且有文采的词语、结构干净利索的语句、表达凝练的段落、言简意赅的标题言语、短小精悍的语篇结构。这些表达手段整合在一起，便形成了新闻报道语体简洁精练的语言风格。例如：

党中央 11 个部门单位和 31 个省区市党委组织部门
设立新闻发言人制度
中国共产党已同 160 个国家的 570 多个政党或政治组织展开交流合作

本报北京 6 月 30 日电（记者　董宏君）　记者从中央外宣办今天举办的中外记者见面会上获悉：目前我国已有党中央的 11 个部门和单位设立了新

---

① 李元授、白丁：《新闻语言学》，19 页。

闻发言人制度，全国 31 个省区市及近一半的地市都建立了党委组织部门的新闻发言人制度。

近年来，党中央高度重视党务公开和党务信息发布工作。党的十六届四中全会提出要"逐步推进党务公开，增强党组织工作的透明度"。按照中央要求，党中央有关部门和地方党委积极推进和开展党务信息发布工作，并取得明显成效，党务公开工作不断出现新气象。

另据了解，截至目前，中国共产党已同世界上 160 个国家的 570 多个政党或政治组织展开了不同形式的交流与合作。

（载《人民日报》，2010-07-01）

这篇新闻报道语言运用的特点是：词语精练简约，语义信息清晰且概括性强；句法结构关系和结构层次单纯，大量选用符合受众认知心理和顺向思维的"主语＋谓语"常规句型，修饰语中定语、状语多于补语；肯定句、主动句多，否定句、被动句少；段落中的语句数量少，段落之间的衔接完全根据新闻事实内在的逻辑顺序，不使用过渡段；标题醒目简练且信息量足，能够正确提示新闻报道的内容。这些语言运用综合表现出来的就是简洁精练的风格特征。

二、通俗平实

新闻报道语体面对的是文化程度各不相同的广大受众，这就要求新闻工作者不仅要运用准确的语言表述出有价值的新闻事实，而且还要达到通俗易懂、深入浅出的表达效果。因为只有受众接受理解了作者所要表达的思想，新闻传播的任务才算是真正完成。所以，通俗平实既是新闻报道写作的基本要求，也是新闻报道语体的风格特征。

新闻报道语体通俗平实的风格特征，主要是由以下表达手段构成的：音节界限清晰、语义色彩鲜活朴实的词语；全民通用且句型简明的语句；层次分明、条理清晰的语篇结构；言简意赅的新闻标题；等等。例如：

"我们的节日"在京启动

本报讯（记者　刘泽宁）　昨日，"我们的节日"系列推广活动暨炎黄子孙倡议申遗行动在京启动。

据不完全统计，年轻人对洋节的重视远远超过了中国传统节日。为此，中宣部等联合宣布，把中国七大传统节日（端午节、七夕节、中秋节、重阳节、春节、元宵节、清明节）定为"我们的节日"，挽救传统节日。该活动将从湖南出发、在全国运作，并辐射全球华人区。活动还将联合全球华人倡议将中国七大传统节日申请为"世界非物质文化遗产"。

今年的活动包括七夕节在张家界天门山天门洞举行的"千古情缘鹊桥

会"、中秋节在岳阳楼举行的"千古名楼赏月会"、重阳节在南岳衡山和台湾阿里山两地同时举行的"海峡两岸望乡会"。

（载《新京报》，2010-08-02）

在这篇通俗平实的新闻报道中，紧扣新闻事实核心的"我们的节日""洋节""传统节日""鹊桥"等词语通俗易懂；句子结构及句法成分一目了然；全文条理清晰，朴实无华；标题的语言也显得简明扼要。

事实上，我国政府一直关注新闻作品的通俗性。早在 1948 年，针对当时延安新华社的各地来稿中经常采用方言、专门术语、简称、地方性度量衡单位等情况，就专门发文指出："我们一切发表的文字必须以最大多数的读者能够完全明了为原则。"这也正是新闻报道语体形成通俗平实的风格特征的重要原因之一。

三、新颖独特

新颖独特的风格特征，跟新闻报道语体在传播过程中所产生的美感效应具有密切的关系。为了能够引起受众的高度注意、激发受众的强烈反响，新闻报道语体往往需要采用明显区别于其他话语形式的语言运用特点体系，从而使新闻事实在受众对言语形式新颖程度的追求中得以快速、及时地传播出去。于是，反映新事物、新概念、新思想的新词语，符合语言表达经济原则的缩略语，特殊的"倒金字塔"结构语篇，这些表达手段便构成了新闻报道语体新颖独特的风格特征。例如：

大师诞辰际　名字驻星空

"李四光星"命名

人民网北京 10 月 26 日电（夏珺、党博）　中国地质调查局、中国地质科学院等单位今天在京举行"李四光星"命名仪式，纪念我国著名地质学家李四光先生诞辰 120 周年，同时召开李四光地质科学奖成立 20 周年学术研讨会。

本次命名的小行星是由坐落在河北燕山山脉深处的中国科学院国家天文台兴隆观测站于 1998 年 10 月 26 日晚发现的。当时的观测任务是由陈建生院士带领的科研团队制定的小行星搜寻观测计划的一部分。科研团队现已能准确确定小行星运行轨道的全部数据，国际小行星中心正式赋予该小行星永久正式编号 137039，其命名权归属中国科学院国家天文台。

李四光是我国现代地质学的奠基人和开拓者。国家天文台决定将这颗在李四光先生生日发现的小行星命名为"李四光星"。10 月 4 日，"李四光星"已被国际小行星中心和国际小行星命名委员会正式批准命名。

（载人民网，2009-10-26）

这篇新闻报道首先选择了一个凝练真实、信息量饱满的陈述句来充当导语，先声夺人，一开始就抓住了读者的注意力；接着便分层次地逐一报道有关的新闻事实，有助于读者进一步了解新闻的具体内容；结尾则根据导语所交代的信息适可而止。这就是"倒金字塔"语篇结构，即先从最重要的信息开头，然后陈述较重要的信息，把渐趋次要的信息逐一放到后面。这种语篇结构有助于受众一开始就能对新闻报道的内容及概况有一个大致的了解，能有效提高阅读效率。可以说，这些语言运用特征是新闻报道语言运用的经济原则和信息原则共同作用的结果，它反映了新闻报道交际领域内部语言运用的一致性，以及新闻报道交际领域和非新闻报道交际领域之间语言运用的差异性。

当然，新闻报道语体新颖独特的风格特征，是建立在语义表达准确清晰、言语形式符合语言规范和得体性原则的基础之上的。大众传媒每天都要与广大人民群众接触，其影响之大、速度之快，是其他事物无法比拟的。因此，新闻报道语体的新颖独特与简洁精练、通俗平实是和谐统一的。

本章小结

语体，是在运用全民语言时为适应特定语境需要而形成的语言运用特点的体系。新闻报道语体，是新闻工作者为了适应新闻交际领域的需求，运用全民语言传播新闻信息所形成的语言运用特点及其风格基调。新闻报道语体产生于特殊的语境类型，即新闻工作者通过大众媒介向大众传播新闻消息。这一语境类型有效制约着新闻报道对语言要素和非语言要素的运用，包括反映客体的独特方式，从而使新闻报道语体成为实用语体的分支语体之一，属于全民语言材料在新闻传播过程中所产生的一种功能变体。

新闻报道语体具有时代性与继承性、多变性与规范性、准确性与模糊性。它一经形成，便会在新闻信息传播的语境中，有规律地、反复地使用语音、词汇、句式、修辞格、语篇结构等一系列的表达手段，并不断地强化这些表达手段在语言体系上的相似特点，从而与其他语体区别开来。然而，新闻报道语体又不是一成不变的。为了更好地适应当代社会新闻传播的发展需要，新闻报道语体也会适当吸收其他语体的表达方式和功能手段，不断丰富其结构表达系统，拓展其传播新闻信息的功能领域，不断满足新闻传媒的发展需求。

新闻报道语体作为一种十分重要的实用语体，可以从表现形式上分为动态性报道语体、典型性报道语体和综合性报道语体三种类型。它们都具有其他语体不可替代的功能和广泛的社会作用，即信息功能、宣传功能和组织功能。与此同时，新闻报道语体也形成了简洁精练、通俗平实、新颖独特的风格特征。

拓展阅读

1. 郭熙：《中国社会语言学》，南京，南京大学出版社，1999。

2. 王德春、陈瑞端：《语体学》，南宁，广西教育出版社，2000。

3. 伍铁平：《模糊语言学》，上海，上海外语教育出版社，1999。

4. 袁晖、李熙宗：《汉语语体概论》，北京，商务印书馆，2005。

5. 祝克懿：《新闻语体探索》，福州，海风出版社，2007。

复习与思考

1. 什么是新闻？什么是新闻报道语体？二者之间有什么关系？

2. 举例说明新闻报道语体的性质。

3. 举例说明新闻报道语体与其他语体的关系。

4. 新闻报道语体形成的要素有哪些？

5. 什么是新闻报道语体形成的物质基础？它包括哪些具体内容？

6. 新闻报道语体可以分为哪些类型？它们分别具有哪些特征？

7. 举例说明新闻报道语体的功能。

8. 新闻报道语体具有哪些特点？请举例说明。

案例分析与讨论

案例一

邰丽华委员：此时无声胜有声

3 年前的春节联欢晚会，华美的《千手观音》让全国观众认识了领舞者邰丽华。3 年后的春天，北京的阳光格外的好，邰丽华一袭黑衣，带着恬静的笑容——这一次，她的身份是新一届全国政协委员。

两岁时的一场高烧，让原本健康的邰丽华双耳失聪。7 岁时的一天，象脚鼓沉闷的响声通过地板阵阵撞向她的内心，寂静的世界被一堂律动课改变了。邰丽华说，那是看得见的彩色音乐，从此，她与这音乐中的舞蹈结缘。

加入中国残疾人艺术团 16 年以来，邰丽华优美的舞姿感动了 50 多个国家的观众，让全世界看到了中国残疾人艺术家的风采。她是《雀之灵》中轻盈的鸟儿，她是《化蝶》中的为爱振翅的祝英台……说起她所从事的特殊艺术事业，邰丽华的眼中闪烁着清澈灵动的光亮。通过她的手语翻译，她以一种沉静淡定的方式告诉我，她要以自己健全的肢体表达内心的情感，让舞蹈成为传递人性之美的桥梁。

谈到今后五年的履职计划，邰丽华用手语告诉记者，她将深入了解残疾人的要求，在残疾人的教育和就业等问题上更多地呼吁，并将与参加政协会议的 18 位残疾人委员共同提交有关残疾人信息无障碍化的提案。

（载《人民日报》，2008-03-09）

讨论题

1. 新闻报道语体的性质在这篇新闻报道中是怎样体现出来的?

2. 从语言运用特点上看,这篇新闻报道属于什么类型的新闻报道语体?

3. 试分析这篇新闻报道的风格特征,并说明它运用了哪些语言要素和非语言要素。

案例二

中科院昆明植物所开出"药方" 拯救濒危滇桐

本报讯(记者 熊燕) 如何保护利用好目前仅在我省两地存活的野生滇桐? 中科院昆明植物研究所专家历经数年研究,探明了滇桐致濒的原因,并给出了滇桐保护和利用的"药方",为该种群的生存及扩繁提供了可靠的科学依据。

滇桐隶属于椴树科滇桐属,具有重要经济价值。同时,由于再没有与其类似的物种,滇桐属也被称作寡种属。作为滇桐属的主要树种之一,现存的滇桐居群是研究滇桐属系统演化的关键类群,科学研究价值高。然而,滇桐分布区域狭窄,居群稀少,由于植被不断受到破坏,生存受到威胁,已被《中国物种红色名录(第一卷)》和IUCN列为濒危植物。

为解开滇桐属的生存危机之谜,中国科学院昆明植物研究所张长芹研究员从2005年起带领其研究组,在国家科技部平台项目和云南省重点新产品计划项目的资助下,对滇桐野外资源现状进行了调查,并从种群生态学、传粉和繁育系统的研究、种子生物学和保护遗传学等多个方面对滇桐进行了系统的保护生物学研究。研究组经过近3年的资源调查,仅在我省的东南部文山地区和西南部德宏地区找到6个野生滇桐居群。研究后发现,目前严重威胁滇桐居群生存的因素主要有两个:一是人们大量种植草果,侵占了滇桐的栖息地;二是林区树木被砍伐,使滇桐生存条件失衡。在比对了文山地区的滇桐居群与德宏地区的滇桐居群后,研究组发现,它们相互之间也存在着很大的遗传差异。在此基础上,研究组探明了滇桐的致濒因素、种质资源保存与引种驯化的基础生物学及技术问题。这将为该物种的长期有效保护和资源的持续利用提供理论依据及技术指导。

(载《云南日报》,2010-07-08)

讨论题

1. 这篇新闻报道是如何体现出新闻报道语体的功能的?

2. 以这篇新闻报道为例,说明新闻报道语体与其他语体的关系。

3. 这篇新闻报道的语体风格特征是什么? 这种风格特征是如何形成的?

第六章　新闻语言的规范

本章要点及学习要求

● 新闻语言的规范化理论植根于现代汉语规范的深厚理论之中，新闻语言的规范化认识以现代汉语的规范要求为重点参照，同时又有属于自己的特征。

● 以索绪尔的语言学理论为指导，从"语言系统的规范"和"言语行为的规范"两个视角探讨新闻语言的规范化，呈现新闻语言规范化的一个结构化图景。

● 新闻语言的语言系统规范是从语音、词汇、语法的角度去认定的，而言语行为的规范是立足于新闻言语活动，以语言使用的外在环境为依据去建立相应的规范体系。两者的有机结合才是新闻语言规范化的本质要求。

● 通过本章的学习，我们应从宏观、动态和整体的视角去了解新闻语言规范化的系统和要求。在新闻语言实践活动中，不断提高语言素养，自觉规范自身的言语行为。

第一节　新闻语言规范概说

一、新闻语言规范的必要性

《现代汉语词典》对"规范"的解释是"约定俗成或明文规定的标准或准则"。换句话说，规范是一个群体为了维持和协调共同的活动采取的强制性或指导性的行动准则。语言是人类信息和文化的载体，是人类交际的最重要的工具，是维系人类生存与发展，协调社会生产和生活的基本要素。推广、普及国家通用的语言文字，引导其健康发展，提高语言文字的标准化和规范化，有助于语言文字更好地服务于社会生活，保证交际的畅通和整个社会的和谐运转。另外，语言文字的标准化、规范化也是普及信息技术，满足不同类型信息需求，提高信息化水平的必然途径。我国历来重视语言文字的规范化工作，从语音、词汇、语法、文字等角度对语言的标准化提出了要求。2001 年发布施行的《中华人民共和国国家通用语言文字法》，从法律的角度确立了语言规范化的必要性和法律地位。此外，不同的领域和部门也从各自的角度出发对专业术语、文字载体等的规范使用提出了要求。在全社会各个行业和领域提倡和推进语言文字规范化的进程中，新闻媒介的角色极其重要。

第一，大众媒介是传播范围最广泛、影响力最大的传播方式，其语言符号的规范程度影响巨大。

广义的人际传播包括了个体与个体、个体与群体、群体与群体之间所有非正式组织的信息交流，人与人面对面的信息交流，以及通过电话、手机、信函等方式都是人际传播的方式。非正式组织传播由于传播规模小、空间有限，没有正式组织参与，其影响力也有限。组织传播则有着特定的结构秩序，有专门分工和统一管理的特定部门存在，其传播面向特定的人群，人数相对较多。大众传播就是一种典型的正式组织传播。它以先进的技术为基础，有专门的媒介从业人员，公开向全社会乃至全人类传播社会生活各个方面的信息，传播速度快，影响范围广，传播信息丰富，作用巨大，是一种高度社会化的传播活动。大众传播的出现，使得世界真正成了"地球村"。

从使用的符号来看，人际传播的符号受具体语言环境的制约。例如，人际交往中方言、土语是非常普遍的选择，有的时候"只要双方领会即可。有时候，一个眼神，一种手势，一句'老时间、老地点'就把意思沟通了"。① 因此，人际传播的语言带有很强的灵活性和情景性，饱含着新鲜、活泼的生活气息。组织传播服务于共同的目标，因此其语言比较规范，还往往有组织成员共享而组织外人群难以理解的"行话"或"术语"。大众传媒影响力巨大，其语言符号的规范作用最强，"在一定条件下，可以将本来不规范的符号变成规范的符号"。② 语言规范是约定俗成的产物，语言的规范有一个从个体使用到使用筛选最后规范运用的过程，大众传媒在此过程中承担了"过滤器"的作用。在信息的发送者和接受者之间，记者、作家、编辑等对什么样的信息能够进入大众传媒进行了取舍和过滤，其中也包括了遣词造句的斟酌。因此，部分新词、新语经过大众传媒进入公众视野，经过广泛传播最终被多数的语言使用者接受，成为语言家族成员。所以大众传媒语言在很大程度上影响着语言的使用，制约着语言规范的形成。

第二，新闻信息是大众传播中最为重要的信息，也是语言规范化影响最广泛的领域。

大众传媒通过传受新闻性、劝服性、教育性和娱乐性的信息，达到监测环境、协调关系、传承文化和调节身心的目的。社会日新月异使得人们对信息的渴求达到了前所未有的程度，新闻信息成为获知了解社会动态、获取外界信息、解决疑惑的最有效的途径。1997 年零点调查集团对 5 个大城市就"你所喜欢阅读的文学作品类型"进行抽样调查，结果表明：喜欢新闻报道的比例高出

---

① 张国良：《现代大众传播学》，25 页，成都，四川人民出版社，2005。

② 同上。

喜欢小说近 10 个百分点。新闻媒介的精心运作，现代社会对新闻信息的需求，使新闻传播逐渐成为同人类生活息息相关的组成部分，其影响力超过了大众传媒中的其他信息。

同时，随着市场经济体制的改革和传播技术的高度发达，新闻媒介信息市场空前繁荣。除传统的广播、电视、报纸三大传统媒介外，互联网也加入了新闻的竞技场，并以传播的迅捷、信息接受的互动成为与其他媒介抗衡的"第四媒介"。媒介数量的急剧膨胀导致媒介竞争趋于白热化，媒介信息产品越来越丰富多样。在这场媒介大战中，新闻成为竞争的重头戏。电视台内部，新闻部开始崛起，"新闻立台"成了发展电视事业的重要理念，中央电视台在各个适宜播放新闻的时段都设置了各种层次的新闻节目，如早间、午间、傍晚、晚间的综合、时政、生活、体育、经济和国际新闻等，显示了抢占重要时段的意识。就连以娱乐节目起家的一些省市电视台也迅速转向，凭借已有的品牌优势树起了"新闻"的大旗。

随着大众传媒普及程度的提高，媒介已经成为人们最主要的信息来源。新闻媒介运用规范化的语言文字，向大众传播政治、经济、科技、文化、卫生方面的信息的同时，也向受众传播着语言文字信息，引导着社会的用语用字。受众在收看新闻的同时，也接受了语言文字方面的教育，并且以之为榜样，跟着说，学着写。可以说，新闻媒介在传播信息的同时，也传播着规范。

第三，新闻媒介还承担着文化承载和传播的功能，其社会责任要求媒介以规范的语言文字创造丰富生动、积极向上的语言生活。

江苏省广播电视厅原副厅长韩泽指出："遵守规范，并带动大众走向语言的规范化，不仅是广播业务问题，更是传播效果问题，而且是我们的文化责任、历史责任。"①语言文字的标准化、规范化，既是社会对新闻媒介、新闻工作者的要求，也是其社会责任所在。

2001 年发布施行的《中华人民共和国国家通用语言文字法》对社会用语用字作出了规定。其中，专门谈到新闻传播工作者的普通话水平和用语用字要求："播音员、节目主持人和影视话剧演员、教师、国家机关工作人员的普通话水平，应当分别达到国家规定的等级标准。"而由三部委（国家语言文字工作委员会、国家教育委员会、广播电影电视部）联合发布的"普通话水平测试"规定："国家级和省级广播电台、电视台的播音员、节目主持人，普通话水平应达到一级甲等，其他广播电台、电视台的播音员、节目主持人的普通话达标要

---

① 韩泽：《语言——广播永远的舞台》，见姚喜双、郭龙生主编：《媒介语言大家谈》，67 页，北京，经济科学出版社，2004。

求按国家广播电视总局的规定执行。"国家如此重视新闻传播从业人员的用语用字，就是因为"新闻传媒在当今社会的地位和影响非同一般，它们是党的喉舌、国家的代表和社会的窗口，担负着信息传播、政策宣讲的重任，对于国家、民族和社会都起着示范、引导作用，在一定时期内新闻媒介的导向甚至影响和决定着社会发展的走势"。①

第四，新闻语言的规范化也是信息化时代的要求。

在媒介技术高度发达的基础上，我们的社会全面进入了信息时代。新闻媒介是信息和文化的重要载体，推广、普及国家通用的语言文字，切实提高其标准化和规范化的程度，有助于普及信息化技术，提高信息传播的速度和效率，扩大对外交流，有助于保证交际的畅通和整个社会的和谐运转。

二、新闻语言出现不规范现象的原因

新闻是传播范围极广、影响巨大的信息载体。作为全体社会成员学习规范语言的最好范本，新闻的语言不仅应该是规范的，而且理应是典范的。现代社会中，看电视、听广播、阅读报纸、浏览网页，已经成为人们获取信息，娱乐休闲的重要方式。新闻节目影响巨大，可以在有意、无意之间影响到受众的语言学习。新闻语言对群众学习语言有很强的示范作用。广播、电视、报纸、网络的记者、编辑、播音员既是信息的传播者，又是语言教育的执行者。但是通过考察新闻语言在语音、词汇、语法、文字方面的使用情况，我们发现作为语言文字运用规范排头兵的新闻语言却还存在很多不尽如人意的地方，那么造成不规范现象存在的主要原因是什么呢？

（一）语言的原则性与言语灵活性的内在矛盾

现代语言学之父索绪尔提出，语言研究首先应该区分语言和言语这对基本概念。语言作为交际工具，是全民共有的，具有共同性、通用性、规范性的特点，它存在于人类的思维中，在交际过程的编码和解码中保证信息的准确传输。从内容上说，语言是规则的集合，包括语音中各个音位的组合，构造句子使用的词，构成词的语素，语素构成词的规则，词和词组合成短语乃至句子的规则。而言语是结合特定的交际环境，运用语言要素和语言规则构造的句子。在实际的交际过程中，说写或者听读的对象都是言语。因此，言语有别于语言，语言是社会的，是共同性的；而言语是个体的、具体的，受交际时间、交

---

① 尹力：《新闻传媒的信誉与使命——兼谈西部大开发面临的语言文字问题》，见姚喜双、郭龙生主编：《媒介语言大家谈》，129 页。

际地点、交际目的、交际对象等因素的制约。

新闻语言准确说应该是新闻言语，新闻的传播内容、传播时间、传播途径、传播受众无一不制约着新闻语言的选择。从内容上看，新闻报道的是新近发生或正在发生的事实，因此时代的变化、新闻事件的传播、变异、流行都会很快在新闻中反映出来，从 2003 年起，重大疾病传播进入人们的视线，"非典"（"SARS"）"禽流感""H1N1 流感""甲流"等新词出现在新闻中，为人们所熟悉。而"打酱油""做俯卧撑"等新词新语也伴随着新闻事件进入公众的词汇系统，其中的很多用法还没有经过受众的验证。

与此同时，新闻面向广大受众传播新闻信息，为了引起受众的兴趣，它还必须形象、生动。因此，新闻作品在创作中也要求改变概念化、公式化的语言，代之以丰富多彩、形象生动的语言表达。有的新闻采用富有表现力的语言形式，实现了对语言规范的超越和突破。例如，新闻标题中语法的变异，地方报纸中使用方言词汇、方言语法，广播或电视新闻中采用方言播音等。新闻言语的特殊性，使其呈现出有别于其他交际领域语言使用的风格。

（二）传媒从业人员语言文字规范化意识不够强

新闻传播强调信息的时效性，新闻事件发生到报纸、广播、电视播出的时间差越来越小，有的时候甚至实现了现场直播。快节奏的写作、修改、编辑，使新闻从业人员没有更多时间反复斟酌字词的运用。这时，媒介从业人员的语言文字功底和语言文字规范化意识就显得特别重要了。而媒介从业人员的构成相对复杂，改换专业从事媒介工作的不在少数，即便是广电院校毕业的学生也存在语言文字功底不够扎实的情况。加之一部分人员规范化意识不足，在实际工作中出现误读、病句、错别字也就不足为怪了。

（三）语言文字规范法规宣传介绍不够，执行力度不强

同国家的其他法规比较起来，语言文字规范法规的宣传程度和执行力度都有待加强。从宣传力度上看，国家公布的《中华人民共和国通用语言文字法》、《普通话异读词审音表》等法规文件的宣传还是以校园为主，更多的语言使用者对其不甚了解。

语言文字规范化的执行部门主要是各地的语言文字工作委员会，隶属于教育行政管理部门。同其他执法部门相比，语言文字工作委员会的服务性远远超出了其执法的强制性。《中国新闻工作者职业道德准则》更多的也是对媒介从业人员职业道德操守的规范，语言文字的运用未列入其中。2004 年国家广电总局发布的《广播影视加强和改进未成年人思想道德建设的实施方案》则明确提出要纠正节目主持人在着装、发型、语言以及整体风格方面的低俗媚俗现象。具

体内容包括主持人不宜穿过分暴露和样式怪异的服装，不宜染发，节目主持人必须使用普通话，不要在普通话中夹杂外文，不要模仿港台语的表达方式和发音等。尽管如此，语言文字规范工作在新闻媒介中受到的重视程度还是不够。

三、加强新闻语言规范化的对策

新闻语言的规范是一个内涵丰富、外延广阔的概念，它包括了现代中华民族共同语的系统构成，包括语音、词汇、语法、文字等系统。主要内容是考察新闻语言是否遵循普通话的语音标准（以北京语音为标准音）、词汇标准（以北方方言词汇为基础方言，同时吸收必要的方言词、外来词、古语词、行业词和黑话）、语法标准（以典范的现代白话文著作为语法规范），文字符号符合《国家通用语言文字法》的规定。通过新闻语言的规范化工作，消除新闻语言在语音、词汇、语法等方面存在的问题。

（一）考虑新闻语言自身的规律，注重规范性与灵活性的结合

新闻语言的规范必须考虑新闻自身的传播规律，将语言的规范性与新闻言语的灵活性结合起来，区别对待新闻语言中的语言变异现象。

新闻媒介以语言文字为重要传播手段之一，除具有政治宣传、传递信息、引导舆论、社会教育等功能之外，用规范的语言文字传播知识、营造规范的语言文字环境也是其重要功能之一。对于新闻语言中出现的错别字、病句不能等闲视之，必须在思想上引起重视，从来源上根除因其传播而给语言文字规范带来的伤害。

而对于新闻语言中使用的新词新语则需要区别对待。语言是发展的、求新追异的，语言的发展变化一定程度上也是媒介语言创新的动力。新闻要及时、准确、生动地反映客观现实，反映新观点、新事物，必然要不断使用新词和流行的用语。另外，语言是一种社会现象，也是一种文化现象，流行语之所以能够广泛传播，正是因为它所携带的社会文化含义典型地反映出当前的社会动态、道德观念、文化发展、审美情趣以及民众对社会的某些看法。随着市场经济的建立，大众文化大规模占领文化空间。越来越多的人们需要找到能够表达自身的思想感情以及生存处境的话语空间，新闻语言正是顺应了这一要求，大量使用流行语。对于新闻语言中出现的新词新语，不必着急地大加责罚，只要假以时日，在语言运用的筛选中，部分不恰当的、经不起实践检验的词语和用法自然会被淘汰，而一些具有生命力和表现力的词语和用法则会随着使用的广泛而逐渐稳定下来，成为规范的语言运用。

（二）行业监管与从业人员自律相结合，从源头上解决新闻语言的不规范运用问题

新闻媒介对语言文字的规范必须从行业自律开始，其中包括制定正式的传媒语言规范。《中国广播电视播音员主持人自律公约》中规定："以推广普及普通话、规范使用通用语言文字、维护祖国语言和文字的纯洁性为己任，自觉发挥示范作用"，"除特殊需要外，一律使用普通话，不模仿地域音及其表达方式，不使用对规范语言有损害的口音、语调、粗俗语言、俚语、行话"，"不滥用方言词语、文言词语、简称略语或生造词语"。但是，这些规定还流于线条化，需要进一步的细化，诸如建立新闻媒介语言文字规范化管理制度，上级主管部门对广电系统普及普通话和用字规范化有要求；广播电台、电视台、报社建立普及普通话和用字规范化工作责任制度；各广播电台、电视台对播音、主持用语和影视屏幕用字，出版单位对出版物用字采取检查和改进措施等。上述要求以书面文件的形式下发，由上级主管部门或团体中的其他成员监督执行。

开展新闻媒介工作人员，尤其是编辑、校对、中文字幕机操作人员的语言文字规范化培训工作，将语言文字规范化纳入业务学习和培训范围，并将其语言文字行为纳入业务考核项。具体包括定期开展媒介从业人员语言文字规范化培训，包括开展普通话水平测试，实施等级证书上岗制度；开展汉字规范化知识的培训，提高编辑、记者、校对、中文字幕机操作人员正确运用规范字的能力，试行持汉字规范化培训测试合格证书上岗制度；对新闻语言中出现文字不规范现象（繁体字、异体字、简化字或错别字，电脑制作的美术字、变体字有增减笔画或改换部件引起误解等）加大处罚力度。

（三）加大宣传的力度，营造规范运用语言文字的社会风气

规范运用语言文字不仅是新闻媒介和教育部门相关工作人员和单位的责任，也需要语言使用主体——普通公民的关注和监督。因此，有必要加大宣传语言文字的规范，营造一个良好的语言运用氛围，增强公民自觉运用规范语言的意识。具体措施包括借助各级报刊、广播电台、电视台登载、发布宣传语言文字规范化的节目和文稿，使得社会各界和个体越来越多地关注我国传媒语言的发展。另外，设立热线或纠错专栏，也能有效调动公民参与新闻语言规范化的建设，构建社会舆论参与的环境压力和业务制约。

四、新闻语言规范的研究角度和内容

目前对新闻语言的规范化研究均存在两个问题：首先，静态地分析新闻语言的语言系统内部的规范问题，只关注了新闻语言的"语言系统"方面，而忽视

了新闻语言的"言语"方面。新闻语言从语言系统中选择词语，按一定的规则组成话语，但它表达思想和完成交际只有在言语活动中才能得以实行。就目前的新闻语言生活现状而言，只关注静态的语言系统规范化研究是不够的。因为新闻语言并不是孤立地存在于语言系统之中的产物，它还要受新闻报道的言语环境的影响，毕竟新闻语言的"编码"与"解码"是在新闻言语活动过程中产生的。因此，静态的语言系统规范分析并不能涵盖新闻语言在言语活动中的动态生产过程。其次，由于以往的研究没有从语言和言语两个角度区分新闻语言的规范化问题，便导致对新闻语言的规范化研究只停留在语言单位的发音、词汇意义和语法意义的层面，没有涉及相关的言语规律、言语环境等外在的社会和文化层面。所以，我们认为，对新闻语言的规范化研究也必须在区分"语言系统"与"言语"的基础上，从"语言系统的规范"和"言语行为的规范"这两个不同的角度来阐释新闻语言的规范化问题。新闻语言作为一种特殊的社会功能语体，承担着用规范化的语言将新闻的客观事实呈现出来的责任，这也决定了新闻语言在遵循现代汉语规范化的背景下也具有自己的特点和风格。我们主张把语言内部结构与具体的言语活动联系起来，从宏观、动态和整体的视野重新认识新闻语言的规范化问题。因此，新闻语言规范化研究的内容也应该包括语言内部结构系统的研究和结合外部语境规范运用语言的研究两个方面。

第二节 新闻语言的语言系统规范

我国的新闻语言是以现代汉语和汉字来表达的。因此，新闻语言的规范化是建立在现代汉语的规范化基础之上的。讨论新闻语言的规范化，必须先认识现代汉语规范化的要求和原则。"现代汉语规范化就是确立现代中华民族的共同语及其内部明确的、一致的标准，并用这种标准消除语音、词汇、语法等方面存在的一些分歧，同时对它的书写符号——文字的形、音、义各方面也要制定标准进行规范。"①现代汉语规范化的目的是促使汉语及其书写符号——汉字朝着规范和健康的道路向前发展，使各种角色的人们使用语言文字时有一个一致的标准。新闻语言的规范化工作，首先是根据现代汉语的规范化要求，使新闻语言的语言系统（语音、词汇、语法各方面）符合现代汉语的规范。

1955 年，全国现代汉语规范问题学术会议之后，明确了现代中华民族的共同语的标准是"以北京语音为标准，以北方话为基础方言，以典范的现代白

---

① 黄伯荣、廖序东：《现代汉语》，上册，10 页，北京，高等教育出版社，2007。

话文著作为语法规范。"这一标准确立了语音、词汇和语法明确的、一致的规范，并用这种标准规避现代汉语在语音、词汇、语法等方面存在的分歧。新闻语言的语言系统规范就是以现代汉语的规范化为原则，让其语言沿着规范化的现代汉语方向健康地发展。

下面我们从语音、词汇、语法等方面来具体地讨论新闻语言的语言系统规范问题。

一、新闻语言的语音规范

语音是语言的物质外壳，它本身的规范将直接关系到语言的规范。语音规范的首要任务就是要确立正音标准。普通话是现代中华民族的共同语，推广普通话可以减少新闻在传递信息时的方言隔阂，实现最大效度的信息沟通。毫无疑问，新闻媒介在进行新闻报道时，必然要使用普通话；新闻工作者在进行新闻活动时，也要以普通话进行交际。《中华人民共和国国家通用语言文字法》规定："广播电台、电视台以普通话为基本的播音用语"，而普通话的语音是"以北京语音为标准音，同时对北京语音中较为土俗的读音、数量较多的儿化音和轻声词进行整理"，为了规范普通话的读音，国家对异读词、多音多义字、北京土音、轻声词和儿化词进行了规范。在大众传媒的诸多传播类型中，新闻播音堪称普通话语音的典范。倘若不能规范和纠正新闻语言的语音，失范的语音就会在受众中普及开来，不利于语言文字规范工作的开展，甚至还可能产生诸多不良的影响。目前，影响新闻语言语音规范的因素主要有以下三点。

（一）受北京方言语音的影响

虽然普通话是以北京语音为标准音，但不是说北京话的所有语音成分都是普通话的标准，例如，北京话常把"底下"读做 dǐxie，把"尾巴"读做 yǐba，把"太好"读做 tuīhǎo 等。这些发音不符合现代汉语的规范要求，是不能进入到普通话中去的。

另外，北京语音本身轻声、儿化的现象特别突出，使用也很广泛。有些对区分词义、词性和色彩具有一定的作用，但北京语音中所有的轻声和儿化都纳入普通话里，是没有必要的，必须有所选择。选择的标准就是：能够区别词义和词性的轻声或儿化可以保留到普通话中，按照"约定俗成"的原则，对有些尽管不能区分轻声或儿化的语音，还是按照人们的语言习惯进行发音，发不发轻声和儿化音对词义和词性都没影响的，还是以人们原有的发音习惯为准。现代汉语对轻声、儿化的使用都有一致的总结和规定。下面是黄伯荣、廖序东主编的《现代汉语》对轻声、儿化规律的总结。

一般来说，新词、科学术语没有轻声音节，口语中的常用词才有读轻声音节的。下面一些成分，在普通话中通常读轻声：

1. 助词"的、地、得、着、了、过"和语气词"吧、嘛、呢、啊"等。如"笑着、活了、看过"。

2. 部分单纯词中的叠音词和合成词中重叠式的后一音节。如"妈妈、看看"。

3. 构词后缀"子、头"和表示群体的"们"等。如"燕子、石头、我们"。

4. 名词、代词后面表示方位的语素或词。如"山下、屋里、外面、左边"。

5. 动词、形容词后面表示趋向的词"来、去、起来、下去"等。如"送来、过去、唱起来、说出来、夺回来"。

6. 有一批常用的双音节词，第二个音节习惯上要读轻声。如"云彩、蘑菇、护士、事情、脑袋、东西、买卖、窗户、算盘、消息、牡丹、体面、动静、应付、招呼、清楚、稀罕"。

儿化发音的规律有：

北京话中的儿化音是卷舌元音，它一般不能独自构成音节，通常是依附在韵母后面，与韵母结合，形成与其他方言中儿化发音不同的儿化韵。对那些表示小巧、亲切或有爱慕之意等表感情色彩的词，一般发儿化音。如"小鱼儿""小孩儿""小辫儿"。

（二）受异读词的影响

一个字或词存在几个不同的发音。例如："暂"有的读做 zàn，有的读做 zǎn，还有的读做 zhàn。在普通话中第一个读音已被确定为规范的读音。但需要注意的是，有些字或词，虽然有几个不同的读音，但不同的读音却只出现在不同的词语里，或者它因读音的不同所表示的词义或词性也不相同。异读词中的字，既存在声母、声调或韵母都有可能不同的情形，也有仅声母不同或声调不同、韵母不同的情况。异读词产生的原因从来源上看，主要有以下四个方面：

1. 受"文白异音"的影响。书面语的读法与口语的读法不同。

2. 受方言发音的影响。方言词的读音进入到普通话中来，与北京话原有的读音并存，从而造成异读。

3. 受"讹读"的影响。有些字的发音由于各种原因被人发错了，发错的音相互传播，正确的与错误的并存使用，形成异读。

新中国成立以来，我国十分重视现代汉语语音规范化的工作，1985 年公布了《普通话异读词审音表》。它为现代汉语中的异读词确立了规范、一致的标准。新闻语言在使用异读词时，读音都要以 1985 年公布的审音表为标准。

（三）受港台腔的影响

改革开放以后，不同的文化因素融入我国，中国香港和中国台湾的许多文化元素也作为潮流和时尚影响着我们生活的方方面面。其中，节目主持人在广播、电视节目中故意使自己原本标准的普通话带上"港台腔"以显示时尚就是一个凸显的例子。久而久之，这种模仿就会形成一种习惯，既影响了媒介自身的语言纯洁，也给受众带来不良的影响。

二、新闻语言的词汇规范

词汇是语言的物质材料，没有词汇就不可能创造出丰富多彩的语句。作为特定的某种语言来讲，它的词汇越发达丰富、其语言自身也就越丰富越发达，所表达的事物也就越深刻。现代汉语之所以是世界上发达的语言之一，首先就是因为它有着丰富的词汇。词汇作为语言中最活跃的部分，它随时处于不断的变化与发展之中，社会政治、经济的变动以及科技文化的进步等，最先会在语言的词汇中反映出来。因此，词汇的规范也相对于语音和语法更显复杂。新闻是对社会生活的反映，其语言的运用最能体现目前社会生活的现状，各种反映新事物的词语都会在新闻中出现，而媒介如何使用这些词语就成为新闻语言词汇规范的关键。新闻语言词汇规范的内容主要涉及以下五个方面：

第一，方言词的规范。方言词是来源于某一地区的地方话里的词。方言词中一小部分已经进入普通话词汇，如吴方言的"垃圾""尴尬"，粤方言的"靓"等。地方性文艺作品中方言词汇可以增加浓郁的地方特色和乡土气息，使语言风趣、诙谐、轻松、活泼。但是，一些地方媒介为了吸引本地的受众，在当地报纸中频繁使用方言词语。例如：

①小伢学刘翔安全要注意（小伢：小孩）

（载《潇湘晨报》，2008-04-30）

②"这哈子好喽，口袋又空的来"——年底"红色罚款单"满天飞

（载《京江晚报》，2008-01-17）

③剃头汏浴有点不便

（载《常州晚报》，2009-02-07）

一些方言词本身有音无字，如果使用生造的汉字加以代替，不仅会增加读者信息接受的负担，而且也会使非本地受众难以理解。例③的消息在刊登后，众多读者打电话纠正错误或者询问用法，最后报社只得过后刊登声明"把'洗澡'写作'汏浴'是方言用词，没有错"。本来一则短短的新闻，却因为使用方言词语造成了额外的麻烦。新闻是专业传媒机构向广大受众发布信息的主要渠

道，其庄重、典雅的语言风格堪称书面语的典范。新闻语言中出现方言词语看似轻松、活泼，但不符合新闻信息准确、规范的要求。此外，本地新闻也是非本土受众了解当地的一个重要窗口，方言词语的使用也无形中妨碍了他们对信息的接收，影响了他们对媒介的认可度。我们认为，形诸文字的新闻，应在规范的用语中传递新鲜的信息。

　　1955 年现代汉语规范问题学术会议明确规定普通话的词汇以北方话为基础方言，但现代普通话词语要比北方方言词汇更丰富、更普遍，这是因为普通话词汇的规范不像语音那样，以某个地点的发音为统一标准，而应以地区广大的北方话为背景进行选择和吸收。对方言词的规范需坚持两条基本的原则：其一，普通话应当吸收那些普通话里没有的，而且又能丰富与发展普通话表达手段的词汇；其二，当普通话中已有的词语与方言词完全同义时，则应该舍弃方言词，而选用普通话中的词语。新闻语言只有使用规范的方言词，才能防止在新闻报道中滥用方言词汇，特别是那些只在小范围使用、构词理据不明确、容易产生歧义和误解的词语。

　　第二，外来词的规范。外来词是从外国语言或本民族以外的民族语言中借用过来的词，它一般情况下是连义带音地借鉴过来。吸收外来词对本民族语言词汇的丰富、语言表达能力的增强都有积极的作用。外来词的吸收主要有音译、音译兼表意、音译加表意成分、音译意译参半、借词等几种方式。对外来词的规范旨在符合本民族语言的用语习惯、适应本民族的文化心理。对外来词的规范表现在：不滥用外来词。现代汉语固有的语素能够结合成词并能把意义表达准确和清楚时，就尽量不使用外来词；对外来词的汉字书写形式要固定下来，避免混乱。吸收外来词，要尽量选用意译方式（除了人名、地名、国名以及不用音译就不能较准确地表达外来事物的意义以外）。新闻语言在使用外来词汇时不仅要遵循上述规范，还要考虑到所选用的词汇会不会影响到传播效果。《中华人民共和国国家通用语言文字法》第十一条提道："汉语文出版物中需要使用外国语言文字的，应当用国家通用语言文字作必要的注释。"对于字母词、纯英文单词，这项规定是非常必要的，那么对于意译和半音半意或音兼意译词有无必要加注呢？从读者和观众的接受角度看，开始使用的意译或音兼意译词是比较生疏的，也应该给予明确的汉语注释，以免造成阅读困难。但是，目前新闻媒介中使用的字母词和纯英文单词还存在不够规范的地方。例如：

　　④广州 VS 吉林：没有悬念的战斗

（载《生活报》，2006-03-22）

　　⑤倒塌的楼盘是上海最 In 的楼盘

（同上）

⑥大家的心情顿时 HIGH 起来

（载《生活报》，2006-03-22）

《现代汉语规范词典》收录的"西文字母开头的词语"有 133 个，例④使用的"VS"未收录在内，且在使用中没有按要求加以解释、说明。《现代汉语规范词典》字母缩略词中有 CT、GDP、IQ 等比较熟悉的形式，也包含一些还不太为普通受众所了解的字母词，如 MPA（公共管理学硕士）。一些字母词还比较容易混淆，如"APEC"和"OPEC"、"CEO"和"CFO"等。这些字母词除极少数为汉语拼音的缩写形式（"HSK"——汉语水平考试）外，绝大部分是英文的翻译和缩写的结果，反映了社会中的新事物和新现象，使用起来具有时代感。另外，字母词简洁，书写方便，因此，新闻媒介也常使用字母词。但是，媒介从业人员对使用字母词应持谨慎的态度，必须首先准确理解字母词甚至清楚字母词的来源后才可以确定是否使用。另外，还必须注意字母词的过多使用可能会造成理解上的困难等问题。

例⑤和例⑥使用的英文单词有对应的汉语用词，不属于外来词范畴。新闻媒介是面向大众的，如果一定要使用英语单词必须考虑受众的外语水平。一般来讲，年龄较轻、学历较高的人群外语水平也较高，接受英文单词、英文缩略字母词、半音译半意译词比较快，对新闻中的英文单词理解起来困难不那么大。而就更广大的受众来说，对新闻中夹杂的英文单词会妨碍信息的接受和理解。

因此，新闻中英文单词和字母词的使用应该遵循明确性、必要性的原则，即准确地传递新闻信息，且是其他语言符号无法替代，必须使用的时候才用。否则，夹杂过多的英文单词和字母词会破坏汉语的纯洁性。

第三，古语词的规范。我国古代典籍十分丰富，现代汉语词汇从丰富的古语词中吸收养分是一个重要的途径。在合适的特殊场合使用古语词既能够增强语言的表现力，也能彰显传统文化的内涵，但是如果不分场合，或对古语词的语义认识不明确的情况下滥用古语词，将会导致语言表达不仅生硬、晦涩、不协调，还可能弄巧成拙。所以古语词的规范要以吸收那些有生命力的古词语为方向，以排斥那些艰涩难懂的古词语为措施，以把握古词语的词义精髓，防止误用为目标。

第四，新词语、简称及数字缩语的规范。新词语所代表的事物是新的，所意指的概念是新的，所表现的形式也是新的。对新生的词语规范要看它有没有存在的必要，是否能满足人们交际的需要；要看它所表达的词义是否明确，能不能为人们所理解和接受；要看新造的词语符不符合现代汉语词汇的构词规律，能不能被中华民族已有的语言心理所认同。简称及数字缩语的使用既要使词语蕴涵丰富的信息量，还要符合人们"约定俗成"的认知方式，简称及数字缩语代表的语义应当明确，避免产生歧义和误读。新闻反映的是新近发生的事，与时代的变迁、社会的变化息息相关，所以，一些新词新语首先就是通过新闻媒介发布并传播开的。另外，大众传媒影响广泛，一些社会影响巨大的事件经媒介报道后，其语言构造也成为争相模仿的对象。例如：

⑦女主持遭遇"化妆门"

央视：会处理相关当事人

（载《北京青年报》，2006-01-05）

⑧冯小刚也演"骂人秀"

（同上）

⑨是谁在作"文化秀"

（载《中国青年报》，2006-01-09）

自 1972 年美国发生"水门事件"后，"××门"常成为国家领导人之争或政治丑闻的代名词。但是，以"××门"的结构造的词语，已经远远超出了"政治危机"的本来含义，如"虎照门""艳照门""口误门""化妆门"等。"门"和"秀"意义虚化，已经演化成一个构词能力很强的"类词缀"。类似的构词要素还有"××族""××客""××热"等。此外，新闻事件本身或其中主角的名字也会成为构造新词的源头，如"范跑跑""郭跳跳""楼垮垮"等。

第五，异形词的规范。新闻报道中出现多个不同的说法，如"非典"和"SARS"，"猪流感""甲流"和"H1N1 病毒"，"艾滋病感染者"和"HIV 感染者"等。对于这些从国外输入的专有名词，我们需要对之加以规范。多个术语同时存在有时反映的是认识的逐步深入，但是有了定论之后，就应该对术语使用进行规范，消除群众的疑惑。

语言本身是一个动态平衡的过程，新语言现象不断产生，失去交际作用的语言现象则悄悄消失。新词新语一定程度上活跃和丰富着我们的语言，体现了语言的社会活力。但新闻语言是一种公益性语言，媒介使用新词新语还要考虑到语言的规范性和语言的服务性。新闻语言中目前存在的滥用外来词、字母词、英文单词、方言词、行业语等现象，已经危害了汉语言的健康发展。新闻工作者应加强语言使用的规范意识，既敏感地关注现实生活和语言家族的变化，使用具有鲜明时代色彩的、积极向上的词语，又保持新闻媒介的"过滤器"或"转化剂"的作用，将低级趣味、古怪生涩的词语"过滤掉"或"转化掉"，以适应新的形势，使报纸等新闻媒介在语言文字规范化进程中有效地发挥示范和表率作用。

三、新闻语言的语法规范

语法是人们运用语言进行交际的结构规则，也是准确表达意义、保证语言交际顺利进行的基本规则。现代汉语语法分普通话语法和方言语法两个部分，前者"以典范的现代白话文著作为语法规范"。新闻语言中语法是普通话语法的典型，具有规范、典雅的特点，讨论其运用是否规范的时候，有几个问题值得关注：

1. 表意模糊，含有歧义。例如：

银川一中学生涉嫌犯罪。

（载《新消息报》，2008-01-06）

例句中新闻的原意是银川的一个中学生涉嫌刑事犯罪，但是语言表达有歧义，可以是"银川的一个中学生"，也可以是"银川一中的学生"，为此，银川一中专门与报社交涉，最终《新消息报》不得不刊登声明并道歉，以消除给银川一中带来的不良影响。

2. 语法病句

目前，各报刊、杂志、广播、电视，特别是一些地方性的传播机构，更多地关注新闻的内容如何吸引受众，而对新闻的文字表述却不够重视，病句的现象普遍存在。其类型主要涉及语法、修辞、逻辑甚至标点符号运用的错误。

3. 套用流行的语法格式

语法是人类思维长期抽象化的结果，是从无数的词、短语、句子的结构中抽象出来的结构规则。因此，语法规则是抽象的、有限的，运用语法规则生成的语言现象却是无穷多的。在新闻媒介中，套用新闻事件或事件主角的名字的结构形式构造语句，是非常流行和时髦的语言表达方式。如 2008 年年初，诞生于网络的知名度极高的句型"很××很××"。这个句型的原始版为"很好很强大"，其后又产生了"很黄很暴力""很傻很天真""很恒很源祥""很假很坦白""很乐很 OPEN""很爽很摇滚""很丑很封建"等无数版本。采用流行格式或流行语的方法在新闻报道中屡见不鲜，例如：

①将直播进行到底

（载《中国青年报》，2005-03-12）

②一败再败拿什么拯救你——火箭？

（CCTV1《体育新闻》，2005-11-26）

③回家，累并快乐着

（载《文汇报》，2006-01-26）

这些格式因其原型影响在受众当中具有一定的号召力，应用到新闻语言当中很容易为受众所接受，所以句子格式的流行语能够在吸引受众注意的同时，以一种更为生动、丰富的形式传递新闻信息。但是，使用时需要把握一定的分寸，不能什么都套用，过于泛滥。另外还要考虑套用的恰当性。

　　新闻语言的规范除了上面所讲的语音、词汇、语法等几个方面外，还要注意书写符号的规范。新闻语言不仅包含口语，还包括书面语，书面语对新闻报道的广度和深度都具有重要的作用。新闻语言在使用书面语即汉字书写符号时，也必须要规范。《中华人民共和国国家通用语言文字法》规定要"推行规范汉字"。规范汉字，"是指国家有关部门发布的经过简化和整理的字表规定的现行汉字"。① 也就是说，凡不属于简化和整理的字表规定的现行汉字都是不规范汉字。如：繁体字、异体字、旧字以及一些写错或读错的错别字等都不属于规范汉字。新闻语言的书写要规范，首先要使用整理过的汉字。以《简化字总表》为标准，它包括三个表。"第一表收不作简化偏旁用的简化字350个；第二表收可作简化偏旁用的简化字132个和不独立成字的简化偏旁14个；第三表收简化字1 753个，这些简化字是用第二表的简化字和简化偏旁类推出来的。学习《总表》应以一、二表为主，特别是第二表更重要。"②同时还要学习和掌握国家有关部门发布和整理的《第一批异体字整理表》《现代汉语通用字表》以及《部分计量单位名称统一用字表》《第一批异形词整理表》等；其次要不用错别字。即不用规范字典查不到的字或不把甲字写成乙字。报纸新闻、网络新闻和电视新闻的字幕都涉及文字的书写问题。新闻语言中汉字的不规范用法主要表现在使用异体字和错别字上。如"陕西省紫阳县"误写为"陕西省资阳县"、"成吉思汗"误写为"成吉思汉"等。而报纸、网络新闻的错别字更是比比皆是。例如：

　　　买基金是多支好还是一只好（标题中的"多支"应为"多只"）

（载《法制晚报》，2009-06-08）

　　新闻媒介是语言文字的典范，出现错别字对社会规范用字影响极坏。管理部门也将差错率作为衡量图书质量的重要标准之一，一些媒介还专门开辟了纠错专栏，欢迎专家、热心观众、读者为报纸纠错。但是，只有切实地提高记者、编辑的语言文字使用能力，增强文字使用的规范意识，引导社会关注文字的规范化运用，才能从根本上解决新闻语言中文字的不规范的问题。

---

① 黄伯荣、廖序东：《现代汉语》，上册，167页。
② 同上。

第三节　新闻的言语行为规范

索绪尔在对"语言"和"言语"进行区分之后，认为只有语言才是语言学唯一的合适的研究对象，从而舍弃了对言语的研究。但是随着语言生活的发展，后来的语言研究者从功能的角度来研究具体语言材料的使用，把语言系统单元的使用与具体的言语环境和言语活动联系起来，从此言语在语言学领域中有了自己的研究地位。虽然语言是集体的、社会的，而言语是个人的、偶然的、异质的，但两者又是相互依存和相互交叉的。"语言"产生于"言语"之中，语言符号必须从"言语现象"中总结归纳而出，"没有'言语'就不可能有'语言'，同时，'言语'又是使用'语言'的结果，只要进行言语活动，必然要涉及语言符号体系的运用"。① 也就是说，语言系统并非是凭空产生的，它是人们长期言语活动的产物，是人们在具体的言语活动中积累和规约的产物。而语言系统又为言语活动提供基础，只有交际双方同处于相同的语言系统下，使用共同的语音标准、词汇标准、语法标准等，交际才能顺利进行。把语言划分为"语言系统"和"言语"两部分，是从认识论的角度进行划分的，并不是说两者之间是泾渭分明、丝毫没有联系的。只有认识了两者的区别与联系，才能清晰地认识到新闻语言规范化需涵盖语言系统规范和言语行为规范的必要。

有的语言学者认为"言语"包含两方面的含义："其一，言语就是讲话（包括写作），是一种行为动作；其二，言语就是所讲的话（包括所写的话），是行为动作的结果。"②也就是说，"言语"是讲话（写作）的行为和结果。语言不仅是对客观世界进行描述的工具，而且本身就是一种行为（英国哲学家奥斯汀语）。在具体的新闻报道中，新闻语言利用语言系统单元对新闻事件进行描述，从而形成具体的言语活动。同样，新闻语言在对新闻事件进行描述时，也体现着一种言语行为，新闻的言语行为方式将直接影响着语言传播效果。使用新闻语言必须要懂得新闻语言的语言系统和现行规范，正确有效地选择和组织语言体系单元，遵守共同的语言规范，使传播能够达到基本的交际效果。但是，一个同样的新闻事件，新闻传者可以选择不同的讲话（写作）行为方式，以传递信息和表达意思，究竟选择哪一种表达方式最有效、最符合所使用的语言的表述和接受习惯呢？这就是新闻言语行为要研究的东西。为了提高新闻语言的传播效果，

---

① 贺又宁：《修辞学：言语行为之视野》，117 页，北京，民族出版社，2008。

② 岑运强：《言语的语言学导论》，44 页，北京，北京大学出版社，2006。

就要在遵循语言体系本身的规范时，还要遵守使用语言的规范，即言语行为的规范。如果说新闻语言的语言系统规范涉及新闻语言表达的"通不通"，那么新闻言语行为规范则涉及新闻语言表达的"好不好"。

一、言语行为规范的标准

言语是语用者使用语言的行为，评判这个行为的主要标准就是看它是否与言语规律相适应。"言语规律是指人们为了一定的目的，在一定的语境中使用语言的规律。"[①]言语规律包含以下三方面的内容。

第一，与言语环境相适应的规律。在一般情形下，使用语言都是在一定的交际环境中进行的。言语环境包括客观因素和主观因素两部分，客观因素包括语言使用的时间、地点、场合、交际对象等，主观因素则是指语言使用者的身份、思想、素养、心情等方面。客观环境对新闻语言的使用有很大的约束作用，它作为新闻语言使用的语境，不仅指导新闻媒介的言语活动，也约束着新闻媒介对语言的使用。如不同的媒介技术(纸质传媒或电子传媒)就会对新闻语言的使用产生不同的影响。纸质传播与电子传播对新闻语言使用的方式各有所侧重，平面新闻媒介使用书面的新闻语言，强调语言的逻辑性和精练度。电子新闻媒介兼用口述和书面的新闻语言，并以口述为主，强调语言的形象性和通俗度。相同技术下，媒介社会语境也影响着新闻语言的使用，不同的新闻媒介由于所处的社会、国家、民族文化、经济发展水平不同，对新闻语言的使用也会有不同的语境要求。构成言语环境的主观因素与语言使用者自身具备的因素有关，使处于同一地域、同一时代、同一政治、经济、文化制度下的不同新闻媒介，会因其发展轨迹、传播预期、传播能力的不同而显现出使用语言方式的不同。即时在同一新闻媒介下，新闻语言具体的语言使用者也会因其思想、职业、处境、修养等因素的不同，而呈现出各自风格的语言使用特点。个人语言风格的形成虽然取决于语言使用者的主观因素，但它是一种客观表现，这种表现是不以人的意志为转移的，所以这也是言语规律。简而言之，新闻语言要做到与言语环境相适应，必须要适时，与时代要求的传播语境相适应；必须要得体，与广大受众的接受需求相适应；必须要适格，与贴近实际、贴近群众、贴近生活的气氛相适应。

第二，与话语组织的规律相适应。语言系统的子系统，无论是词汇还是语法，都不可能表达完整的意思和思想，要传递信息就需要在语言系统中正确选

---

① 岑运强：《言语的语言学导论》，114 页。

择语言使用的成分，按话语组织的规律组成话语以表达意义。新闻语言在组织新闻报道时，首先要以语言系统的规范为前提，遵守语音、词汇、语法规范，然后选择恰当的词语、句式、话语布局，以求达到好的传播效果。由于新闻语言是一种以陈述事实为主的语言，要求其准确、鲜明、生动、简练，以最通俗易懂的方式向社会公众发布信息。这就要求新闻语言在遣词造句、行文布局上就要以陈述事实为主。选词上要多用指示功能明显的名词、数词，少用形容词、代词。造句上要多用陈述句与短句，避免用疑问句和长句。行文布局要精练、紧凑，避免拖沓、啰唆。其实词语本身和句子结构并无准确与模糊、鲜明与呆板、简练与累赘的区别，这要求依赖语言环境加以选择，受言语规律的支配。

第三，与言语目的相适应的规律。从社会语言学的观点来看，任何语言活动都是为了达到一定的目的和完成相应的任务。这就是说，语言的选择组合也必须受与交际的目的和任务相适应的言语规律的制约。使用新闻语言的目的首先就是要传递信息，为了在有限的载体上最大限度地向社会发布、传播新闻事件，新闻语言的使用需"直言不讳，开宗明义"，就是在言语活动中不拐弯抹角，直截了当地将言语意图表达出来。虽然新闻语言在传递事实之外，还带有倾向性，即新闻语言还要承担引导舆论导向的任务和目的，但是舆论导向必须是以事实为依据，观点、倾向必须由事实来呈现，引导舆论导向也必须用"新闻事实说话"，否则新闻报道就变成了政治思想的宣传。

言语规律的三个方面是相互依存和联系的。使用新闻语言不可能离开特定的社会语境，也不可能脱离语言成分去组成话语，更不可能离开传播任务。所以，要使新闻语言的言语活动规范和有序，遵守言语规律是最基本的要求。

二、言语行为规范的内容

德国哲学家卡西勒讲过这样一句话："人类创造了语言，语言必须为人类服务。但正是这种语言的创造过程又把人束缚起来，每种语言都给语言的主人划定了一个不可逃脱的魔圈。"①言语行为是在一定的"魔圈"下构成和进行的，从我国新闻语言生活的实际出发，使用新闻语言的言语行为必须受到伦理性准则、媒介开放性准则、话语权准则、信息源准则、易读性准则、受众需要等准则的制约。其言语行为既要能满足广大人民群众的需求，又要能符合这些准则的要求，其语言生活才能实现真正意义上的和谐和规范。新闻语言的言语行为

---

① 转引自李东：《走出"魔圈"——主持人与播音员语言特征辨析，兼与张颂教授商榷》，载《中国广播电视学刊》，1993(2)。

伦理性准则研究是大众传媒伦理研究中的重要问题，它的研究既是新闻语言自身规范的需要，也是形成具有中国特色的大众传媒伦理理论的需要，更是建设和谐社会的需要。因此，在新闻言语活动中，符合伦理性准则的要求是最主要的。伦理性准则是社会普遍认同的，并给予高度肯定的，具有特定文化背景和内涵的行为原则，是语言生活中必须遵守的话语建构原则。符合中国特色的新闻言语行为的伦理性准则要求能维护特定社会的道德伦理制度，在言语活动中做到言语态度真诚、言语方式适宜、话语信息真实、言语动机合理的规范。

（一）言语态度要真诚的规范

语言仅仅作为交际工具时，其字词本身并不涉及态度指向问题，但语言运用于具体的语用环境时，语音、词汇、语法、修辞的不同使用，就极容易唤起听者的各种情绪。这些情绪的产生是基于特定历史条件下的社会道德伦理秩序的。在人类普遍认同的情感世界中，诸如同情、尊重、关爱、谦逊、礼让等情感都是需要值得高度关注的。概括起来就是说话和行为要真诚，"言语态度真诚不仅是人格结构的重要组成部分，同时也是言语行为的一项道德准则，它在现代社会的公众言语交际生活中依然保持着旺盛的生命力。"[1]言语态度的真诚是传递客观事实的基础，在言语活动中，首先要有真诚的态度和说话的诚意，才可能说真话、说实话。检验话语信息的真实与否，言语态度是一个标准，言语态度的真诚必将增强受话人对话语信息的可信度，这也从另一方面说明，真诚的态度更能提高"语力"。新闻报道的言语行为所表现出来的言语态度对受众的情感和心理有很大的影响，它既关系到受众对新闻语言所传递信息的认可度，也关系到受众对新闻媒介外在形象的评价和认可。如1991年安徽一带发生洪水，台湾地区"金钟奖"最佳主持人得主李艳秋来大陆进行采访，在一次现场报道中，她站在没腰深的水中对观众说：

> 从大禹治水开始，中国人历经几千年来，就与洪水搏斗。但老天爷在发怒的时候，仍然找这块土地泄愤。土地无知，洪水无情，但苍生何辜？面对这片疮痍，实在让中国人为中国人感到慨叹。[2]

面对这样的事件，人们可以有多种表达方式，可以言语真诚，直言不讳，饱含真情，也可含糊其辞，套话几句，应付了事。很明显，李艳秋利用深入浅出的言语和富有激情的行为，使自己的言语行为饱含真挚的感情，言语态度的真诚符合了话语建构的伦理性准则，使观众为之动容，取得了很好的传播效

---

① 　陈汝东：《语言伦理学》，95页，北京，北京大学出版社，2001。
② 　李敬一：《节目主持概论》，174页，武汉，华中科技大学出版社，2004。

果。反之，新闻语言的使用不能很好地承担起相应的社会责任，离开了对人性的弘扬、对人格的尊重、对人文的关怀，必然会受到社会道德的谴责。我们来看下面一些报纸的标题语言：

①某报在描述一位抗日英雄的事迹时用了这样的大标题和小标题："孤胆英雄潜敌营连刺两人""潜入敌营杀两人扛回两挺机枪"。

②昨天两车亲吻，五人当场死亡。

③巴空难确无中国乘客。①

例①是对抗日英雄英勇杀敌的事迹的回忆和描述，作者却用了"连刺两人"和"杀两人"这样的用语。它让我们感受到作者在构建这一话语行为时的言语态度缺少了对英雄的敬仰和尊重，有损于我们民族的道德价值观。例②报道的是一起车祸的情况，作者用了一个不恰当的词"亲吻"来形容两车相撞，传递的言语态度是轻松和不严肃的，缺乏对生命的起码的尊重。作者在构建这一话语行为时，是否考虑到悲恸欲绝的死者家属看到这样的报道将作何感想？例③的标题中强调没有中国乘客遇难，显然，显示了语用者仅只站在本民族的立场而对其他生命的漠视态度。这样的言语行为我们认为是违背话语构建的伦理性准则的。以上媒介语言的语用失误就是由于语用者在言语行为的构建和实施中未能考虑到其应该遵循的伦理性准则而导致的。具体地说是由于不真诚的言语态度所支配下的情感表现失衡所导致的。

(二)言语方式要适宜的规范

言语行为是对语言符号的加工和选择的结果。在这个过程中，言语方式是客观存在的、多样的，但使用新闻语言的发话人对语言方式的选择却是主观的，是受语言系统与语境因素的制约和规范的，它既要受到语言本身所固有的结构的制约，也受使用语境的影响。新闻发话人对语言方式的选择必定涉及社会伦理道德的影响和制约，言语方式的选择必须与当前的民族心理、生活习俗、道德风尚等文化因素相适应。换句话说，就是在使用新闻语言的言语行为过程中对言语方式的选择涉及社会道德伦理问题，是由特定的本民族的历史属性和文化属性来决定的。从媒介语言的文化功能来看，它具有导引正确的舆论和文化的作用。而言语方式本身就是一种民族文化的再现。因此，媒介言语行为对言语方式的选择不仅仅是语言表达方式的问题，而且关系到民族语言文化的发扬、传承的问题。以新闻语言对青少年语言学习和语言教育的影响为例，从社会语言学的角度看，青少年这一语用群体的语言是特别值得重视的。他们

---

① 崔梅：《试论媒介言语行为伦理性准则的构成》，载《当代文坛》，2007(2)。

的语言在语音、词汇、语法方面都有显著的特点。这是因为：一方面，他们有着对几乎所有新鲜事物强烈探索、尝试的欲望，而由这些新鲜事物所产生的词语、话语范式自然就成了他们一并接受并加以使用的"新鲜语言"；另一方面，特有的求新求变求雅的心理特点成为他们接受新词语、新的话语方式的主要因素。所以，新闻语言的言语方式的影响面是极为广泛的。我们只有选择使用适宜的表达方式，才能真正担当起社会赋予媒介的示范和宣传责任，引领社会用字、用语朝着健康、和谐的方向发展。

（三）话语信息要真实的规范

话语内容要以事实为依据，遵循实事求是的原则，面对话语对象要"实话实说"。真实是新闻的生命。新闻之所以与文学艺术语体不同，就是因为新闻所呈现的信息是真实的，是客观存在的，是的确发生过的。离开了真实，所报道的内容就可能会含有虚假的成分，从而欺骗和误导受众。每年都有大量的假新闻出现，它们之所以受到人们的批评，是因为它所传递的言语信息是无效的，是不可信的。新闻言语行为在话语信息的组织、形成和传播过程中需要具有一定的社会责任和文化良知。新闻媒介的言语行为所包含和传递的信息既应该是符合社会道德要求和社会角色规范的，也应该是以体现普遍性的价值认同和民族精神为中心的。具体来说，新闻报道的话语信息应该具有真实性、易读性、有效性和文化性。

真实性是指不含有虚假的内容，言之有物，不空洞，言语行为所传递的信息全面，有事实根据，既要宏观上符合实际，在微观上也要实事求是。易读性是指新闻语言活动的言语行为在第一时间就要能够激发观众收看的兴趣，并时刻注意调整自己的言行，以求所传达的言与行能被观众最大限度地接受和理解。有效性是指所说的话，所做的事要尽最大的努力满足观众的需要，呈现观众最需要的信息。文化性是指言语行为的目的除了传递信息外还应该是一种传播文化价值观念的手段。而真实性是话语信息的核心要求，离开了真实，其他特性便成了无水之源、无本之木。

（四）言语动机要合理

对新闻语言所表现的言语动机进行合理与否的评价，是言语行为的道德属性所决定的。因为在言语行为的实施活动过程中，语用者的动机往往决定着对其语言表达方式、话语信息的真假、言语态度的优劣的取舍。因此，言语的动机必须与具体的时代、相对的民族和相应的社会相适应。我们看下面的例子：

①某股评节目的主持人在节目最后说："股市风险难测，投资者谨慎抉择。"

②某电视台彩票开奖节目的主持人在其节目的结束语中用了这样一句话："恭喜今天中奖的朋友。不过，没有中奖的朋友也不要灰心，只要你坚持不懈地买下去，相信有一天你一定能获取大奖。"①

例①的话语行为从类型上看属于奥斯汀言语行为理论中的施事行为，或者是赛尔言语行为分类中的命题行为。例①中的主持人在特定的语境中面对受众采用这样的话语行为是恰当的。他只是客观地呈现了事实，最多是含有一些"提醒""告诫"的语义信息，并没有表示自己或自己所属媒介对待此事物的态度或某种话语动机。例②的话语行为属于成事行为。它涉及言语动机的问题。无论语用者是有意还是无意，其结果都是对受众产生了某种思想、感情、行动上的影响。似乎让人感到我们的媒介或主持人在有意识地引导或鼓励大家坚持不懈地买彩票。这样的话语动机不仅明显，而且影响也会很大。毕竟受众对媒介的信任是达到一定程度的。但是，谁能保证坚持不懈地买彩票就一定能获大奖呢？当我们的主持人在使用这样的话语的时候是否应该考虑对受众的影响。是否应该考虑到自己虽然是节目的主持人，但主持人的观点和言语表达方式并不只是个人行为。作为媒介语言，特别是处于特定语境中的媒介语言，其话语行为产生了动机的表达效果是违背言语行为的伦理性准则的。因此我们认为诸如例②这样的新闻言语行为是不恰当的。适应社会发展的言语行为，不仅能很好地传播信息，表达舆论，对于文化品位和道德修养的提升，对当代社会主义和谐社会的构建也必将起到积极的推动作用。新闻媒介的言语行为符合伦理性准则的要求，不仅有利于媒介语言生活的建设，更重要的是对社会整体道德的发展能够产生积极向上的影响。这使我们进一步认识到：和谐媒介语言生活的建构离不开和谐的社会语境，而媒介语言的和谐又是构建和谐社会的内在要求。

最后需要指出的是，要正确处理语言规范性和言语创造性的关系。遵守语言规范是为了使语言能够相对稳定，利于交际。如果不遵守语言规范，发话者所传递的话语信息受话者就不能理解，就不能完成交际任务。同时，语言生活为了适应社会的发展，不断地突破现行规范，结合特定的语境，创造性地使用语言，以满足日益丰富的交际需要，这也是语言向前发展的源泉。言语的创造性并不是彻底地打破语言的规范，而正好是依据现行的语言规范，进行有规范、有理据的创造。只有正视语言规范与言语创造的辩证关系，才能保持新闻语言本身既健康与纯洁，又能更好地达到传播的效果。

---

① 崔梅：《试论媒介言语行为伦理性准则的构成》，载《当代文坛》，2007(2)。

本章小结

我们现在生活在一个与规范息息相关的世界里。规范无处不在无时不在，很少有人和事能够远离规范的制约。规范不仅指导着我们的生活朝着有序和可控的方向发展，而且也是我们评判事物的标准之一。新闻语言作为新闻媒介传递信息的手段之一，其规范与否，将直接关系到新闻传播活动能否顺利进行。在失范的前提下，新闻传播者的语言"编码"——建构话语就有可能无规律可循，新闻接受者就很难顺利地实现语言"解码"——理解话语。总之，无论从传播效果方面，还是从新闻语言自身的发展要求等方面而言，规范的新闻语言是其外在与内在矛盾运动的必然结果。由此可见，新闻语言的规范化必须由两个部分组成：其一是新闻语言中语言系统(语音、词汇、语法)必须符合现代汉语语言系统要求的规范；其二是新闻语言中具体的言语运用必须符合本民族言语规律和时代所要求的言语规律的规范。讨论新闻语言的规范问题，二者缺一不可。

拓展阅读

1. 吴为章：《新编普通语言学教程》，北京，北京广播学院出版社，1999。
2. 陈松岑：《语言变异研究》，广州，广东教育出版社，1992。
3. 姚亚平：《中国语言规划研究》，北京，商务印书馆，2006。
4. 李建国：《汉语规范史略》，北京，语文出版社，2000。
5. 杨东、孙维张：《汉语字词使用规范手册》，北京，北京大学出版社，2003。

复习与思考

1. 新闻语言规范化的研究应涉及哪些内容？
2. 新闻语言的系统规范由哪些部分组成？各自规范的意义和内容是什么？
3. 新闻言语行为规范的目的是什么？
4. 新闻言语行为规范的内容和作用有哪些？

案例分析与讨论

十一届全国人大三次会议在京闭幕

第十一届全国人民代表大会第三次会议在批准政府工作报告、全国人大常委会工作报告及其他重要报告，表决通过关于修改选举法的决定，圆满完成各项议程后，今天上午在人民大会堂闭幕。

今天的人民大会堂气氛庄严热烈。2 909名代表出席闭幕会，符合法定人数。

闭幕会由大会主席团常务主席、执行主席吴邦国主持。

大会主席团常务主席、执行主席王兆国、路甬祥、乌云其木格、韩启德、华建敏、陈至立、周铁农、李建国、司马义·铁力瓦尔地、蒋树声、陈昌智、严隽琪、桑国卫等在执行主席席就座。

胡锦涛、温家宝、贾庆林、李长春、习近平、李克强、贺国强、周永康等大会主席团成员在主席台就座。

上午 9 时，吴邦国宣布大会开始。

会议表决通过了关于政府工作报告的决议。决议指出，会议充分肯定国务院过去一年的工作，同意报告提出的 2010 年主要任务和总体部署，决定批准这个报告。

会议表决通过了关于 2009 年国民经济和社会发展计划执行情况与 2010 年国民经济和社会发展计划的决议，决定批准关于 2009 年国民经济和社会发展计划执行情况与 2010 年国民经济和社会发展计划草案的报告，批准 2010 年国民经济和社会发展计划；表决通过了关于 2009 年中央和地方预算执行情况与 2010 年中央和地方预算的决议，决定批准关于 2009 年中央和地方预算执行情况与 2010 年中央和地方预算草案的报告，批准 2010 年中央预算。

会议经表决，通过了全国人民代表大会关于修改中华人民共和国全国人民代表大会和地方各级人民代表大会选举法的决定。中华人民共和国主席胡锦涛签署第 27 号主席令，公布了这一决定。本决定自公布之日起施行。

会议表决通过了关于全国人大常委会工作报告的决议。决议指出，会议充分肯定全国人大常委会过去一年的工作，同意报告提出的今后一年的主要任务，决定批准这个报告。

会议表决通过了关于最高人民法院工作报告的决议、关于最高人民检察院工作报告的决议，决定批准这两个报告。

会议表决通过了关于确认全国人大常委会接受李东生辞去全国人大常委会委员职务的请求的决定。李东生同志因担任国家行政部门职务，依照法律规定，向全国人大常委会提出辞职请求。

大会完成各项议程后，吴邦国发表讲话。

吴邦国说，会议期间，代表们肩负全国各族人民重托，以主人翁的高度责任感和历史使命感，依法履行职责，认真开展审议，积极提出建议，会议做出的决议和批准的报告，充分体现了党的主张和人民意志的统一，凝聚了全国各族人民的智慧。这次会议必将进一步团结和动员全国各族人民，满怀豪情地投身改革开放和社会主义现代化建设伟大事业，为全面完成"十一五"规划确定的目标任务贡献力量。

吴邦国指出，会议作出的关于修改选举法的决定，实行城乡按相同人口比例选举人大代表，符合党的十七大精神，符合我国国情和实际，符合各族人民的共同利益，更好地体现了人人平等、地区平等、民族平等的原则，对于坚持和完善人民代表大会制度，发展社会主义民主政治具有重要意义。

吴邦国说，会议期间，代表团和代表共提出 506 件议案，大会主席团已全部交付全国人大有关专门委员会审议。各专门委员会要认真负责地审议代表议案，切实提高代表议案办理质量，充分发挥代表议案在立法等工作中的重要作用。到 3 月 13 日中午，已收到代表提出的建议、批评和意见 7 418 件。会后，由全国人大常委会办公厅负责统一交办。各承办单位要加强与代表的沟通联系，虚心听取代表意见，切实改进工作。

吴邦国说，代表们在审议政府工作报告等有关报告过程中，结合本地区、本部门、本单位实际，就深入贯彻落实科学发展观、加快转变经济发展方式等重大问题提出了许多好的意见和建议。大家一致认为，加快经济发展方式转变，是党的十七大提出的紧迫而重大的战略任务，是贯彻落实科学发展观、推动科学发展、促进社会和谐的迫切要求，是我国经济领域的一场深刻变革，关系改革开放和社会主义现代化建设全局。我们必须增强主动性、紧迫感和责任感，深化认识，统一思想，突出战略重点，加倍努力工作，正确处理速度与效益、局部和整体的关系，把解决当前问题与实现长远发展结合起来，在加快经济发展方式转变上迈出实质性步伐。

吴邦国最后说，在主席台就座的还有：王刚、王乐泉、王岐山、回良玉、刘淇、刘云山、刘延东、李源潮、汪洋、张高丽、张德江、俞正声、徐才厚、郭伯雄、薄熙来、何勇、令计划、王沪宁、梁光烈、马凯、孟建柱、戴秉国、王胜俊、曹建明等。

中央党政军群机关负责人，各民主党派中央、全国工商联和无党派代表人士列席了今天的大会。

各国驻华使节旁听了大会。

上午 9 时 28 分，全场起立，高唱国歌。

（根据 2010-03-14《新闻联播》播音稿整理）

讨论题

1. 从语言系统规范的角度，你如何看待该篇新闻播音稿？有何值得借鉴之处？
2. 结合案例，谈谈你对语言规范性和言语创造性关系的理解。

第七章　中国当代新闻语言生活现状

本章要点及学习要求

● 本章以中国当代报刊、广播、电视、网络四大主流传播媒介的新闻语言为例，总结了它们各自的特点，探讨了它们未来的发展趋势。

● 当代报刊新闻语言有鲜明的时代性，呈现出时尚化、融合性、多样化以及亲民化的特点；今后报刊新闻语言会不断创新，坚持走亲民化路线，且日趋平和、人性化，坚持以人为本。

● 当代广播新闻语言开始倾向由灌输性语言向尊重听众转化，向平民化语言发展；语体模式由书卷气向口语化转化；表达语气由高高在上"一对众"式的说教向富于交流感的"一对一"式的个性化转化；语言风格由千篇一律的媒介语言模式向个性风格转化。

● 当代电视新闻语言具有亲切化、口语化、快餐化、娱乐化、表达多样化的特点，同时也也存在着泛口语化、语言暴力、快餐化导致新闻质量下滑等现象，并且承受着网络语言带来的巨大冲击。

● 当代网络新闻语言具有简练直白、浓缩性较强、通俗前卫、鲜明性、互动性、可选择性和拓展性等特点。网络新闻语言有很强的优势，活力也极强，但也存在着失真、失质、失范现象。

● 通过本章的学习，系统掌握当代报刊、广播、电视、网络等传播媒介的新闻语言的特征，了解当代报刊新闻语言、广播新闻语言、电视新闻语言、网络新闻语言的发展趋势。

第一节　当代报刊新闻语言生活

一、报刊新闻语言

报刊，就是报纸和期刊。就今天看来，由于信息技术的发展，网络媒介的崛起，为了和网上的报纸相区别，我们一般认为的报纸应该是以纸质为媒介，受众为大众，报告社会和行业最新消息、刊载评论的公开发行物。[①] 报刊，作

---

① 王建华主编：《信息时代报刊新闻语言跟踪研究》，1页，杭州，浙江大学出版社，2006。

为新闻媒介，它快速集中地反映出社会各个领域的变化，及时传播最新鲜、最有趣的资讯，向人们展现历史的演变轨迹以及未来蓝图的种种信息。

通常，报刊新闻语言具有真实准确、简明精练、生动形象的总体特点。

（一）真实准确

报刊作为一种最传统的目前仍然颇具影响力的大众媒介，语言真实、准确是最基本的条件之一。当然，这也是所有新闻语言最明显的特点之一。新闻界历来把"准确、准确、再准确"奉为写作格言。没有准确的语言，记者就没有办法使其符合新闻事实的本来面目。新闻要明确自己的新闻性，要坚持新闻的真实性。所以任何时候，新闻语言的运用都要保证真实可信，报刊当然也不例外。我国著名语言学家吕叔湘曾经说过："新闻语言的首要要求是准确。"所以，新闻语言的第一要求就是真实、准确。

报刊作为特殊性质的汉语书面载体，所传播的都是社会生活中最新、最有趣、最有价值的信息，它常常拥有数以百万计的读者，任何小失误都有可能造成较大的负面影响。因此，报刊新闻语言必须保持准确性，这也是新闻真实的一个基本要求。例如：

上半年国内生产总值增 11.1%

本报北京 7 月 15 日电（记者　朱剑红、李丽辉、崔鹏）　国家统计局新闻发言人盛来运今天在国新办的新闻发布会上宣布，据初步测算，上半年国内生产总值 172 840 亿元，按可比价格计算，同比增长 11.1%，比上年同期加快 3.7 个百分点。

盛来运还介绍了上半年国民经济其他各方面数字。上半年我国全社会固定资产投资 114 187 亿元，同比增长 25.0%；上半年我国社会消费品零售总额 72 669 亿元，同比增长 18.2%；上半年我国居民消费价格（CPI）同比上涨 2.6%，其中 6 月份 CPI 环比下降 0.6%；上半年，我国城镇居民人均可支配收入 9 757 元，同比增长 10.2%，扣除价格因素，实际增长 7.5%。农村居民人均现金收入 3 078 元，增长 12.6%，扣除价格因素，实际增长 9.5%。

另据财政部和商务部 15 日发布的数据显示，今年上半年累计，全国财政收入 43 349.79 亿元，增长 27.6%。6 月份，全国财政收入 7 879.4 亿元，增长 14.7%。上半年，我国实际使用外资 514.3 亿美元，同比增长 19.6%。

（载《人民日报》，2010-07-16）

这篇新闻报道最明显的一个特点就是使用了大量的数字。数字是新闻报道不可或缺的组成部分，准确无误地报道数字对新闻甚为重要。在当今这种信息化、数字化时代，数字更为人们所关注。为了说明一个问题，什么证据最有力？当然是科学统计的数字。如果新闻报道中提供的数字不真实或不准确，甚至有错误，那么所带来的负面影响可想而知。当然，模糊性的语言在报刊新闻语言中要尽量避免和减少，类似于"大概""也许""似乎""可能"之类的词语，会给读者带来不准确和模棱两可的感觉。

（二）简明精练

措辞的简明、精练，也是报刊新闻语言的一大特点。新闻要准确、快捷地传递给读者，就要求语言的表述要干净利落，不要繁言冗语，尤其是报刊新闻语言。因为电视新闻主要靠画面将受众带入现场，可以原型再现，而报刊的新闻语言如何写得让人感到身临其境？如何让人在短短一则"抽象"新闻报道中读出"具体"情景？一般来说，报道一个新闻事件，大多都是几百字，有的消息甚至在百字以内就把事件讲得清清楚楚。报刊新闻语言不同于文艺创作可以用很多修辞手法去叙述、描写。它要求既要简洁明了，又要尽可能给读者传达多的信息量，这就对新闻工作者提出了很高的要求。例如：

楚米镇 1 封村民举报信从垃圾堆回到村民手中

桐梓县楚米镇三座村黄安勤等村民万万没有想到，他们不久前交到县纪委的一封举报信，竟意外地被村里一孩子从镇党政办公楼里的垃圾堆里捡了回来。

三座村黄安勤等 18 个村民认为某些村干部侵占集体资产，专门凑 20 元钱请律师写举报信，于 6 月 15 日打印并签名盖手印后交到县纪委信访室。

县纪委信访室于 6 月 17 日认真登记后，按分级负责、归口办理的原则，在举报信上加盖"中国桐梓县纪委信字 76 号 2002 年 6 月 17 日"的红章，并写"转楚米镇党委×书记"。本应 6 月 19 日就摆在楚米镇党政主要领导案头处理的举报信，大约在 6 月 20 日却被三座村不满 10 岁的男孩子王尧捡到。王尧的父亲一看，这不正是村民黄安勤等人写的举报信吗？

举报信在垃圾堆中意外"回复"到村民手中，村民们很气愤。记者采访时，他们问：镇里的干部就是这样处理老百姓的举报信，咋谈得上落实"三个代表"？！

（载《贵州日报》，2002-07-25）

这篇新闻报道通过 360 个字，把受众所关心的新闻事实——村民的举报信从产生到送达及后来捡回的全过程，讲述得清清楚楚。全文言简意赅，简洁明快。

（三）生动形象

报刊新闻语言在追求准确、简明的表达的同时，还必须写得生动、形象。因为枯燥单调乏味的陈述，既不能感染受众，也不会引起受众的共鸣。所以，为了让新闻报道更加生动、鲜活，许多文学写作方法被引入到了新闻写作中，拟人、借用、排比等修辞技巧的运用，在语言简明精练的同时，也极大地增强了新闻的表现力。例如：

金山同志追悼会在京举行

新华社北京 1982 年 7 月 16 日电（记者　郭玲春）　鲜花、翠柏丛中，安放着中国共产党党员金山同志的遗像。千余名群众今天默默走进首都剧场，悼念这位人民的艺术家。

"雷电、钢铁、风暴、夜歌，传出九窍丹心，晚春蚕老丝难尽；党业、民功、讲坛、艺苑，染成三千白发；孺子牛亡汗未消"，悬挂在追悼大会会场的这幅挽联，概括了金山寻求光明与真理，为人民鞠躬尽瘁的一生。人们看着剧场大厅里陈列的几十帧照片，仿佛又重睹他的音容笑貌，他成功地塑造的爱国诗人屈原的形象，他在电影《松花江上》的拍摄现场，他为演《风暴》与"二七"老工人谈心，他在世界名剧中饰演的角色，他在聆听周总理的教导，他与大庆《初升的太阳》剧组在一道……他 1911 年生于湖南，1932 年加入中国共产党，自此献身革命，始终不渝。

哀乐声中，人们默念着他的功绩。30 年代，他在严重白色恐怖中参加中国反帝大同盟和左翼戏剧家联盟。抗战爆发，他担任上海救亡演剧二队副队长，辗转千里，演出救亡戏剧，而后接受周恩来同志指示，组织剧团远赴东南亚，向海外侨胞作宣传。解放前夕，又担负统战工作。他事事以党的利益为重，生前曾对他的亲人说："我首先是一个共产党员，演员是我的第二职业。"

……

在这条消息中，作者大量运用了特写，进行了细致、准确的场景描写，尤其是"人们看着剧场大厅里陈列的几十帧照片，仿佛……"这一段排比，用简洁的语言列举出了金山同志的演艺作品，以这些深入人心的荧屏形象唤起人们的回忆，也赞颂了他精湛的演艺水平和突出贡献。整篇新闻情景交融，不仅是优秀的新闻，也是成功的文学作品。

二、当代报刊新闻语言的特点

报刊新闻语言产生于社会生活中，快速集中地反映出社会各个领域的变化，及时传播着最新鲜的资讯，可以说报刊新闻语言是与时俱进的。进入新时期以来，当代报刊新闻语言也呈现出了一些新的变化。

（一）时代性和时尚化

报刊新闻语言是对现实社会的一种反映，当社会上出现了一些新的事物、观念、行为等的时候，人们总要赋予一个新的称谓，而报刊、电视等媒介就会把这些都记录下来，再进行广泛传播。所以，报刊新闻语言也就具有了那个时代特有的色彩，这也是由报刊的属性决定的。例如：新中国成立初期宣传社会主义、共产主义的内容很多，所以当时的报刊新闻语言多使用严肃庄重的政治类的用语，如"斗争、局势、共产党万岁、人民政府、毛主席"等。又如"文化大革命"时期的报刊新闻语言主要表现为对当时政治文化的接受和消化。翻开那个时期的报纸，几乎所有的文章都有语录词语和语录句子，歌颂式的词语如"伟大领袖、红太阳、××精神"还有"走资派、当权派、反革命、造反派、红卫兵"等大量流行。当今社会是一个崇尚流行和时尚的时代，于是报刊新闻语言紧贴时代脉搏，追赶时髦，不断吸收生活中流行的元素，使当代报刊新闻语言也呈现出时尚化趋势。

进入新时期以来，改革开放不仅给中国经济、政治、外交等方面带来了很大的影响，对新闻语言也产生了很大影响。从此，报刊新闻语言逐渐摆脱军事术语和政治口号，更多地趋向于反映经济领域和文化生活的现状，呈现出新闻语言理性化和人性化的特点。例如："恢复高考、改革开放、经济建设、农转非、计划生育、责任制、联产承包、铁饭碗、暴发户"等词语，已悄然将新闻语言从一元变成了多元；"卡拉 OK、VCD、迪斯科"等外来词的引入，进一步丰富了报刊新闻语言，体现了当时的社会生活和文化生活。

如今，随着新事物、新现象、新概念的层出不穷，社会也发生着巨大的转变。在这个开放的年代，信息化、数字化把地球变成了村落，人们的交往变得频繁和快捷起来，再加上媒介的多样化、融合化，这就使报刊新闻语言也变得多样化、时尚化。例如："金融危机、科学发展观、和谐社会、网络、QQ、博客、微博、黑哨、蜗居"等报刊新闻语言常用词语，都记录下了多样化、形象化、灵活化的社会发展态势。此外，每年公布的中国报纸十大流行语，几乎没有一个是重复的，每年都有新的关注热点，新的流行趋势。由此可见，当代报刊新闻语言和时尚潮流是多么地紧密相关。

（二）丰富化和融合性

当今，社会的发展和科技的进步，为媒介发展提供了必要的条件，同时也催生出新的媒介形态，而原有的媒介形态不会衰亡，"而是经过一段时间的调整后，立足自身的优势，借鉴其他媒介的长处，对自身进行有效的改造而获得新的发展"。① 于是，报刊新闻语言的融合性也就成为了一种必然的发展趋势。

当前，海量的新闻信息和丰富多彩的社会生活，使受众的阅听习惯和思维方式发生了很大的变化。为了适应受众的这种多元的、全新的心理与思维变化，报刊新闻开始结合报道内容、媒介特点和受众需求，采取"易读"和"视觉化"的新闻语言来传播新闻信息。例如：当代报刊新闻的版面语言设计往往图文并茂，有很多的新闻照片和新闻图表，甚至以"图片故事"的方式突出图片的主体地位和语言文字的辅助地位，从而使静态文字内容充满了视觉动感和阅读趣味，不仅能够给受众以视觉愉悦，还能有效增强视觉语言的表达效果，从而使报刊新闻语言从传统的语言文字基本形态走向了一个多元化的、自由化、立体化的表现境地，进一步拓宽了报刊传播新闻、进行深度解读的空间。又如：在网络媒介的影响下，立体组合的报刊新闻报道应运而生：新闻背景资料的多角度、多侧面"链接"；报纸版面的细分化和稿件安排的模块化；导读方式的多样化和信息传递的图解化等。这些变化使读者通过报刊新闻语言就能够全方位、更透彻地了解新闻事件的前因后果。

以 2008 年 5 月 12 日四川汶川地震的新闻报道为例，《东方早报·理财 1 周》刊登了一张经过素描加工的地震现场照片，画面逼真，细节丰富——无论是受伤者那奄奄一息的神态，还是救援者那焦急如焚的心情，都呼之欲出，让人感同身受。与原始照片相比，新闻记者对画面进行了大胆取舍：突出埋在废墟下的受伤者，并对其进行淡彩处理，其余则全部使用黑白灰色调；站立者身后的残垣断壁则采用淡化处理的方法，甚至省略了几位救援人员的身影、树木等；整体色调冷暖适中，细看之下，让人感受到强烈的画外之音——"他还活着！"这张新闻图片已经不是纯粹意义上的素描作品，而是包含特有的信息内容，成为独特的报刊新闻语言了。整个版面看上去朴实无华，平淡之中见不平凡，是具有强烈感染力的报刊新闻语言。

报刊新闻语言的融合，既体现了当下报刊对传统报刊新闻语言的挑战，又表达了报刊对自身个性张扬、自我发展的诉求，同时大大提升了报刊媒介的竞争力，适应了受众在新时代的思维变化和心理需求。

（三）多样化和亲民化

多样化和亲民化，从内容上看，主要表现为报刊新闻语言中流露出的民主精神和对受众需求的尊重；从形式上看，则表现为生动、丰富、新颖且为广大

---

① 郭小平：《论媒介的生态共生与信息互补》，载《当代传播》，2002(4)。

读者所喜爱的言语形式。简言之，报刊新闻语言的多样化和亲民化，就是从受众心理角度考虑，以平民的视角反映现实社会生活，以具有亲和力的语言深深感染受众。

报刊新闻语言的多样化和亲民化，与社会生活的发展密切相关。改革开放后，丰富多彩的社会生活在培育出众多的具有自主意识的受众的同时，也必然促使新闻语言日益多元化。随着我国经济高速发展，人民生活水平快速提高，人们的价值观呈现出了多元化的特征，社会上出现了大量的活泼的、内容丰富的顺口溜、手机短信，网上聊天交流也日益活泼，一些口语也融入了报刊中，这些语言表达给新时代的报刊新闻语言注入了新鲜的血液，也使得当代报刊新闻语言越来越亲民化和生活化。例如：一些城市的晚报、都市报的新闻语言，就大量出现当地特有的方言词汇、熟语等，表意准确、形象、生动，很容易使本土读者产生共鸣：

①巴适！川剧流行歌二合一

（载《成都日报》，2005-05-22）

②青少年科普馆你说咋个建？

（载《成都日报》，2005-04-08）

"巴适""咋个"都是典型的四川方言，在普通话中分别意为"舒适、安逸、爽、受欢迎"和"为什么、怎么"。如果用普通话来表述"巴适"，就没有一个相对应的词能如此恰当强烈地表达出四川人民对川剧的喜爱之情。所以，这里选用了地道的四川方言作为标题，十分醒目，十分恰当，让四川读者一下就产生共鸣。又如：

③昆明等 28 个城市先"吃螃蟹"

（载《云南日报》，2010-08-06）

④极端气候"扎堆"　呼唤减灾新思维

（同上）

例句中的"吃螃蟹""扎堆"都是非常典型的口语词，具有形象生动的语义色彩，它们使报刊新闻语言日益贴近生活、贴近百姓，也给新闻语言注入了新鲜血液。

报刊新闻语言的多样化和亲民化，还表现在传播者不仅仅报道新闻事实，还可以自由表达对新闻事实的看法，受众也可以以不同形式自由表达自己对新闻传播的看法。在以往的新闻传播活动中，传播者和受众分工十分明确，信息的流通方式的形式是"我传播，你接受"的单向灌输式，而当代新闻传播由过去的传播者对于受众的单向灌输式变为传播者与受众的双向互动式，有些报刊还专门开设了一些调动读者参与的专栏，如《中国青年报》的"青年话题"、《南方周末》的"百姓茶坊"等，邀请受众参与，读者可以写信、打电话点评或者表达自己对新闻的看法、关注等。报刊新闻语言的这些变化使受众产生了以主人翁的身份对待新闻的想法，大大提高了新闻语言的亲切感。

此外，随着社会结构的变化和受众的阅读分层，当代报刊新闻语言也变得丰富多彩起来，面向各个层次受众的阅读口味的内容都有。例如：体育版为人们提供了国内外的体育新闻信息；生活版在当代报刊中所占的比例也越来越重，介绍家居生活动态，推荐旅游名胜景点，报道最新消费资讯等；连续刊载重大事件的追踪报道或深度报道，综合把握解释、评论新闻事件的整个过程，深入探讨缘由与社会的联系和对社会的深度影响，集中反映一种精神状况，让读者充分了解体会隐藏在背后的深层含义，满足了专业人士、热心人士及相关人士的要求……由此可见，当代报刊新闻语言既要适应同一层次的受众多元化的阅读需求，又要满足不同层次受众的阅读口味。

三、当代报刊新闻语言的思考

新闻语言是新闻报道的物质外壳，新闻语言的变化也必然是新闻流变的某种外显和表征。最早的新闻语言是报刊的新闻语言，接着是广播、电视的新闻语言，现在已发展到网络的新闻语言。当今，人类已进入信息全球化时代，新闻传播媒介的发展变化日益多元和强劲。在这种情况下，可以说没有哪一种语言能像新闻语言那样深入到千家万户，拥有数量庞大的受众，具有广泛而深远的影响。所以，对报刊新闻语言的现状研究也是层出不穷，很多学者从多方面多角度研究报刊新闻语言的历史、现状以及发展前景，也启发我们对当代报刊新闻语言进行思考。

（一）在媒介竞争中不断创新

新的时代，在众多媒介的大战中，新闻语言的竞争是十分激烈的。那么，报刊新闻语言如何才能让自己在激烈竞争中获得一席之地呢？

报刊新闻语言从最早的垄断传播，到先后经历了广播、电视、互联网等拥有现代化传播手段的媒介的冲击。这期间，报刊的前途一次次受到质疑，所以也迫使报刊重新审视自己，重新定位自己。更有专家预言，电视媒介、网络媒介等将终结纸质印刷。可是报刊就是一次又一次地经受住了考验，不断吸取其他媒介的长处，不断跟随时代的步伐，不断超越自己，不断创新自己，弥补自己的不足，利用科技突破了很多限制。这就是报刊，也是其他媒介形式的发展必然。因此，当代报刊新闻语言只有适应社会发展、科技发展和人们心理需求的变化和要求，紧跟时代的步伐，不断创新，贴近实际，贴近生活，才能形成自己独特的语言个性和风格。这里所说的"创新",指的是各个方面都要创新,不仅仅是内容,在报道的角度、时效、形式等方面也要不断创新,给报刊不断注入鲜活的血液,才是当代报刊新闻语言发展的方向。

(二)坚持以人为本,言语表达亲民化

当前,亲民化路线增强了报刊新闻语言的亲近性,渗透了"以人为本"的现代传播观,体现了报刊新闻语言的亲民化。新闻记者积极贴近受众、了解受众和把握受众对新闻信息的心理需求,采用受众乐于接受的语言方式,把有价值的新闻信息送入受众视野,从而完成新闻信息的价值实现。例如:现在的综合性日报的新闻语言显得较为规范、庄重、严肃,而晚报、都市报却是走向生活和群众,语言柔和、活泼、口语化,常运用方言和新词新语。从社会语言学的角度来看,方言能提供深刻的社会纽带,渗入其中的情感是标准化的普通话不能取代的。报刊新闻语言的亲民化都是从语言上实实在在亲近百姓生活,仿佛是以谈话的方式在"聊"新闻,语气亲切,富有浓郁的生活气息,很好地从情感上满足了读者的需求,由此也增加了平民化色彩和亲和力。

当然,报刊新闻语言的亲和化并不等于"方言化""口语化"。报刊新闻语言在选用方言词汇时,要从词汇本身的通行范围及受众层次的角度去斟酌,不然会造成读者的误解。推广普通话是我国一项基本语言政策,报刊作为大众传媒,示范作用很大,更应该把推广普通话、促进汉语言文字的规范作为自己应尽的责任。

随着媒介竞争的日益激烈,受众本位意识的成熟,报刊新闻语言建立一种平和、人性的语言风格就显得十分重要。改革开放带来人们思想观念解放和社会文化的丰富多彩,处在新时期的中国社会,当下的新闻媒介起着十分重要的精神引领和文化导向作用。这就要求报刊在进行新闻报道时用语要平和,富于人性,以人为本,既考虑受众的个性,以平和的语调带给受众更大的接受空间,以人性的笔触为受众提供更多选择的余地,避免报刊新闻语言的世俗化、娱乐化倾向,彰显出人文关怀,从而促进人际和谐、媒介和谐和社会和谐。

第二节 当代广播新闻语言生活

一、广播新闻语言

广播,是指通过无线电波或导线传送声音的新闻传播工具;其中,通过无线电波传送节目的称为无线广播,通过导线传送节目的称为有线广播。

1923年，中国第一座广播电台的建立，拉开了广播作为电子传播媒介为广大人民服务的序幕。自20世纪50年代以来，广播的技术不断发展，不断取得新的突破，例如：音质好、不易受干扰的调频广播；音效出众的立体声广播；等等。广播技术的发展使得广播的种类向着多元化发展，除了传统的综合性电台以外，各种专业电台如雨后春笋般涌现出来，如音乐电台，新闻电台，教育电台，经济电台，交通电台，都市电台等。在各类广播节目中，新闻类节目占据着绝对优势，人们通过广播新闻时时刻刻了解发生在身边以及世界上的大事小事。"广播新闻是通过电子音频技术，运用听觉符号的有序组合，面向特定范围的听众传播新近发生的或正在发生的事实的报道"①；广播新闻语言就是广播新闻播报时使用的语言，具有与其他媒介新闻语言所不同的特别之处。

（一）口语化和通俗化

听众收听广播是通过"听"来实现的，听到的是声音，它是一种声音的艺术。广播新闻就是通过声音来传播的新闻，声音是广播新闻传播的唯一手段和最终途径。为听而写是广播新闻的特殊要求。既然要让人听，就要让人听得懂，听得明白，这就要求广播新闻语言口语化、通俗化，让人一听就明白说的是什么，而不需要费神去思考。但是，广播新闻语言又不完全等同于日常生活中所使用的原始的口语，而是一种介于口头语言和书面语言之间的独特的语言形式，也可以说是这两种语言的综合产物，是通过对人们的口头语言进行一定的加工，使其获得准确、通俗、明快并富有文采的特点。

广播新闻语言的口语化和通俗化，还与听众及其收听习惯具有密切的关系。现在，很多听众收听广播的时间一般属于休闲时间，或是在处理其他事情的同时进行收听，这就使得他们在收听广播新闻时不会像读报纸那样全神贯注。读报纸时遇到不明白的词语或是专业词汇，可以去查字典或是寻找其他工具来解决，然后接着读下去，但是广播不可能，听众一听而过，不懂就不懂了，不会专门去追究，而且追究也会造成错过更多后面的内容。

另外，广播具有典型的线性特征，它是随着时间不断发展的，如果出现听不明白的地方，听众不可能像读报纸一样返回去重新阅读。

（二）简洁明快

广播是听的艺术，广播新闻靠的是口头播报和耳朵收听，它们是制约广播新闻的关键因素，这就要求广播语言越清楚明白，越容易让人听懂越好，这就

---

① 刘仁圣主编：《广播电视新闻采访写作教程》，196页，北京，中国广播电视出版社，2005。

要求广播新闻语言具有简洁明快的特点，要直来直去，开门见山，直截了当，用最精练的语言传递最重要的信息，让人一听就知道发生了什么事，让听众很容易地就知道事情的中心思想和主要内容。阅读报纸杂志时读者可以随意停顿和思考，并通过标题、字体、大小写等视觉效果获得信息，电视则有图像信息帮助观众理解新闻的内容，而广播是一瞬即逝的，这就对广播新闻语言的清晰度要求更高，就要使用简洁明快的语言，朗朗上口，易读易听。例如：

①连日来，为了及时把党的十七大精神传递到所有的边疆民族地区，云南人民广播电台携手红河、迪庆、西双版纳、怒江等 10 家电台用 13 种少数民族语言宣传十七大精神，受到了少数民族干部群众的欢迎。

（《云南用 13 种少数民族语言宣传十七大精神》①）

②我省乡镇公务员队伍结构发生重大变革，从昨天开始，全省 482 名村干部在各地州参加了乡镇公务员选拔的面试。据了解，从优秀村官中选拔公务员在西部省区尚属首次。

（《我省首次从村干部中选拔乡镇公务员》②）

例①作为新闻的开头，开篇就用一句话开门见山地把新闻的主要内容简洁明快地说了出来，没有任何铺垫和多余的内容，非常符合当代广播新闻语言简洁明快的特点。例②也是开头两句话就把这篇新闻的主要内容点出，并突出了"首次"的特殊性。

（三）语言清晰响亮，音韵和谐

广播新闻语言与报纸新闻语言在获得信息的渠道上有着本质的差别。广播新闻完全依靠听觉来获取信息，广播播音员通过无线电波传送有信息的声音，听众通过听觉器官感知语音，从而接收信息；而报纸新闻则完全依靠视觉获取信息。"说"和"听"是制约广播新闻传播的根本要素，所以好的广播新闻语言既要做到声音的响亮，多选用开口度较大的字词，还要做到音韵和谐，有起伏感，这样读起来上口、顺当，听起来入耳、悦耳。

"语言传播还要讲究音色美、意蕴美、分寸美、韵律美，做到字正腔圆、悦耳动听。"③这就要求广播新闻语言要适当注意声调的平仄高低，做好声调的搭配，有效提高语言的可听性，达到一种高低抑扬、升降有致的音乐色彩。

---

① 覃信刚主编：《云南人民广播电台获奖作品选》，下册，293 页，昆明，云南民族出版社，2010。

② 同上。

③ 童之侠编著：《国际传播语言学》，119 页，北京，中国传媒大学出版社，2005。

　　另外，适当地使用一些象声词、双声、叠韵和平仄押韵，可以强化广播新闻语言的节奏感、韵律感，深化语言的意义，获得音律美和修辞美，使得广播新闻语言取得音韵和谐的效果。对于这一点，在实际运用中应该视情况而定，能做到则可，不能做到也不需强求，如果强求很有可能就损害了口语化的要求，变成书面语，这是一定要尽量避免的。例如：

　　　　①街道里商贩们的叫卖声，重型机械震耳的轰鸣，一道醒目围墙的分隔……这是人们最近路过正义路时所听到、看到的情形，也是新昆明建设忙碌步伐中一道独特的风景。

（《古老商圈，活水流传》①）

　　例①读起来发音响亮，平仄相间，既清晰响亮，又有音韵美，把一幅忙忙碌碌的建设图画清晰地展现在听众眼前。

（四）重复性和说明性相结合

　　广播新闻语言要求简洁明快，但这种简洁明快与报刊新闻的要求是不同的。报刊新闻语言为了使文章简洁，会避免使用重复性和解释性的语言，并且大量使用代词替代前面出现过的内容，或是后面即将出现的内容。广播新闻语言则不然，它经常会出现重复性和说明性的语言，并且代词的使用较少，遇到前面提到过的内容时，往往不使用代词，而是再说一遍。

　　广播新闻语言的这个特点与广播的特点是密切关联的。广播是以电波为媒介的电子传媒，它的传播具有快速性和声音的易逝性等特点，听众在收听时不可能像读报纸那样返回去翻阅前面的内容，听不懂的内容不可能记下来也没法重听，或者有从中间开始收听的听众，没有听到前面的内容，就很可能不知道到底在讲什么，这就使得重复性语言在广播中显得很重要。广播新闻语言大部分都会开门见山，如果出现单位名称、地区名称、事物名称或一些新兴的事物或现象等，不在正文中和结尾进行适当重复的话，听众有可能会搞不清楚到底说的是什么单位、哪个地方，所以不能一味使用代词替代。

　　广播以电波为载体，速度非常快，几乎在电台发出信息的同时，听众就能接收到，这是它的优势之一，但在快的同时，很大程度上缩小了听众的思考空间，对于一些比较深奥的或是具有专业性的问题，听众没有时间去思考，也不可能像读报一样，返回去看或是停下来查找资料。这就要求广播新闻在遇到这类问题时要有一定的说明性语言。例如：

　　　　①她身着朴实的套装、鬈曲的短发，脸上挂着热情慈祥的笑容，她就

---

①　覃信刚主编：《云南人民广播电台获奖作品选》，下册，409 页。

是王秀珍，在玉溪市红塔区北城镇人们都亲切地叫她"老孃"。"孃"在云南方言中是"姑姑"的意思，人们为何会称她为"老孃"呢？

(《"老孃"王秀珍》①)

例①描写了一位自强不息、助人为乐、几十年如一日的好人王秀珍的形象，其中出现了一个云南方言"老孃"，这个词对于云南人来说没有问题，可是在面向全国观众的广播新闻中出现，就很有可能令很多听众糊涂了，而这个词在这篇新闻中又很重要，所以在第一次出现时就给出了一个解释"'孃'在云南方言中是'姑姑'的意思"。

二、当代广播新闻语言的特点

广播新闻语言是唯一仅靠听觉就能获得新闻信息的媒介，是最经济的媒介，传播速度快捷而有效。进入新时期以来，广播新闻进入了一个新的发展时期，广播新闻语言也出现了一些新的变化。

(一)平民化的语言发展倾向

随着时代的发展，新时期以来的广播新闻语言逐渐摆脱了以往灌输性的、教条式的语言表达倾向，向着尊重听众，向着平民化语言的方向发展。语言风格生活化，采取广大听众所喜闻乐见的报道方式。例如：中央人民广播电台的新闻节目《新闻纵横》《午间一小时》，昆明人民广播电台的《都市新闻网》《城市热线》等节目，都较好地报道了百姓所关注的、发生在身边的事情，采用老百姓经常使用的、耳熟能详的语言，力求把节目办成听众自己的节目、听众喜欢的节目，缩短同听众之间的距离，使听众直接或者间接地加入到节目中，拉近了新闻与听众之间的距离。例如：

①茶素珍是村里的富裕户，也是妇女项目的受益人，她谈起现在的生活感慨万千。(出村民茶素珍音响)"是党的富民政策好，组长带着我们走上了致富的道路，我们生活好过了，但是离党的要求和目标还远着呢！今后我们还要走这条路，一年要比一年过得更好。"到去年年底，全村人均有粮550公斤，人均经济纯收入3 000元，高于全镇当年人均经济纯收入1 700多元。

生活有了起色后，村里的歌声和欢笑声也越来越多。一到农闲时，村民们聚到活动室里，唱调子，弹琵琶，沉寂了多年的山村又沸腾起来了。

(《峡谷深处沸腾的小村庄》②)

---

① 覃信刚主编：《云南人民广播电台获奖作品选》，下册，308页。
② 同上书，273页。

例①报道的是人民群众的新生活，语言贴近平民，富有生活化，丝毫没有高高在上的宣讲感，十分亲切自然。

(二)语言体式的口语化

虽然广播新闻语言一向要求口语化，但是很长一段时间内，一些广播新闻语言始终不能很好地摆脱书面语言的影响：一方面是因为广播新闻语言多通过读新闻稿来进行播报，新闻稿的创作难免会习惯使用书面语，而忽视了口头语；另一方面，长期由学院派主导的广播新闻语言追求字正腔圆，句式规整，这就难免陷入模式化的书卷语言，缺乏个性化的口语表达风格。随着时代的发展，媒介的多样化，可选择的节目越来越多，听众对广播新闻的要求也在不断提高，过去书卷气比较浓的广播新闻语言已不再符合当下的实际情况，而口语化的口头报道、亲切自然的风格、灵活多样的句式，则更容易受到广大听众的欢迎。于是，"说新闻"便逐渐成为了广播新闻语言的重要传播方式。例如：

①祥云县祥城镇的周志银一走出考场就给媳妇打电话：(出录音)"考上去了。"他告诉记者，当了7年村主任之后能到乡镇工作，感觉更有奔头了。(出录音)"这是我人生的转折点。"

(《我省首次从村干部中选拔乡镇公务员》①)

由于例①使用了"媳妇""有奔头"等口语化的词语，所以新闻内容虽然属于政治新闻，但是让人听来亲切熟悉，丝毫不觉得严肃拘谨。

显然，当代广播新闻口语化对口头语言的加工是具有时代性的，只有跟上时代节奏，与时俱进，从五彩缤纷、不断发展变化的生活中汲取具有时代性的语言，才能在听众中激起共鸣，获得听众的认可。

(三)个性化的"一对一"话语表达模式

过去的广播新闻语言往往采用"一对多"的话语表达模式来进行新闻信息的传播，语气和口气大多是说教式的、引导式的。如今的广播新闻语言已逐步向听众乐于接受的、平易近人的、"一对一"式的话语表达模式转化，形成了得体、平和的语言形象。

广播一向是以单向传播为特点，但随着新时期广播新闻的发展，"互动性"已成为当今广播新闻语言的一个重要特点。近年来，全国各地的很多新闻类电台节目都开通了听众互动环节，听众可以通过网络、手机等多种方式，针对新闻的内容和一些互动话题提出问题、发表意见，或是向广播电台提供自己身边的新闻或新闻线索。可以说，注重交流、声情并茂、情理交融的广播新闻语

① 覃信刚主编：《云南人民广播电台获奖作品选》，下册，412页。

言，使得广大的听众喜欢并愿意收听广播新闻，也乐意加入到广播新闻节目的互动平台或互动环节中来；亲切自然的语气，让每一个听众感觉到是在进行面对面的、一对一的交流，而不会感到千篇一律。与此同时，主持人通过邀请听众参加互动讨论，更好地了解了听众的想法和看法，对有效提高广播新闻语言的质量有很大的促进作用。

（四）语言风格的丰富多彩化

长时期以来广播新闻语言在很大程度上依赖于报刊新闻语言，节目个性化的特征不强，语言风格千篇一律。当下，随着电视和网络媒介的迅速发展，竞争日益激烈，广播新闻语言只有摆脱千篇一律的语言风格，形成自己的个性特色，并针对不同类型听众调整新闻节目语言风格，如政治类新闻语言严肃认真严谨，文体类新闻语言生动活泼，民生类新闻语言亲切自然等，才能够得到广大听众的认可。

事实上，很多听众之所以能够光凭声音就像记住电视主持人一样记住广播节目的主持人，就是因为这些主持人具有自己个性的语言风格，包括鲜活的言语、独特的话语组织方式和表达手段等。这种具有个性的语言风格，在以"说"和"听"为唯一传播方式的广播新闻中非常重要，它能够使广播新闻语言形成独特的收听氛围，增强听众对于新闻的独特理解。

三、当代广播新闻语言的思考

（一）当代广播新闻语言与其他传播媒介新闻语言

1. 广播新闻语言与报刊新闻语言

广播以电波作为传播载体，传播速度快，这一特点对于以快打天下的新闻来说无疑是很重要的，在这方面，报刊新闻语言是无论如何也无法与之相媲美的。我们读到的报刊新闻，不管是早报还是晚报，其新闻内容一定是昨天的或是更早的，而广播可以即时传播最新、最快的新闻，时效性大大优于报刊。

报刊新闻语言则不像广播新闻语言那样重视语言表达的重复性和说明性，显得更加简洁明了。在阅读报刊新闻时，读者还可以随意停顿和进行思考，可以通过标题、字体、大小等视觉效果来获得信息，注意力也比较集中。另外，报纸的版面限制是相对的，而且只要有需要就可以增加其版面，不断扩版。但是，广播新闻语言很大程度上要受到时间的限制，包括收听时间的限制、收听内容的限制、收听方式的限制，等等。

2. 广播新闻语言和电视新闻语言

广播新闻语言和电视新闻语言的共同点是：两者都是通过电波这一相同的

载体进行传播，时效性都比较强，同时受众都需要调动听觉来接收新闻信息。广播新闻语言和电视新闻语言的区别在于：广播新闻语言完全依靠听觉，有声音无图像，表达方式具有唯一性，而电视新闻除了听觉还有视觉同时在接收信息，诉诸视、听两种感官，具有视听结合性。另外，由于电视节目的制作过程要比广播节目复杂，所以除了现场直播等形式以外，其新闻信息传播的时效性要比广播新闻慢一点。

正是由于上述的共同点和区别，受众在收听广播新闻语言时的随意性也就随之产生，如早上起来打开收音机、洗漱和吃早餐的同时听一下当天的新闻，这是很多人的生活画面之一。因此，广播新闻语言如果不重视语言表达的口语化、通俗化、清晰化、具体化，就很难充分展示新闻发生的现场。

3. 广播新闻语言和网络新闻语言

近年来，随着网络技术的日趋成熟和计算机的普及，很多专业新闻网站如同雨后春笋般发展起来。网络新闻获得了快速迅猛的发展，习惯上网浏览，通过网络获取新闻的人也越来越多。网络新闻内容丰富，时效性更强，检索方便，具有集报刊、广播、电视新闻传播优点于一身的特点。

与网络新闻相比，广播新闻目前处于劣势地位。首先，大部分广播新闻只能做到"实时性"，而不能向网络新闻那样实现新闻传播的"全时化"；其次，广播新闻语言主要还是体现为单向传播，无法像网络新闻那样进行灵活、快捷的互动；最后，广播新闻语言具有线性特征，在新闻信息的存储与利用方面弱点较为明显。

但是，广播新闻语言与网络新闻语言相比也有其优势。广播新闻语言的受众广泛，有相对固定的听众群，如司机、老年人等。广播新闻语言的运用比网络新闻语言显得更为严格，公信力和权威性要更高一些。一些网络新闻语言为了获得较高的点击率，往往会采用一些夸张、引人注意的词语来吸引网民，其中不乏捕风捉影、互相抄袭的新闻内容，而在收听广播新闻就不会有这样的顾虑，也不会出现这样的问题。

（二）广播新闻语言的新发展

广播新闻语言在经历了漫长的历史发展过程之后，如今已进入大众传媒激烈竞争的时代。在这样的情况下，广播新闻语言要怎样发展才能在竞争中站稳脚跟，才能不断向前发展呢？这是一个需要认真思考的问题。

随着大众传媒进入网络时代，各大媒介纷纷进行改进，广播新闻语言也不例外。广播新闻语言一向以其"声音的感染力、低智力、广大的传播覆盖面、充分的时间版面、密集而有时效的信息"①，而在各大新闻传播媒介中占据一

---

① 郝朴宁、施体元、李轶：《现代广播论》，36 页，昆明，云南民族出版社，2000。

席之地，为了能够保持与时俱进的发展态势，广播新闻语言还不断改进自身的话语表达模式，学习其他新闻传播媒介的言语表达优点，例如：随着分工精细的窄播式电台兴起，广播新闻语言的类型逐渐变得丰富起来，详尽、深入、权威的新闻报道语言能够使听众得到全面可靠的消息；随着连续报道、专门报道、追踪报道、系列报道、专题节目和评论性节目的日益增多，广播新闻语言的风格也不断地推陈出新，现场感强、信息量大、时效性高的新闻报道语言使听众有如临其境的真实感受；随着网络技术的不断发展，很多广播电台还开通了自己的网站，听众可以在网站上收听网络广播，结合文字、声音、图片等多种载体，加大了信息承载量，使得广播新闻语言文字化、多元化。

总之，广播新闻语言正随着广播新闻的不断发展而呈现出多元、互动、融合和平和的发展趋势，不仅能够表达广大听众的愿望和需求，适应不同层次的听众多元化的需求，而且在形式上也更加生动前卫、追求个性、新颖别致。广播新闻语言正在时代的发展中，不断与时俱进，与其他媒介的新闻语言兼容共生、互相促进，向着融合性的新闻语言方向发展。这既是广播新闻语言自身角色的要求，也是社会文化的要求。

第三节　当代电视新闻语言生活

一、电视新闻语言

电视，是利用电子设备传送活动图像的技术，也是重要的广播和通信方式之一。高速发展的现代社会，使人们的生活紧密地与电视传媒交织在一起。进入 21 世纪，电视传媒的力量几乎渗透到人们生活的每一个角落。截至 2009 年 10 月，中国电视机社会拥有量已经超过 4 亿台，中国共有公共电视频道 1 283 个，是世界上电视频道数目最多的国家，年制作电视节目 257 万小时，电视人口综合覆盖率达到 96.58%。电视已经走进了中国的千家万户，电视新闻也成为中国老百姓看世界的主要窗口之一。

电视新闻，是以现代电子技术为传播手段，以声音、画面为传播符号，对新近或正在发生、发现的事实的报道。① 电视新闻不同于传统的以视觉符号为传播手段的报纸杂志，也不同于以单一的听觉符号为传播手段的广播，它是以视听结合的方式传递信息的，传播内容丰富，给人留下的记忆深刻。电视新闻

---

① 杨伟光主编：《电视新闻分类与界定》，3 页，北京，中国广播电视出版社，1994。

的表达途径包括非语言符号和语言符号两个部分。非语言符号指的是电视新闻呈现给观众的拍摄画面，是电视新闻所特有的图像语言；电视新闻的语言符号部分（以下简称"电视新闻语言"），可以分为有声语言和电视文字（字幕）两部分，也就是电视新闻中主播以声音的形式播报和电视画面中以文字形式展示的内容。电视新闻语言是在报刊新闻语言和广播新闻语言的影响下结合自身特点形成的，电视能直接刺激我们的视觉和听觉感官，能够全方位地满足人们获取信息的需求。凭借着优越的传播手段，电视新闻语言也呈现出它独特的个性。

电视新闻语言属于新闻语言的范畴，它具有一般新闻语言的特征，但是电视新闻的传播方式与报刊、广播、网络新闻不同，因此电视新闻语言又有着自己的独特之处，具体可归纳为真实性、简明性和导向性。

电视新闻语言是新闻语言的一种，所以真实性是电视新闻语言最基本的特点。电视新闻是以真实性为生命的，新闻的真实度越高新闻的价值就越高。电视新闻以影像和声音为传播信息的手段，电视画面能够给人们以身临其境的感受，因而电视新闻的公信度很高，这是传统报刊新闻和有声广播以及现代网络新闻不可相比的。当然，电视新闻画面的高度真实感也给电视新闻语言的真实性提出了更高的要求。一则电视新闻，语言真实度不高、陈述不够准确，对于等待在电视机前的受众来说，无疑是资源和时间上的浪费。因此，电视新闻语言对信息的叙述、描写、评论、说明等都必须高度真实。

简明是电视新闻语言的另外一个突出的特点，所有的新闻语言都应该在表述清楚的基础上遵循简明的原则，电视新闻语言在这方面表现得尤为突出。电视新闻所依赖的传播手段与传统平面媒介和有声广播相比更具突破性，更加的立体、全面，它凭借着视觉和听觉全方位的结合，将解说词、同期声、现场效果音、字幕都纳入了自己的表达系统，使得电视新闻的表现手法呈现综合性、全方位、立体化的特征。在运用这些技术手段的基础上，电视新闻语言与传统媒介新闻语言相比，更加追求语言表达的简明性。报刊新闻以视觉符号为传播手段，广播新闻以听觉符号为传播手段，它们的传播方式都比较单一。电视集合了声音和图像的优势，在电视新闻中，声音和图像可以互相作用、互为补充，这样电视的字幕和图像就避免了广播单靠耳朵获取信息，转瞬即逝的弊病；另外，电视新闻主要依赖口语传播，不利于深入思考，不能重复阅读；因此，要达到"过目不忘"的效果，简明的语言是必不可少的。

导向性是电视新闻语言的另一特点，电视新闻集报纸、杂志、广播、电影等数家之长，以其特有的图、声优势成为目前运用最广泛、速度最快的新闻传播方式。20世纪90年代以后，随着高性能电视摄录和非线性编辑的普及、电缆电视和直播卫星等技术的运用，电视新闻业的发展取得了革命性的进展，电视成为了党和国家宣传的"喉舌"，国家的重大事务、执政路线、财经法制等信息，基本上都是通过电视新闻传播的，所以电视新闻语言要有一定的立场，因为它肩负着向人民传达正确积极的观念和精神的责任。另外，电视新闻有着非常广泛且数量庞大的受众，是目前最为重要的宣传手段，所以它的语言与其他传播媒介的语言相比，更具导向性。

二、当代电视新闻语言的特点

电视新闻语言在不同时代呈现出不同的特点。就我国电视新闻语言的发展来说，其语言风格发展可大体分为三个阶段。第一个阶段，从 1978 年 1 月 1 日《新闻联播》正式开播，到 20 世纪 80 年代，我国电视新闻节目以"宣传党和政府的声音，传播天下大事"为宗旨，语言风格表现为严肃、权威、导向性强。主持人在播报时力求做到字正腔圆、严谨持重；第二个阶段是 20 世纪 90 年代，这一时期的电视新闻强调"现场直播"，电视新闻时效性得到了大大加强，新闻播报的方式也随之产生了一系列转变，电视新闻语言开始摆脱以往的严肃，走上"亲切"的道路，电视新闻语言与大众的心理距离开始缩小；第三个阶段是进入 21 世纪以后，电视新闻语言进一步改进，口语化、亲切化、快餐化、娱乐化、表达方式多样化，成为这一时期电视新闻语言的主要特征。本阶段的电视新闻语言特点可具体阐释如下。

（一）亲切化和口语化

从用严肃的口吻"播新闻"到用亲切的语气"说新闻"，中国电视新闻业走过了一段很长的道路。进入 21 世纪，电视新闻语言出现了亲切化和口语化的转变。这里的"亲切化"，是指电视新闻语言与受众心理距离小，容易理解；"口语化"，是指电视新闻语言紧随人们生活语言的变化而发展，采用通俗易懂的日常口语播报新闻。

近年来，我国的电视新闻节目在语言亲切化、口语化方面做了积极探索。各电视台纷纷放弃传统的"播新闻"模式，转向了"说新闻"的模式。电视新闻在内容上越来越贴近百姓生活，在语言风格上越来越倾向于亲切化、口语化。从大众角度出发，用亲切的口吻"说新闻"的好处在于"给人明快新鲜的感觉，语体结构松散，对语境依赖性强，'说者'个性鲜明，与受众心理距离贴近、平等、交流感强，保持了其在人际交流中的传播优势"。①

电视新闻语言亲切化和口语化，是一个渐变的过程。早期中央电视台《新

---

① 王蔚洁：《我国电视新闻语言范式的流变》，34 页，硕士论文，山东大学，2007。

闻联播》节目的片头问候语是"观众同志大家好"，后来为了表示亲切变成了"观众朋友大家好"。改变的原因是"朋友"一词的涵盖面更广，给人的感觉更亲切。近几年，除了中央电视台《新闻联播》还保留着以前的"播新闻"模式外，大多数电视新闻节目都采用"亲切化、口语化"的播报模式。其中比较有代表性的，早期有凤凰卫视的《凤凰早班车》、北京电视台的《元元说话》、湖南卫视的《晚间》；近几年比较有代表性的是江苏电视台城市频道的《南京零距离》。

　　"播新闻"与"说新闻"在语言风格上的不同，通过下面两个例子，可以明显地感受到：

　　　　①国家主席胡锦涛今天下午在人民大会堂会见了德国总理默克尔。胡锦涛说，近年来，在双方共同推动下，中德关系顺利发展。两国各领域合作富有成效，人文交流成果显著，在国际和地区事务中相互协调和配合。今年4月以来，我和总理女士已在多边场合3次见面，在核安全峰会期间进行了很好的会晤。时隔不久总理女士即来华访问。这充分体现了中德关系良好的发展势头。胡锦涛表示，总理女士此次访华期间，双方确定了两国关系的新定位，决定全面推进中德战略伙伴关系。这是双方共同做出的一项战略性决策，必将给两国关系发展带来新的机遇，产生深远影响。中方愿同德方一道，按照中德联合公报确定的方向和目标，加强两国政治互信、提升经贸合作、丰富人文交流、拓展多边合作，共同应对全球性挑战，推动中德战略伙伴关系不断迈上新台阶，为维护世界和平、促进共同发展做出更大贡献。默克尔说，今年有机会同胡锦涛主席多次会见，就两国关系中的重大问题交换意见，感到非常高兴。德中在应对国际金融危机中进行了良好合作，密切了双方关系，推动了世界经济复苏和健康发展。中国经济增长迅速，是德国和欧洲重要合作伙伴，感谢中方支持欧盟为保持欧元稳定所做出的积极努力。德方愿意同中方共同努力，进一步扩大和深化两国在政治、经贸、文化、环境及多边领域合作，按照两国发表的联合公报，推动两国战略伙伴关系上一个新台阶。

　　　　　　　　　　　　　　　　　（中央电视台《新闻联播》，2010-07-16）

　　　　②大家还记得我昨天在读报的时候说了什么呢？说了我们江苏淮安开建了一个中国南北分界标志的那个一个工程，啊，开建了。我对这件事情提出了不同的看法。今天的《人民日报》发表评论文章，标题叫《丢开标志又如何》。这篇评论和我的观点基本上相同，而且在这篇文章当中，对全国各地很多地方热衷于大兴土木，搞什么标志性的，说全国几千个县，每个县都要搞个标志性建筑，哪一个被人记住的？糟蹋了多少纳税人的钱，

哎，提出了批评。

（江苏电视台城市频道《南京零距离》，2008-09-03）

从这两段新闻中可以看到，《新闻联播》"播新闻"的语言风格是庄重严肃、力求客观传递新闻内容，不带有感情倾向的。《南京零距离》以观众喜闻乐见的、亲切朴实的语言形式"说新闻"，新闻语言风格表现为亲切化、口语化。在这里更不用提主持人读报时那种愤怒的表情、张扬的肢体语言和诙谐的腔调了，只是看一看这段文字就能够明显地感觉到，主持人语言中的口语化倾向和亲切的市井语言风格。这段看似逻辑性不强，甚至能挑出小毛病的播报内容里，主持人用了很多的语气词，有些地方不惜牺牲新闻语言的简明性，来达到亲切化、口语化的语言效果，缩小与受众的心理距离。

（二）"快餐化"的表达特征

现代社会是一个高速发展的社会，人们的生活节奏越来越快，对于新闻的消费也呈现出"快餐化"的特征。在处处都要"挤时间"的现代社会里，人们希望电视新闻更快、更短、更简明。与传统媒介新闻语言和以往的电视新闻语言相比，当代电视新闻语言有着明显的"快餐化"特征，即一次性消费，在最短的时间内获得最大的信息量。目前，电视新闻的播报语速相较于以前变快许多，大多数电视台播报新闻的同时，还用滚动字幕来扩充新闻内容，以期用最短的时间满足受众获取最大量信息"快餐"的需求。除了在画面语言上做足工夫外，当代电视新闻语言为满足受众对新闻"快餐化"需求，在有声语言上也"惜字如金"，将新闻语言的简明特性发挥到了极致。

以 2010 年 7 月 16 日"台风'康森'登陆中国"的报刊新闻、广播新闻、电视新闻报道为例，从中可以很明显地看出当代电视新闻语言与报刊新闻语言、广播新闻语言相比，追求简明的"快餐化"特征：

①**本报讯**（记者　张静）　据国家防汛抗旱总指挥部办公室消息，为应对今年第 2 号台风"康森"，国家防总昨天宣布启动国家防总防汛Ⅲ级应急响应。据气象部门预计，今年第 2 号台风"康森"可能于 16 日夜间到 17 日白天在粤西或海南岛东部沿海地区登陆，登陆时可能达台风量级。由于"康森"具有移动速度快、强度逐步加强、降雨强度大、影响范围广的特点，并可能在粤西沿海造成较大的风暴潮增水。据广东省防总消息，广东省防总 14 日启动防风Ⅳ级应急响应，并于昨日 9 时起将应急响应提升至Ⅲ级。另据新华社报道，海南海事局决定自 15 日 7 时开始，抗风 7 级以下的客船停航，从 15 日 17 时开始全线停航。从 15 日晚开始，整个琼州海峡包括运输列车的粤海铁 1 号、2 号都必须停运。据悉，台风"康森"13

日在菲律宾登陆后造成 8 人死亡、57 人失踪。

（《台风"康森"将登陆海南广东 启动防汛Ⅲ级应急响应》，
载《新京报》，2010-07-16）

这则报纸新闻一共用了 299 个字来陈述台风"康森"登陆的消息，着重强调了台风所造成的后果，在消息的最后还特意说明了"康森"在菲律宾造成的灾难。这些都是为了将台风"康森"登陆的消息表述得更具体，引发读者联想，引起读者的注意。

②海南省气象台今天八点发布台风紧急警报，预计台风"康森"将于今天傍晚在海南乐东到万宁一带沿海地区登陆，目前琼州海峡全线停航，由三亚开往广州、上海、北京的列车调整运行时间，五月份以来，海南岛持续高温少雨，"康森"到来对于缓解旱情是个好消息，但是针对可能产生的严重灾害，海南已经做好部署，严阵以待。

（中国之声《央广新闻》，2010-07-16）

这则广播新闻用字 128 个，并且指出了台风"康森"已经登陆海南，造成了琼州海峡全面停航，火车停运的事实，意在说明台风的危害。广播新闻中没有特意说明台风对菲律宾造成的灾害，因为它凭借声音的优势，已经在播音员播报时，用严肃的语气、语调，将灾害的危险性传达给了听众。

③今年第二号台风"康森"，预计将于 16 号下午到 17 号凌晨在广东阳江至海南陵水一带登陆，登陆时强度预计在 12 级左右。

（中央 4 台《中国新闻》，2010-07-16）

中央 4 台《中国新闻》栏目"国家防总启动防汛Ⅲ级响应"这条消息耗时 1 分零 2 秒，但关于台风"康森"登陆的信息，却只用了一句话说明，共计 48 字。这则消息仅提到了台风"康森"要从广东和海南登陆，台风登陆后可能造成的后果和台风的登陆路线、影响区域，均未提到。这是因为在有声语言播报的同时，电视新闻已经把台风"康森"登陆的路线以画面和字幕的形式展现给了受众，并且插入了台风登陆后雷雨交加的电视画面，给人以身临其境的感触，因此不必再对灾害的严重性进行特殊的强调。当代电视新闻的受众能够通过立体化的传播方式，用最短的时间，获取最大的信息量。通过这三则新闻，不难发现当代电视新闻语言与报纸新闻语言和广播新闻语言相比，注重抓住事情要点，注重语言的简明，注重信息量丰富的"快餐化"特征。

（三）娱乐化的特色

在很长的一段时间里，我国电视新闻语言都是以中央电视台《新闻联播》节目为参照的，电视新闻语言呈现出权威性、导向性、严肃性的特点。进入 20

世纪 90 年代以后，我国电视新闻语言开始追求变革，不管是语言风格还是内容，都发生了质的变化。从"播新闻"到"说新闻"，电视新闻语言越来越"柔和有趣"。高速运转的生活模式，也使得电视受众的收视心理发生改变。人们在忙碌了一天之后，回到家中，打开电视，本身就有娱乐休闲的心理需求。作为现代传播媒介，电视综合了传播信息、传授知识、消遣娱乐三大社会功能，人们收看电视新闻，不仅仅是需要获得各种信息，也希望在收看过程中得到愉悦的心理享受。电视新闻为了满足受众的心理变化和新的要求，也在新闻语言方面做了很大的改变，电视新闻语言开始朝着娱乐化方向发展。所谓电视新闻语言娱乐化是指当代电视新闻以轻松、通俗的语言"软化"电视新闻，从而达到取悦观众的目的。

在国内，电视新闻语言娱乐化的先锋，应属凤凰卫视。新奇、新鲜、个性化的新闻语言，使得凤凰卫视的新闻节目受到了观众的广泛欢迎，如陈鲁豫的《时事早班车》、窦文涛的《锵锵三人行》、梁东的《娱乐串串烧》，这些节目运用各种手法强化新闻语言的娱乐性，用轻松的语言"包装新闻"，让观众在放松的语言环境下，获得外界的信息。例如湖南卫视新闻节目《晚间》的宣传语是："我们说的是快乐、关爱，真诚打动你我；我们聊的是奇闻趣事，这天下无奇不有啊！"又如凤凰卫视中文台的新闻节目《有报天天读》2007 年 11 月 26 日的主持人语言表达：

①《纽约时报》谈到谁呢？巴基斯坦的"三国演义"上演了。谢里夫终于回来了，谢里夫、贝布托、穆沙拉夫，三家火并，谁才能坐他们家的天下？

②哎，很多媒介都把焦点放在刚离婚的这位秦马俑，来自法国的兵马俑身上，他怎么了？爱上了一个女主播。《我爱女主播》这本书结果呢，在法国总统身上获得了呼应，这个女的也是一个电视台的女主播，法国人玩这个东西不需要"双规"。

"三国演义""火并""我爱女主播"等，这些词语充满了娱乐的味道，无论是国际大事，还是花边新闻，当代电视新闻都喜欢用这种轻松、通俗、不乏创意的语言道出，在语言上为受众"减压"。可见"娱乐化"已经成为当代电视新闻语言的主要特点之一。

(四)语言表达手段的多样化

当代电视新闻语言表达在发展中还呈现出多样化特色，其中一个比较突出的表现就是电视新闻语言大胆采用方言。我国幅员辽阔，民族众多，各地方言也千差万别。普通话的推广为不同方言区人们的交流提供了便利。长期以来，我国的电视新闻播报采用普通话，虽然有利于普通话的推广和新闻的广泛流通，但对于特定方言区的人们来说，普通话始终没有方言听起来亲切。当代电视新闻业界的竞争白热化，各大电视台都希望电视新闻播出后能够有较高的收视率和良好的受众反应。电视新闻语言采用方言进行播报，能够提升电视新闻的真实感，让电视新闻语言显得亲切，更容易得到受众的支持。因此，方言成为当代电视新闻语言表达的特色之一。当代电视方言新闻的语言一般都具有浓厚的人情味，叙事结构多元化，语言形式上不受束缚，亲切生动。近年来，我国电视方言新闻受到了地方电视台的热捧。杭州电视台的《阿六头说新闻》、宁波电视台的《来发讲啥西》、齐鲁电视台的《拉呱》等都是方言新闻的代表栏目。

除了方言新闻外，当代电视新闻语言早就突破了千篇一律地使用标准的普通话进行播报的模式，在新闻语言的表达上，不再力求字正腔圆、发音标准。这方面比较有代表性的是凤凰卫视中文台，由于主持人队伍来自中国内地和中国香港，以及中国台湾，因此在新闻语言的表达上也各具特色，既有操着地道普通话的原央视主持人许戈辉、陈鲁豫，也有京腔京味的尉迟琳嘉、窦文涛，还有操着台湾普通话播新闻的吴小莉、阮次山……这些不同表达风格的电视新闻语言丰富了电视新闻的语言形式，使当代电视新闻语言表达呈现多样化特征。

另外，当代电视新闻语言表达的多样化特征，还体现在不同类型的新闻使用不同风格的语言方面。不同内容的电视新闻所运用的新闻语言各具特色。政治性电视新闻的语言一般具有说服性、导向性的特点；经济类电视新闻的语言力求层次分明、表述通俗；外事新闻语言的措辞谨慎，而且模糊性较一般新闻语言要强；娱乐类新闻节目的语言消遣性很强，呈现出愉快而有趣的特点。从不同的角度看电视新闻语言，我们会看到它方方面面的特色，电视新闻语言仿佛是万花筒里的万千镜像，换一种角度就换了一种风景。

三、当代电视新闻语言的思考

我国的电视新闻随 1958 年北京电视台开播而诞生，已经历了半个多世纪的发展。政治、经济、科学技术等因素在电视新闻事业的发展过程中，总是错综复杂地交织在一起，推动着电视新闻事业的发展。我国的电视新闻语言随着电视新闻事业的发展也经历了一次又一次的变革，从最早的"新闻电影"到 20 世纪 80 年代兴起的电视新闻深度报道，再到目前电视新闻"民生潮"的蓬勃发展，电视新闻语言也随着时代的变化展现出与时俱进的特色。

当代电视新闻语言蓬勃发展，自我更新和吸纳能力比以往任何一个时代都要强，而且变化迅速。要使当代电视新闻语言朝着良性的、更有前途的方向前进，就必须对当代电视新闻语言的某些现象进行深度思考。

(一)"口语化"的言语表达要适度

21世纪初，我国电视新闻业界出现了"故事新闻"和"新闻民生潮"。如江苏电视台的《南京零距离》《直击南京》，杭州电视台的《阿六头说新闻》《我和你说》(生活频道)，浙江电视台经视频道的《经视新闻》《资讯一把抓》等，类似栏目遍地开花。"故事新闻"和"民生新闻"的内容大多涉及百姓的日常生活，如环境卫生、邻里纠纷、火灾车祸、假冒伪劣等；为了呼应内容，"故事新闻"和"民生新闻"在语言上放弃使用传统的严肃性新闻语言，以谈话或聊天的口吻，用市井俗语或方言说新闻，将当代电视新闻语言的口语化特色发挥到了极致。当代电视新闻语言口语化，使电视新闻语言通俗易懂，具有人情味，大大地拉近新闻与受众的距离。口语化的电视新闻语言，改变了过去电视新闻节目语言上的模式化、呆板化，实现了电视新闻语言的"亲切"回归，增强了电视新闻的可视性、可信性，提高了电视受众接受信息的主动性。

在当代电视新闻语言"口语化"的大潮中，中央电视台《新闻联播》栏目，由于它的特殊地位，一直保持着"播新闻"的语言模式，保留着"严肃、严谨、权威"的语言风格。例如：

①北京时间今天在巴西举行的第34届世界遗产大会上，"中国丹霞"申报世界自然遗产成功，成为我国第40处世界遗产。此项目由广东丹霞山、江西龙虎山、贵州赤水、湖南崀山、福建泰宁、浙江江郎山六大著名丹霞地貌景区联合申报。

(中央电视台综合频道《新闻联播》，2010-08-02)

同样是"'中国丹霞'被列入《世界遗产名录》"这则新闻，中央电视台新闻频道《朝闻天下》栏目所采用的语言就与《新闻联播》不同，充分体现了当代电视新闻语言的"口语化"的特征：

②接下来呢，我们就要请正在巴西利亚采访的我的同事付蓓来介绍一下"中国丹霞"申遗成功的详细消息。

(电话连线)

主播：付蓓，你好。

付蓓：主持人，你好。

主播：昨天继这个"天地之中"历史建筑群进入到申遗名单之后，今天早上可以说是一眨眼儿，我们又听到了这样一个好消息，你为我们介绍一下相关的一些情况……

(中央电视台新闻频道《朝闻天下》，2010-08-02)

而一向被认为是当代电视新闻语言"口语化"改革先锋的江苏电视台城市频道的《零距离》节目，相关新闻的语言如下：

> 感谢您继续收看《零距离》，我们来看看前几天媒介上的新闻都有些什么样的内容。我记得前几天有一件事情非常的重要。那就是我们中国有两处景点被，入选了文化遗产，一个是，文化和自然遗产，一个是"中国丹霞"，还有一个叫"天地之中"。在刚刚闭幕的，在巴西召开的世界，联合国世界文化和自然遗产的大会上申遗成功。

（江苏电视台城市频道《零距离》，2008-08-08）

从以上三段新闻中，大致可以看到我国当代电视新闻语言"口语化"中存在的问题。《新闻联播》由于地位特殊，所以在目前阶段仍然保持着语言上的严肃性和权威性，它的语言虽然运用口语，但是客观有余，亲切不足。《朝闻天下》栏目的语言亲切、生动，口语化倾向强，给人以亲切的感觉，同时也不失电视新闻语言应当具有的简明、客观。而在《零距离》栏目的这段新闻语言中，主持人5次因没有读准新闻内容而停顿，内容上过于"口语化"，追求绝对的通俗，反而使这段电视新闻语言不够庄重，某些地方因为过度"口语化"而显得语言散漫。

由此可见，电视新闻语言"口语化"虽然有利于拉近与受众的心理距离，但电视新闻语言也要避免"过度口语化"，不能够否认电视新闻语言与生活中聊天语言的区别。借鉴口语、聊天语言，容易使电视新闻语言亲切、新鲜，但过多地使用日常俗语、流行语，过度运用聊天口吻，只会让电视新闻语言流于庸俗。电视新闻语言的"口语化"是电视新闻语言由"权威"走向"大众"的必经之路，在这个过程中，电视新闻必须谨记自己所肩负的传播使命，要秉承对大众负责的新闻精神，权衡语言"口语化"的利弊。适度的"口语化"能够给电视新闻语言带来活力，但过度的口语化只能将电视新闻语言引向庸俗、浅陋的道路。

（二）"快餐化"对电视新闻语言质量的忽略

当代电视新闻语言呈现出"快餐化"特征，不仅播报语速快，新闻语言也极力追求简明，力图用最短的时间成功地传递最多的信息。当代电视新闻语言的"快餐化"虽然增强了新闻的时效性，加大了传播的信息量，但是快餐式的电视新闻语言仍然存在着许多的弊病，包括语音、用词、语法、语用等方面都出现了问题，甚至还有一些新闻因过分讲究高效而导致新闻质量出现急剧下降的情况。

当前电视新闻语言"快餐化"存在的语言表达问题主要表现在以下两个方面：

1. 主持人口误频出，电视新闻中"读错字"现象严重

①2008年4月26日，中央电视台新闻频道17：00《整点新闻》主持人在播报新闻《我国圈养大熊猫依然难脱生存隐患》时，把圈（juàn）养念成了圈（quān）养。而在随后的新闻画面中，旁白的女播音员念的是正确的圈（juàn）养，前后形成强烈反差。

②2010年7月16日，凤凰卫视资讯台《天下被网罗》播报了"江西鄱阳（pó yáng）60余座水库漫顶 数万人被困"这条新闻，新闻播出1分9秒时，女主播将鄱阳念成"fān yáng"。新闻播出1分31秒时，男主持又将鄱阳念成"bó yáng"。

2. 新闻播报中出现常识性知识错误，电视新闻语言的公信力受到质疑

①2008年3月30日早晨，中央电视台二套的《第一时间》栏目出现错误，该节目在报道"地球熄灯一小时"的消息时，主播作了如下播报："澳大利亚的首都悉尼参与其中……"

②2009年2月18日，中央电视台新闻频道《整点新闻》在报道"国家工商行政管理总局公布2008年第四季度违法广告名单"时，在新闻的第9秒开始，电视新闻字幕将"季度"打成"极度"。

新闻语言"快餐化"的初衷是为受众提供更快、更多的资讯，但保量的同时还要保质。"快餐"的高效给人们节省了时间，但是"餐点"毕竟是要给人们提供能量的，在追求饱腹感的同时，也应该注意"营养"。怎样让"快餐化"的新闻语言保质保量，是当代电视新闻语言发展过程中要解决的问题，绝不能任由电视新闻语言质量下滑。

（三）"过度娱乐"滋生的语言暴力现象

当代电视新闻语言具有娱乐化特色——以口语化的语言、谈天说地的方式讲新闻。电视新闻语言娱乐化，可以丰富新闻的表现形式，增强新闻语言的趣味性、生动性，提高观众对新闻的兴趣。电视新闻语言娱乐化，是电视新闻语言在发展过程中所做的一次积极而有益的尝试，对打破旧的播报模式的束缚有着重要的意义。

但是，电视新闻语言在娱乐化的同时，也要注意防止语言表达的过度娱乐化，不能将电视新闻等同于娱乐节目。电视新闻语言过度娱乐化会使新闻语言偏离客观公正，滋生一些不负责任的语言现象，这些不良现象中，最令人担忧的是语言暴力现象。例如：

①我不知道那俩女的是何许人也，只知道也操着一口东北腔。在这里，她们化解矛盾的本事没有，煽风点火的本领倒是不弱。什么武汉人都

是什么素质，就知道欺负外地人，这话要搁别的地方，或许能成立。但是在这样的暴行之后，还能讲出这样的话，简直是放屁！在这里根本就不是什么外地人和本地人的问题，而是你是不是一个人的问题。从刚才的车载录像当中，我们看到行凶者打人时是多么的嚣张，是多么的残忍。在他们眼里，当时那司机还是一个人吗？在这里我想提醒他们记住这样一句话：拿别人不当人的人，恰恰说明他自己不是人，是什么？是畜生！

（湖北电视台经视频道《经视直播》，2008-09-15）

②这就是刚才在这个莫干山路111号爱心斑马线上发生的这起车祸。真的是混蛋！我跟你说，唉！先让我顺顺气。我得说这一男一女啊，你们是干什么吃的，你们现赶着去投胎吗？你开那么快干嘛？杭州是一个什么样的城市，我们不知道吗？在最近的一系列新闻当中这杭州和速度已经挂上钩了。胡斌案、70码，这些东西已经让我们这座美丽的城市蒙上了羞辱，蒙上了耻辱。一说起杭州就想到了速度、超速，然后想到在杭州的街头是极为不安全的。作为我们的一个杭州人，一个生活在杭州的每一个希望这座城市好的公民，能希望这样的事情发生吗？那么，你说在这个爱心斑马线上，这么触目惊心的一个地点上，发生了这么一起惨烈的车祸，你说让我们每一个人怎么能够接受这样的一个现实！您开好车，是吧，保时捷卡宴，我知道是很名贵的好车，难道说你开好车就一定要开出坦克的效果吗？就一定要把人撞死撞飞吗？这才是你的最终目的吗？让所有的目光都聚集在你们身上吗？

（浙江电视台钱江都市频道《九点半》，2009-08-04）

诸如此类电视新闻语言，都是不应该出现在电视新闻节目中的。新闻媒介工作者不能够为了高收视率，将"娱乐精神"万能化，恶俗、煽情的语言只会牺牲新闻的质量，而应该清楚地认识到，新闻节目的语言对受众是负有责任的。电视新闻语言有责任为受众提供冷静而客观的报道和评论。

对于电视新闻中出现的"过度娱乐化"滋生出的种种不良语言现象，可以从两个方面着手：首先，完善电视新闻监管制度，加强监管力度。这里所说的"监管"，包括两个方面的内容：一是政府职能部门的监管，有了政府职能部门的指导和监督，电视新闻语言才不会走偏，违背电视新闻工作的初衷；二是新闻媒介应当实行自我监管。媒介的自我监管，在某些问题的解决上，更高效，更容易较早地纠正错误。其次，应当加强对电视受众的引导，做好电视新闻节目反馈工作。例如：澳大利亚从中学阶段就开始有媒介素养教育之类的选修课程，通过教育，教会社会公众如何利用媒介，如何对待媒介的各种报道，如何有选择性地吸收媒介信息①，这是值得我们学习和借鉴的。电视新闻业的发展任重而道远，需要政府、媒介、受众三方面的共同努力，才能有辉煌灿烂的明天。

(四)"多样化表达"对当代电视新闻语言的冲击

当代电视新闻语言表达呈现出多样化趋势，不仅受到了方言、非标准普通话的冲击，还受到了来自网络语言的强烈冲击。

如前所述，运用方言播报电视新闻的方式使观众备感亲切，但也必须认识到方言电视新闻语言的局限性。方言新闻的受众相对于普通话新闻的受众来说，呈现出区域化的特征，一般方言新闻的主要受众，还是局限在某个方言区之内，这也就意味着过多采用方言形式播新闻，会失去方言区以外的潜在受众，这对于方言新闻的发展是非常不利的。虽然用方言播新闻的电视新闻语言方式不会影响到普通话在电视新闻语言中的主导地位，但是某种意义上讲，方言新闻在打开一扇通往本方言区域生活的大门时，也对方言区以外的世界关上了一扇窗。另外，必须深刻地认识到，某些方言新闻之所以在最近几年受到欢迎，最根本的原因不是"方言"对电视新闻语言的包装，而是新闻自身内容的丰富。要知道"方言是'壳'，新闻是'核'"②，方言只是新闻的一种表达形式，若要电视新闻节目获得长久的生命力，还需要在新闻内容上多下工夫。

另外，虽然网络新闻语言在目前阶段对电视新闻节目语言的影响还有一定的局限，但现代互联网技术的迅猛发展，带给电视新闻语言的冲击不可小觑。网络语言不但变化多端，而且传播速度极快，在人们的日常生活之中使用频率也在不断上升。电视新闻语言适当引用一些观众普遍接受的网络语言是可行的，如"论坛、点击、下载、链接"等。但是，电视新闻语言也要注意把握好自己的形象化和公信度。这样不仅能够丰富电视新闻语言的内容，还有助于紧跟时代步伐，赢得受众支持。

电视新闻语言是不断变化的，尤其是在当今这样一个瞬息万变的时代里，任何一种新闻都不能守着一成不变的语言模式，故步自封。电视新闻语言势必会随着社会的发展而发展，多元化、全方位，是时代给予电视新闻语言的新课题。

---

① 康秀平：《新闻报道中的语言暴力》，载《青年记者》，2007(12)。
② 何静：《从"平民化新闻表达"谈"方言新闻"》，载《新闻界》，2006(4)。

第四节　当代网络新闻语言生活

一、网络新闻语言

网络，就是用物理链路把各个孤立的工作站或主机相连在一起，组成数据链路，从而达到资源共享和通信的目的；计算机网络，是用通信线路和通信设备把分布在不同地点的多台自治计算机系统互相连接起来，按照共同的网络协议，共享硬件、软件和数据资源的系统。

网络新闻传播是当今科学技术和信息时代飞速发展的产物，被称为继报纸、广播、电视三大媒介之外的"第四媒介"。它集人际传播、组织传播和大众传播于一体，为新闻媒介在虚拟空间建立信息传播通道提供了良好的条件。与其他媒介相比，网络进入我国的时间可以说是很短的。从1987年的第一封电子邮件到如今数以亿计的网民数量，在这短短的几十年间互联网的发展极为迅猛，以一种惊人的速度飞速发展，并在人们的日常生活中占据了极其重要的位置。"一项对上网的调查表明，60％网民表示最喜欢的网络信息是新闻。为了适应日益增长的网络受众的需求，网络新闻的传播就成为网络传播的重要内容。新闻信息传播是各类网站争夺网上'眼球'、营造自身形象、开辟商业空间的重要手段。"①基于以上事实，网络新闻语言也就成为新闻语言的一个重要组成部分。

根据承办者的不同，可以把网络新闻语言分为两种类型：传统媒介的网络新闻语言和非传统媒介的网络新闻语言。

（一）传统媒介的网络新闻语言

所谓传统媒介，指的是报纸、广播和电视等传播媒介。它们会把自己媒介上的新闻内容放到网络上，作为它的新闻发布方式的补充和延伸，更新方式按照正常的出版周期更新。目前，很多这一类的网站只是把在原媒介上刊发或者播出的新闻原封不动地再发布在网络上，不做任何更改。所以，这类网络新闻语言与我们所阅读的报纸、收听的广播、收看的电视上的新闻语言几乎是一样的，显得比较严谨和书面化。

随着网络媒介竞争的激烈化，现在也有很多传统媒介的网站开始发布即时

---

①　王中义、史梁、丁代谊、许小进编著：《网络传播原理与实践》，116页，合肥，中国科学技术大学出版社，2001。

新闻，及时滚动更新新闻，以期通过这些方式弥补传统媒介的不足，增强新闻报道的时效性、信息内容的深度和广度，如新华社的网站、人民网、新华网、中国国际广播电台网站、中央电视台、《中国青年报》《北京青年报》等。

（二）非传统媒介的网络新闻语言

这类网络新闻语言的数量在互联网上占有绝对优势，它们多数是信息服务商、网络服务商或一些专业网站，并不是专门的新闻网站，但为了给用户提供更加全面的服务或是提高访问率而把实时新闻作为一项主营业务。例如：新浪网、搜狐网、雅虎网等一般都设有专门的新闻中心主页，其新闻内容每天24小时不间断地滚动更新，提供国际、国内、体育、财经、科技、娱乐、社会等各类新闻信息。报道新闻时，一般都配有图片或是音频、视频，图文并茂，综合性、娱乐性很强。另外，还有一些高校的网站、政府网站，由政府部门、新闻单位、相关公司联办的股份制网站等网站也有大量的网络新闻。一般说来，高校网站上的新闻多为自己高校内部新闻或是教育类的新闻；政府网站的新闻多是法律、法规或是与政府部门相关的政治经济类新闻，如上海"东方网"、北京"千龙网"等。与传统媒介的网络新闻语言相比，非传统媒介的网络新闻语言具有更多前卫性、娱乐性，语言也更加丰富和生动活泼。

二、当代网络新闻语言的特点

网络新闻是传播者和受众双方都基于互联网的新闻信息，其基本特征是传播媒介是互联网，传播内容是新闻信息。所以，网络新闻的语言既来源于新闻实践，又具有网络的特征，既属于网络语言的范畴，又属于新闻语言的范畴。当代网络新闻语言的特点主要有：

（一）简练直白，浓缩性较强

网络新闻的制作过程比较简单，直接在电脑上制作后上传网络即可，传播者可以随时发布最新最快的信息，其速度之快是传统媒介不可比拟的。这就决定了网络新闻语言必须非常简洁凝练。此外，由于受到网络页面的限制，在网页上读新闻的速度会受到影响，与报纸相比，在与网页相同大小的版面上，报纸新闻的文字容纳量要比网页大，而且因为一个网页通常只有一部分显示在屏幕上，所以在网页上阅读新闻，需要不时地移动鼠标，文字跳动容易产生疲劳感。这些因素都决定了网络新闻语言必须要简明扼要。

从语体的角度来看，网络新闻语言使用的是一种口语化的书面语体。网络新闻是由传统媒介新闻发展而来的，其语言表达在一定程度上保持了传统媒介的语用习惯——书面语体，但与此同时，网络新闻语言又不可避免地要受到网络媒介、网民需求等因素的制约，这就使它具有了口语化的特征。例如：

> 国家防汛抗旱总指挥部秘书长、水利部副部长刘宁 21 日在国新办新
> 闻发布会上说，今年我国汛情发生早，超警多，入汛以来发生严重洪水灾
> 害，导致直接经济损失约 1 422 亿元。

（《我国严重洪水灾害致上千亿元直接经济损失》，载新华网，2010-07-21）

这是一条网络新闻的开头，语言简练直白，一句话就点出了我国目前汛情严峻的形势。

网络新闻语言的简练直白，还同网络新闻具有易检索的特征有关。网民可以通过网络检索功能进行过刊查询和资料检索。这就要求网络新闻语言必须运用高度浓缩、个性鲜明的言语形式来表述新闻标题或新闻内容，以便网民在进行网络新闻检索时能够准确地获得所需要的信息，而不是费时费力却得到的是无用的信息资料。

（二）超文本结构、超链接形式所形成的生动直观、灵活多变

超文本结构，就是文本的构成不仅有语言文字，还有影像、图片、声音、动画等。网络新闻就是由这样一种超文本结构所形成的独具特色的新闻信息传播模式。网民在浏览某一新闻事件时，可以阅读语言文字、点击图片，也可以直接下载视频、自由浏览，即使是单一的语言文字，也可以有变体文字、滚动文字、闪动文字等多种形式。这一切都使得网络新闻语言表现出了生动、直观的语用特点。例如：

> 昨日 9 时 20 分，舟曲再现生命奇迹，一名被困于楼内的男子，被困
> 81 小时后，奄奄一息中被兰州军区某舟桥团官兵发现，20 分钟后男子被
> 成功救出。
>
> 在舟曲，除了被泥石流冲毁的房屋，还有大量被堰塞湖淹了的住宅，
> 里面也可能有（视频：甘肃救援队在舟曲救出被埋 60 小时男子来源：
> CCTV 新闻频道）幸存者。为此，担任搜救任务的兰州军区某舟桥团还专
> 门成立了水上救援分队。
>
> 截至昨日，生命救援的黄金 72 小时已过。虽然已经过了最佳救援时
> 机，但该团官兵仍对被堰塞湖淹没区域楼房进行逐户排查和搜救工作。
>
> 9 时许，操舟机手王海龙驾着冲锋舟巡逻在白龙江上，见对面有群众
> 在招手要坐冲锋舟，王海龙便左转驶向对岸。突然，一声微弱的呼叫声传
> 来。"救命啊，来人啊"，舟上的副营长周戴东立刻向四周寻找，终于，在
> 身后福星宾馆旁边一座两层楼房的 2 楼，看到一位老年男子，露出半截身
> 子朝冲锋舟挥手。

　　周戴东下令冲锋舟向该男子所在楼边靠岸。到达现场后，得知男子叫王电岚。被困的地方位于福星宾馆旁的 2 楼东侧房间，洪水淹没了一楼，王电岚陷入到泥浆中，已经奄奄一息。

　　闻讯赶来的团长屈孝明立刻组织官兵进行营救，楼房外隔着一堵小院墙，给营救工作带来了很大不便。由于已经过长时间没有进水，王电岚显出脱水症状。

　　屈孝明带领战士翻过围墙，给王电岚补充了水分，然后把王电岚扶到院墙边上，官兵合力将王电岚抬出。翻越围墙后，王电岚虚脱，官兵用救生衣垫到冲锋舟上，对王电岚进行了简单的紧急救护。

　　该团介绍，随后，王电岚被顺利送到该团医疗救助点，目前，王电岚状态稳定，基本脱离生命危险。

　　据了解，由于王电岚有些耳背，在前期搜救时没有听见搜救官兵的呼声，靠着仅有的一点干面硬撑。

　　视频：甘肃救援队在舟曲救出被埋 60 小时男子（来源：CCTV 新闻频道）

　　　　　　　（《舟曲 1 名男子被困 81 小时获救》，载新浪网，2010-08-12）

　　这篇新闻在文本的中间和末尾都提供了权威电视频道来源地视频，网民在阅读新闻时，还可以点击视频播放，从而获得更加直接的视觉冲击。

　　网络新闻语言的超文本结构使网络新闻信息能够超越传统媒介的线性连接，呈现出一种网状连接形式的超链接特征。为了全面反映新闻信息的整体内容，网络新闻往往会在语言文字中以超链接的方式提供与新闻有关的人物或事件的相关消息和网络地址，如新浪网 2010 年 8 月 12 日刊登的《舟曲 1 名男子被困 81 小时获救》就同时提供了以下超级链接：

　　相关报道：
　　卫生部：甘肃舟曲灾区无重大传染病疫情
　　甘肃舟曲县城约一半仍浸泡在水中
　　甘肃舟曲泥石流已致 1 117 人遇难 627 人失踪
　　甘肃舟曲迎三天强降雨可能再引发泥石流
　　舟曲灾区学校制定三套预案准备开学
　　更多关于 幸存者 的新闻：
　　甘肃舟曲迎三天强降雨可能再引发泥石流 2010-08-12 03：41
　　舟曲灾区学校制定三套预案准备开学 2010-08-12 03：08
　　舟曲少女痛失 16 位亲人 目睹房屋像骨牌一样倒掉 2010-08-12 02：40
　　通往舟曲主城区道路全部打通 社会功能正在恢复 2010-08-12 02：35

　　　　水利部部署舟曲堰塞湖处置工作 要求 24 小时施工 2010-08-12 02:30
网民在浏览新闻时，如果想要了解这些信息，就可以直接点击超链接，进入另
一个新闻报道，实现跳转阅读。超链接的新闻信息传播方式使网络新闻信息具
有了无限的扩展性和丰富性、全面性，语言表达也就呈现出了风格丰富多彩、
不拘一格的鲜明特点。

（三）通俗前卫，具有视觉冲击力

　　当今世界，以平等、自由、开放为突出特点的网络传媒发展迅猛，深入人
们日常生活的方方面面。但是，由于网民在浏览网络新闻时会受到移动鼠标、
文字跳动、视觉疲劳等因素的影响，所以浏览网络新闻不像看报纸新闻那样可
以细细品味。再加上网络浏览的速度很快，网民在打开每一个新闻网页时，如
果没有什么特别的、吸引人的新闻信息，往往就是一眼扫过，很难留下深刻的
印象。因此，网络新闻要想吸引网民阅读新闻，就必须注意语言表达的通俗易
懂，尽量使用口语化的句式，段落也不宜过长，不用生僻费解的词语，不用空
话套话。

　　当然，与其他传统媒介的新闻语言相比，网络新闻语言更具有时尚性、前
卫性，在运用反映现代人生活方式的新词语、外来词等方面，也更加快捷随
意。有的时候，还会使用一些前卫、时髦、流行的网络语言，甚至是一些独特
的网络缩略语、调侃味儿十足的网络词语、拼音和英文的简写等。

　　网络新闻语言的通俗前卫，还跟网络新闻的传播具有互动性有关。传统媒
介的受众在接受新闻信息时大多处于被动地位，选择的余地很小，但网络新闻
语言却改变了这一状况。网民在浏览某一新闻事件时，可以通过电子信箱、电
子公告栏等方式，自由地提出自己的看法，并且可以和其他网民实时交换意
见，或者和在线主持人、嘉宾等进行对话交流。这样，网民的相关言论也就自
然成为了网络媒介实时发布的网络新闻的有机组成部分，极大地增强了网络新
闻语言的互动性、交流性。

（四）强烈的视觉冲击力

　　网络新闻的信息量很大，但网页页面有一定的大小限制，这就要求网络新
闻在制作过程中要重视色彩的搭配，如通过网页底色与主色调的鲜明对比造成
色彩上的冲击力，运用不同的颜色突出热点事件，有效利用动态元素及各类音
频视频，等等。这样既可以在显示屏的方寸之间凸显网络新闻语言新颖独特的
表达方式，又可以给网民以强烈的视觉冲击，吸引网民的注意力。

三、当代网络新闻语言的思考

(一)网络新闻语言存在的主要问题

网络新闻语言是伴随着网络发展而新兴的一种有别于传统平面媒介的新闻语言形式。它以简洁生动、风格多样的形式，同时兼有传统媒介新闻语言和新兴网络语言的特点，深受广大网民的喜爱，发展速度非常迅速。但是，当代网络新闻语言也存在着以下一些问题。

1. 存在失真的语用现象

真实是新闻的生命，网络新闻语言也不例外。然而，有一些网络新闻媒介常常用夸张的言辞、充满噱头的题目语言、主观性过强的失真表达来"吸引"网民的注意和增加点击率，完全不顾新闻消息的真实度、准确性。例如：一些出于炒作目的而捕风捉影的娱乐报道、一些似是而非的社会新闻报道、形式"惊人"但有效话语信息很少的新闻报道……这些都严重违背了新闻语言语用真实性的基本原则，严重者还会导致网民对新闻信息的不信任态度。

2. 语言运用有不规范的现象

网络新闻语言产生于特定的网络环境，从某种程度上说，属于现代汉语进一步丰富、发展的具体表现。然而，网络新闻语言毕竟属于新兴事物，还处于不稳定的发展状态当中——新兴的、个性鲜明的词语层出不穷，超越常规语法的各种句法现象……这些无疑都给现代汉语的规范化带来了一定的挑战。应该说，制定网络新闻语言语用规范已经上升到了议事日程的层面。相关部门和各个网站也应该及时发布相应的管理措施，规范引导网络新闻语言的正常发展，及时制止一些粗俗的、不文明的言语现象，对一些具有独特语用价值的表达方式要加以观察、分析和探讨。毕竟，当代网络新闻语言对传统媒介新闻语言的影响，也应该建立在规范汉语的基础之上。

(二)当代网络新闻语言的发展趋势

随着社会经济、科技、文化的不断发展，当代网络新闻语言将呈现出更加纷呈的面貌。我们应该用公正、客观、发展的眼光来看待当代网络新闻语言的发展及其所带来的影响。那么，网络新闻语言作为一种文化现象，其未来的发展趋势又会怎样呢？

1. 主流发展态势良好

与传统媒介的新闻语言相比，网络新闻语言虽然是以视觉为主导，但其超文本结构的特点却使之更加形象、生动、直观、方便地向受众"展示"新闻。从文字方面来说，传统报刊新闻语言是静止的，而网络新闻语言却通过幻灯片、运动文字、渐变式等形式具有了动态性。从内容上来说，报刊新闻语言、广播新闻语言、电视新闻语言具有传播空间的局限性，而网络新闻语言却通过超文本结构和超链接的形式，随时可以实现跳转阅读，有效扩大新闻信息量。这也正是网络新闻语言颇受人们青睐的重要原因。

与此同时，网络新闻语言也对传统媒介的新闻语言形成了较大的影响。在网络时代，巨大的信息量要求网络人际交流迅速快捷，而传统语言的表达已不足以将信息转变成最简洁的形式输入输出。于是，有别于传统媒介新闻语言的网络新闻语言便应运而生了。网络新闻语言对传统媒介新闻语言的影响，首先表现在它以一种轻松活泼、幽默风趣、戏谑调侃的语用方式和语用态度给人以耳目一新的感觉；其次，网络新闻语言实现了传统媒介和网络媒介的有机统一。许多主流的传统媒介基本都在互联网上开辟了自己的网站，并设立互相交流的在线论坛，如《人民日报》的"强国论坛"，《中国青年报》的"中青论坛"等。这种彼此融合的做法大大促进了网络与传统媒介的互动，使新闻语言的表达方式显得更加丰富。

2．走出网络，走进生活

语言是社会交际的工具，社会的发展是语言发展的最基本的条件。随着我国经济社会的飞速发展和对外交往的日益频繁，一些流行于网络的新词新语在新闻媒介的传播下被社会广泛认知，如"蜗居""雷""囧""打酱油"等。由此可见，属于新闻语言新生代的网络新闻语言，是在信息时代中产生的，只要能够与社会实践生活相结合、与人民群众的生活相联系，就会形成强大的生命力和创造力。这对于进一步丰富现代汉语的生命力也是具有非常重要的作用的。

3．朝着日益规范、完善的方向发展

语言具有自我调节的功能。自从人类有语言以来，语言的发展便形成了自己的一套规律，它总是随着生产关系和社会环境的变化而变化。当前，我们正处于一个价值多元化的时代，语言同样不可能做到"纯而又纯"。"我们是在不纯的情况下搞规范。规范是为了更好的交际，绝不是妨碍交际，也不是为了纯洁语言。规范是为了更好地发展语言。一种语言如果不能发展，那是最大的不规范。"①

同理，具有相对独立品格、尚处于不断发展态势中的网络新闻语言，也能够通过自我调节功能，去粗存精，朝着健康的方向不断发展。网络新闻语言现在出现的某些不协调语用现象，是一定阶段的产物，随着网络新闻语言的不断

---

① 于根元：《网络语言概说》，211 页，北京，中国经济出版社，2001。

发展，将来应该会朝着更为规范的方向继续发展的。当然，有关部门也可以采取相应措施来引导网民，宣传规范使用语言的必要性，必要时可以制定相应法规，倡导规范地使用网络新闻语言。例如：上海市 2006 年明文规定，国家机关公文、教科书和新闻报道中不得使用不符合现代汉语词汇和语法规范的网络语言。这是国内首次将规范网络语言行为写入地方性法规草案，意味着"青蛙""恐龙""PK"这些词汇彻底与上海的政府文件、教科书、新闻报道"绝缘"。

此外，网络新闻语言也可以通过强化网民网络语言规范意识的方式来加强网络语言的规范性，甚至还可以从网络技术层面为网络新闻语言的规范化严格把关，如在网站论坛中设计网络语言监控软件来过滤不健康、不规范等语言信息；实时发现错误、低俗的语言表达，并及时清理删除；净化网络新闻信息传播环境，使网络新闻语言朝着健康的方向发展。

本章小结

根据新闻传播媒介的不同，新闻语言可以分为报刊新闻语言、广播新闻语言、电视新闻语言和网络新闻语言。其中，报刊新闻语言存在的历史最长，网络新闻语言的历史最短，属于新兴的新闻语言。通过不同媒介传播的新闻语言具有各自不同的特点，随着时代的发展，进入新时期以来各类媒介竞争日益激烈，在新的环境中，新闻语言呈现出新时期的新特点。

当代新闻语言具有显著的融合性。随着各大媒介的不断竞争调整，立足自身优势，吸收借鉴其他媒介的长处，对自己进行有效调整、不断革新而获得新的发展，已成为各大新闻媒介新闻语言的发展趋势。为了满足受众多元的、全新的接受习惯，众多新闻传媒已不再满足于单一的报刊、广播、电视或是网络的语言来报道新闻信息，而是结合报道内容、媒介特点、受众需求，采用融合的新闻语言进行报道。

进入新的历史时期以来，我国当代的新闻语言呈现出一种平和性，尊重受众，向着平民化、亲民化的方向发展。另外，具有鲜明时代特征、个性化的新闻语言，也成为了众多新闻传媒吸引受众的重要手段。

多媒介时代的新闻语言发展，呈现出多样化的趋势。个性特征鲜明的网络新闻语言的兴起，为新闻语言的可持续发展提出了新的课题。只有不断地吸收新鲜的表达手段，丰富自身的话语体系，不断开拓新的表达领域，新闻语言才能在激烈的竞争中获得更好的发展。

拓展阅读

1. 毕一鸣：《语言与传播：广播电视播音主持艺术新论》，北京，中国广播电视出版社，2005。

2. 杜骏飞：《网络新闻写作》，北京，中国广播电视出版社，2001。

3．蒋冰冰：《新闻语言与城市社会》，上海，上海文化出版社，2008。

4．童之侠：《国际传播语言学》，北京，中国传媒大学出版社，2005。

5．于根元：《网络语言概说》，北京，中国经济出版社，2001。

复习与思考

1．什么是报刊新闻语言？报刊新闻语言具有哪些特点？

2．同20世纪80年代的报刊新闻语言相比，你认为当代报刊新闻语言有什么特点？

3．举例说明广播新闻语言口语化和通俗化的具体表现。

4．举例说明新时期广播新闻语言的变化及特点。

5．电视新闻语言具有哪些特点？它与报刊新闻语言、广播新闻语言、网络新闻语言有何异同？

6．什么是网络新闻语言？网络新闻语言可以分为哪些类型？

7．网络新闻语言对传统媒介新闻语言产生了哪些影响？请谈谈你的看法。

8．当前的新闻语言呈现出了融合、多元、亲民等发展态势，你认为这是一种必然的发展趋势吗？为什么？

案例分析与讨论

案例一

丹麦出现绚丽极光

丹麦锡尔克堡地区4号凌晨出现极光现象。极光是一种宇宙放电现象，经常出现在地球的南北极上空，有时也扩展到中纬度地区。近期由于太阳黑子活动活跃、太阳风暴恰好面向地球爆发，携带大量带电粒子的太阳风与地球磁场相互作用产生"磁暴"，使北极光的可见区域向南扩展。

（中央电视台综合频道《新闻联播》，2010-08-04）

讨论题

1．这篇新闻报道体现了电视新闻语言的哪些特点？

2．结合本篇新闻报道，对比说明电视新闻语言与报刊新闻语言、广播新闻语言的异同。

案例二

西班牙艺术足球塑造王者理念　他们让全世界仰望

搜狐体育讯　"世界杯冠军，我们已经等了100年！"耶罗的话有些夸张，但能很好的体现出西班牙人的心情。从06世界杯无缘八强，但08欧洲杯开始崛起，再到在南非登上世界之巅。西班牙人走出了一条并不平坦，但却无比踏实的成功之路。

西班牙队的成功，首先源自对自身理念和气质的坚持。崇尚浪漫激情的西班牙人，历史上一直都是攻势足球的倡导者。2008欧洲杯中，阿拉贡内斯的球队踢出了水银泻地一般的华丽足球。而在本届世界杯中，西班牙则敲开了一个又一个铁桶阵。相比放弃传统改走功利路线的巴西和荷兰，西班牙对于自身理念的坚持更值得尊重，这一执著也最终换来了冠军奖杯。国米的三冠王，使得功利主义在本届世界杯中大行其道。西班牙的成功则再一次证明，巴萨式华丽才是通向最高领奖台的正途。

博斯克沿用了阿拉贡内斯时代的精髓，但也在这支西班牙队身上留下了自己的烙印。博斯克进攻中不求快但求稳，球权一直牢牢控制在西班牙队脚下，对手自然无法获得破门机会。博斯克对双后腰的执著和对团队型边锋的重用，都体现了他的这一思想。在所有6场胜利中，西班牙有5场只赢一球。但斗牛士军团却丝毫不会担心遭到对手反扑，因为强大的控制能力已经足以将对手的进攻扼杀在萌芽状态。相比被动挨打的防守反击战术，西班牙的控制流压根不给对手进攻机会，防守境界高出一筹。马拉多纳倒是崇尚进攻，但415阵型中只有马斯切拉诺一名中场拦截者，球王的战术攻守过于失衡。

对于西班牙队而言，这次夺冠还将继续升华球队的精神境界。曾经的预选赛之王，在08欧洲杯中击溃了1/4决赛魔咒，如今斗牛士军团则第一次举起了大力神杯。昔日的西班牙每到大赛关键阶段，就会因自身精神力量不够强而提前崩溃，但现在博斯克的球队只会让其他球队崩溃。"对阵西班牙时，我感觉就像在对阵巴萨一样。我特别讨厌和西班牙踢球，因为整场比赛中我们都只能追着球跑。"在三月初热身输给西班牙后，亨利就曾发出这样的感慨。

在最近几年中，巴西成为了西班牙唯一没有交锋过的球队，斗牛士军团战胜了其他所有足坛强国。2014年世界杯巴西拥有主场之利，但仍然有可能被西班牙彻底压制。在世界杯历届冠军队中，这支西班牙平均年龄最小，斗牛士军团平均年龄为26.7岁。在4年之后，法布雷加斯和阿尔韦奥尔可以顶替哈维和普约尔，阿尔韦罗阿同样能在左路让人遗忘卡普德维拉。以卡西、皮克、法布雷加斯、伊涅斯塔和比利亚组成的中轴线，将寓经验、朝气、技术、头脑和冲击力于一身。

当然，西班牙也还有着种种缺陷，例如锋线效率低下，过于依赖巴萨球员等。但相比其他足球强国，西班牙和德国是未来4年间伤筋动骨变化最小的。法国、意大利、巴西、英格兰和葡萄牙都要进行大换血，马拉多纳的未来仍是个谜。2014年夏天，斗牛士军团会给我们带来怎样的惊喜？

西班牙夺冠历程：

小组赛第1轮 西班牙0比1瑞士

小组赛第2轮 西班牙2比0洪都拉斯 比利亚梅开二度

小组赛第3轮 西班牙2比1智利 比利亚、伊涅斯塔各进一球

1/8决赛 西班牙1比0葡萄牙 比利亚单刀补射破门

1/4 决赛 西班牙 1 比 0 巴拉圭 比利亚补射破门，卡西利亚斯扑出点球，哈维－阿隆索
射失点球

半决赛 西班牙 1 比 0 德国 普约尔头球破门

决赛 西班牙 1 比 0 荷兰 伊涅斯塔加时赛绝杀

▢ 链接阅读　　与"西班牙"有关的新闻	
·西班牙队马德里游行狂欢 F16战机护荷兰队回家	2010-07-13
·西班牙欢庆夺冠 特技飞行表演助兴	2010-07-13
·西班牙世界杯夺冠国内闹分裂 110万人示威	2010-07-13
·西班牙球迷狂欢乐极生悲 致两人死亡	2010-07-13
·西班牙队抵达马德里	2010-07-13
·西班牙让足球褪去粗俗 无敌舰队世界杯新王登基	2010-07-12
	〔 我要评论 〕　〔 查看所有评论 〕
我要留言	

（载《搜狐体育》，2010-07-12）

讨论题

1. 这篇网络新闻语言的语言表达具有哪些特点？

2. 结合本篇新闻报道，谈谈你对当代网络新闻语言使用状况的看法。

3. 以本篇新闻报道为例，谈谈网络新闻语言对传统媒介新闻语言的影响。

参考文献

（按音序排列）

学术著作

北京广播学院新闻研究所. 广播电视论丛. 北京：中国广播电视书店，1985

毕一鸣. 语言与传播：广播电视播音主持艺术新论. 北京：中国广播电视出版社，2005

丁法章. 新闻评论教程. 上海：复旦大学出版社，2006

杜骏飞. 网络新闻写作. 北京：中国广播电视出版社，2001

段业辉，李杰，杨娟. 新闻语言比较研究. 北京：商务印书馆，2007

戈公振. 中国报学史. 北京：生活·读书·新知三联书店，1995

郭熙. 中国社会语言学. 南京：南京大学出版社，1999

郝朴宁，施体元，李轶. 现代广播论. 昆明：云南民族出版社，2000

黄匡宇. 广播电视学概论. 广州：暨南大学出版社，2002

蒋冰冰. 新闻语言与城市社会. 上海：上海文化出版社，2008

蓝鸿文，马向伍. 新闻语言分析. 北京：中国物资出版社，1989

李杰. 媒介新闻语言研究. 北京：中国传媒大学出版社，2009

李元授，白丁. 新闻语言学. 北京：新华出版社，2001

刘仁圣. 广播电视新闻采访写作教程. 北京：中国广播电视出版社，2005

刘润清. 西方语言学流派. 北京：外语教学与研究出版社，1995

骆小所，周芸. 修辞学导论. 昆明：云南人民出版社，1999

穆青. 新闻工作散论. 北京：新华出版社，1983

［英］尼古拉斯·阿伯克龙比. 电视与社会. 张永喜等译. 南京：南京大学出版社，2001。

田望生. 看报看题——新闻标题的制作技巧. 北京：华文出版社，2005

童之侠. 国际传播语言学. 北京：中国传媒大学出版社，2005

王德春，陈瑞端. 语体学. 南宁：广西教育出版社，2000

王建华. 信息时代报刊新闻语言跟踪研究. 杭州：浙江大学出版社，2006

王中义，史梁，丁代谊，许小进. 网络传播原理与实践. 合肥：中国科学技术大学出版社，2001

吴月珍，柴春华. 汉语修辞学研究和应用. 郑州：河南人民出版社，1997

伍铁平. 模糊语言学. 上海：上海外国教育出版社，1999

杨伟光. 电视新闻分类与界定. 北京：中国广播电视出版社，1994

叶蜚声，徐通锵．语言学纲要．北京：北京大学出版社，1981

叶子．电视新闻学．北京：北京广播学院出版社，1997

于根元．网络语言概说．北京：中国经济出版社，2001

袁晖，李熙宗．汉语语体概论．北京：商务印书馆，2005

袁毓林．现代汉语祈使句研究．北京：北京大学出版社，1993

张志君，徐建华．新闻标题的艺术．北京：语文出版社，1998

张子让．标题制作与版面设计．上海：复旦大学出版社，1994

周胜林，尹德刚，梅懿．当代新闻写作．上海：复旦大学出版社，2008

学术论文

陈榴．网络语言：虚拟世界的信息符号．辽宁师范大学学报·社会科学版，2002(1)

陈群．报纸标题的语言缩略语使用及成因．新闻爱好者，2007(5)

陈雪萍．广播新闻——"为听而写"．新闻实践，2000(3)

陈永君．电视新闻故事化倾向辨析．视听纵横，2005(1)

范春宏，刘秀芬．民生新闻语言存在的问题及发展策略浅析．阅读与鉴赏，2010(1)

郭小平．论媒介的生态共生与信息互补．当代传播，2002(4)

郭浔生．关于电视新闻娱乐化的反思．改革与开放，2009(9)

郭亚辉．不断创新才会生机勃发——漫谈新时期广播新闻报道．新闻爱好者，2008(2)

郝会丽．论新闻报道语体．［硕士论文］．北京：中国社会科学院研究生院，2001

何静．从"平民化新闻表达"谈"方言新闻"．新闻界，2006(4)

金志茹．试论网络语言的现状及其规范化．齐齐哈尔大学学报·哲社版，2007(3)

康秀平．新闻报道中的语言暴力．青年记者，2007(12)

李斌．试析电视新闻语言的基本特征．新疆广播电视大学学报，2006(3)

李春红．广播新闻语言表达形式．新闻前哨，2008(12)

李洪源．论电视新闻语言的特性．青海师范大学学报·哲社版，2005(3)

李洁麟．浅谈网络新闻用语的规范化问题．新闻记者，2002(11)

李明文．新时期新闻语言的变化特点．现代传播，2007(4)

李田，刘立成．电视新闻的三大误区．新闻前哨，2005(10)

林纲．略论网络新闻语言特色．新闻爱好者，2004(5)

林纲．网络新闻语言的媚俗化倾向．传媒观察，2006(7)

那长春. 城市民生电视新闻浮出水面. 当代传播，2003(6)

彭国芳. 论广播新闻的创新. 老区建设，2008(6)

钱来如. 广播新闻的"快、活"优势. 记者摇篮，2008(5)

秦小建. 广播新闻语言"宜俗宜真". 视听纵横，2005(1)

石义彬. 新闻语言的本质特性. 武汉大学学报·人文社科版，2000(2)

王蔚洁. 我国电视新闻语言范式的流变. ［硕士论文］. 济南：山东大学新闻系，2007

王希杰. 汉语的规范化问题和语言的自我调节功能. 语言文字应用，1995(3)

王燕. 新闻语言研究述评. 修辞学习，2002(6)

向阳. 作为修辞的新闻报道语体. ［硕士论文］. 西安：西北大学研究生院，2007

徐宝才. 如何重塑广播新闻优势. 中国记者，2009(6)

徐晓红. 试论网络新闻的"优"与"忧". 当代传播，2004(5)

严宏伟. "零距离"电视新闻理念反思. 青年记者，2010(3)

杨建国. 流行语的语言学研究及科学认定. 语言教学与研究，2004(6)

杨文全. 新闻标题语言与受众心理. 云南师范大学学报·哲社版，2003(6)

于丹俪. 网络时代的电视新闻. 媒介与传播，2010(5)

张丽杰. 论网络新闻的语言特点. 新闻与写作，2003(5)

张晓宏. 浅析电视新闻语言构成. 新闻天地，2008(9)

郑增余. 用系统方法看电视新闻的表达特点及发展趋势. 新闻大学，1989(4)

周伟红，张凤辉. 电视新闻语言探析. 新闻知识，2009(3)

周芸. 从跨体式新闻语言看传媒语言的规范. 云南师范大学学报·哲社版，2006(6)

祝克懿. 新闻报道语体的交融功能. 复旦大学学报·社科版，2005(3)

后　记

近代大众传播始于 19 世纪 30 年代，时至今日，大众传播的影响力已极其深广。媒介对社会各个领域的作用前所未有的重大和深刻。新闻语言是大众传播语言的重要组成部分，同时由于大众传播的巨大威力，新闻语言对社会语言的影响也与日俱增。而今，媒介语言生活的现状也要求研究者加强对新闻语言进行系统、全面、深入的研究。

改革开放 30 余年来，我国新闻事业得到了快速发展，由此推动了新闻教育和新闻理论研究的全面提升，许多高校都增设了新闻专业。新的专业方向需要新的教学模式和适合的专业教材。如何编写一本既能体现专业要求，又能符合学生实际的高水平的教材也成了困扰我们多年的问题。经过多年的教学实践和理论研究，我们编写了这本《新闻语言教程》。由于这方面可供参考的成果很少，加之我们的水平、经验有限，编写的过程异常艰苦。我们编写的宗旨是：注重自身的教学体系，力求反映新的时代需求。在对新闻语言进行静态描写分析的同时，也注意动态的分析。在要求提高学生理论水平的同时，还强调提高实际的语言运用能力。

为了适应教学的需要，《新闻语言教程》在各章后编有"复习与思考""案例分析与讨论"。为了让学生能更好地掌握所学的内容和进行更深入的学习，我们在各章后面提供了相关的拓展阅读的书目。希望能启发学生从不同角度深入地进行思考，培养其分析问题的能力和基本的学术素养。

本书的内容包括：绪论、新闻语言的特性、新闻语言的语用要求、新闻语言的运用、新闻报道语体、新闻语言的规范和中国当代新闻语言生活现状这几个方面。各章的编写者是：

第一章：周春林

第二章：赵兴元、崔梅

第三章：方盈盈、赵兴元

第四章：王越、周芸

第五章：李丽琴、周芸

第六章：王燕、赵兴元

第七章：吴卓娥（第一节），王梦婷（第二节），秦金梅（第三节），王梦婷、吴卓娥（第四节）

初稿写好后，由崔梅、周芸分别对各章进行了审查，提出了修改意见并返回作者修改和完善。全书最后由崔梅、周芸统改后定稿。

《新闻语言教程》在编写过程中，参阅了前辈时贤的专著、论文，从中汲取了丰富的营养，在此表示感谢。另外，北京师范大学出版社的咸平老师、赵月华老师也为此书的出版付出了心血，在此一并表示衷心感谢。

编者